RESEARCH ON PROMOTING
THE DEVELOPMENT OF
MIXED OWNERSHIP ECONOMY IN CHINA

促进
混合所有制经济
发展研究

MIXED
OWNERSHIP
ECONOMY

臧跃茹　刘泉红　曾　铮　等／著

社会科学文献出版社
SOCIAL SCIENCES ACADEMIC PRESS (CHINA)

摘　要

混合所有制经济在我国经过二十多年的发展，在理论和实践层面得到了不断的探索和创新，但“数量不少、质量不高”，面临着顶层设计不明、国有股权一股独大、“混而不合”、动力不足、与现代企业制度差距甚远等问题。深刻理解发展混合所有制经济的重大意义，厘清并解决这些问题，找准突破口，明确路线图，形成改革最大公约数任重道远。发展混合所有制经济的历史起点主要源于国有企业改革，源于寻找公有制经济同市场经济相结合的形式和途径；同时也源于鼓励非公有制经济健康发展，消除所有制歧视和各种隐性壁垒，寻求从家族式企业向现代企业转型升级的方式和途径。因此，发展混合所有制经济的关键或突破口在于微观层面，通过优化股权结构，着重解决国有企业股权比例过于集中、市场化运行机制不健全等问题，加快实现从追求形式和数量的“粗放式”混合，向各类资本交叉持股、产权多元、融合发展、治理规范的更为重视发展内涵和质量的“集约式”混合转变。在明确混合所有制经济实现范围、提高国有资本的集中度和配置效率基础上，丰富混合所有制改革实践成果，探索金股、优先股等创新实现方式，鼓励非公资本进入基础设施和公用事业等更为广泛的领域，激发市场主体的活力和创造力，为完善社会主义市场经济体制夯实微观基础。同时，为全面破除混合所有制经济发展的体制机制障碍，需要在建立容错机制、完善市场准入、加强产权保护、优化公司治理、重视风险防范等多方面采取切实有效的配套措施，营造混合所有制经济发展的良好环境。

目　录

总报告

专题报告

观点综述

调研报告

促进混合所有制经济发展研究

总报告

促进混合所有制经济发展研究

内容提要：混合所有制经济在我国经过二十多年的发展，在理论和实践层面得到了不断的探索和创新，但“数量不少、质量不高”，面临着顶层设计不明、国有股权一股独大、“混而不合”、动力不足、与现代企业制度差距甚远等问题。深刻理解发展混合所有制经济的重大意义，厘清并解决这些问题，找准突破口，明确路线图，形成改革最大公约数仍然任重道远。发展混合所有制经济的历史起点主要源于国有企业改革，源于寻找公有制经济同市场经济相结合的形式和途径；同时也源于鼓励非公有制经济健康发展，消除所有制歧视和各种隐性壁垒，寻求从家族式企业向现代企业转型升级的方式和途径。因此，发展混合所有制经济的关键或突破口在于微观层面，通过优化股权结构，着重解决国有企业股权比例过于集中、市场化运行机制不健全等问题，加快实现从追求形式和数量的“粗放式”混合，向各类资本交叉持股、产权多元、融合发展、治理规范的更为重视发展内涵和质量的“集约式”混合转变。在明确混合所有制经济的实现范围、提高国有资本的集中度和配置效率基础上，丰富混合所有制改革实践成果，探索金股、优先股等创新实现方式，鼓励非公资本进入基础设施和公用事业等更为广泛的领域，激发市场主体的活力和创造力，为完善社会主义市场经济体制夯实微观基础。同时，为全面破除混合所有制经济发展的体制机制障碍，需要在建立容错机制、完善市场准入、加强产权保护、优化公司治理、重视风险防范等多方面采取切实有效的配套措施，营造混合所有制经济发展的良好环境。

党的十八届三中全会通过的《中共中央关于全面深化改革若干重大问题的决定》强调，国有资本、集体资本、非公有资本等交叉持股、相互融合的混合所有制经济，是基本经济制度的重要实现形式，要允许更多国有经济和其他所有制经济发展成为混合所有制经济。同时强调鼓励发展非公有资本控股的混合所有制企业。二十多年来，关于产权制度改革这一热点问题在理论和实践层面不断探索、突破、创新和发展。混合所有制经济的提出，对于进一步巩固和完善社会主义基本经济制度，保证市场在资源配置中发挥决定性作用，加快培育和重构微观市场主体，塑造更为公平的市场秩序和公正的分配机制，充分激发一切积极因素推动社会财富创造，促进经济结构转型升级，切实化解系统性经济风险，以及全面提高开放型经济水平，都具有非常重要的理论价值和现实意义。

一 混合所有制经济的内涵界定及重大意义

（一）混合所有制经济理论与现实内涵

混合所有制经济属于所有制的实现形式范畴，其在不同国家及不同时期有不同的内涵和特征。因此，应该从混合所有制经济的一般性概念出发，在我国所有制结构演进的现实语境中理解其概念与特征。

1. 混合所有制经济概念的维度界定

在现有经典理论中，混合所有制、混合所有制经济（Mixed Ownership Economy）与混合经济（Mixed Economy）是相关但又不同的概念。混合所有制本质上是关于所有制的制度安排，混合所有制经济是指各种不同所有制资本通过多元投资、相互融合而形成的产权配置结构和经济形式，混合所有制经济和混合所有制在理论界经常被混用。而混合所有制经济与混合经济是不同的概念，应该对二者加以区别。根据《牛津经济学词典》，混合经济用于描述一个介于放任自流市场经济和计划经济之间的经济，特指有市场机制和政府干预并存的经济。世界各国经济都是一种混合经济，即市场上的私人企业，以及监管、税收和规划等政府部门的结合体。[①] 因此，混合所有制经济可以说是混合经济的产权基础。

从定义的方法论出发，要理解混合所有制经济一般性内涵，应该涵盖以下三个维度，从广义、狭义定义切入（见表1）。

一是分析视角，即是从宏观视角还是从微观视角入手。广义内涵从宏观视角出发，混合所有制经济主要指国家或地区层面同时存在国有、集体、个体、私营、外资、合资、合作等各类公有制经济和非公有制经济[②]，也是指市场机制和政府干预并存的经济。根据广义宏观视角下的解读，混合所有制经济与西方学术传统下的混合经济具有相似性。而狭义内涵则是从微观视角出发，主要指不同所

① 保罗·萨缪尔森、威廉·诺德豪斯著《微观经济学》，人民邮电出版社，2012。

② 黄群慧：《混合所有制改革要“上下结合”》，《人民日报》2014年4月8日。

有制资本的产权配置结构。

二是参与主体所有制性质，即是公有资本与非公资本的混合，还是任意两种不同所有制资本之间的混合。广义内涵主要涉及两种及两种以上所有制经济成分之间的混合，即国有资本以外其他两种及两种以上所有制资本的混合，如私人控股但有其他经济成分参股的股份有限公司，外商投资企业中的中外合资企业、股份有限公司等。而狭义内涵则只涉及国有资本或集体资本与非公资本的混合。

三是实现形式，即是以股份制形式还是以股份制、股份合作制、公私合作、员工持股等多种形式进行混合。广义内涵包括股份制、股份合作制、非营利机构等多种形式，而狭义内涵则主要指的是股份制形式。

表 1　对于混合所有制经济概念的理解

维度	广义内涵	狭义内涵
分析视角	宏观视角	微观视角
产权主体	各种所有制企业之间的混合	公有资本与非公资本混合
实现形式	股份制、股份合作制、非营利机构	股份制

2. 我国发展混合所有制经济的历史起点

世界各国产权制度改革呈现出国有化与私有化交替进行的趋势，总体目标是社会福利最大化，但其改革具体路径在于效率与公平的权衡。鉴于历史和现实因素，各国所有制在演进逻辑、基本特征和具体形式等方面都具有差异。由此，混合所有制经济的现实内涵应该从我国混合所有制经济发展的历史起点出发，体现产权制度改革的基本方向。从国有企业改革历程、现状和方向看，我国发展混合所有制经济的历史起点可以从以下三个方面来理解。

第一，完善公有制为主体、多种所有制经济共同发展的基本经济制度，是我国发展混合所有制经济基本出发点。混合所有制经济形式在一些市场经济国家同样存在，但是公有制为主体的基本经济制度是我国发展社会主义市场经济体制所特有的。西方市场经济国家有很多合伙制企业和股份制企业，但一般都是建立在私有制基础上的私人合伙和私人入股，而较少有不同所有制资本的结合。“我国出现和发展混合所有制经济，主要源于国有企业改革，源于寻找公有制同市场经济相结合的形式和途径，源于现阶段实行的适合中国国情的公有制为主体、多种所有制经济共同发展的基本经济制度”。[①] 宏观上要处理好政府与市场的关系，就必须改变国有企业“半政府工具、半市场主体”的状态，使之成为真正的市场竞争主体。[②] 出发点和落脚点是促使微观市场主体不断成熟完善，基本经济制度运行有效和更加定型。

第二，发挥国有经济主导作用和推进国有资本放大功能、保值增值、提高竞争力，是我国发展混合所有制经济的基本导向。发展混合所有制经济的主要目的在于深化国有企业改革。党的十四届三中全会明确提出国有企业建立产权清晰、权责明确、政企分开、管理科学的现代企业制度改革方向以来，国有企业股份制改革取得积极进展。新一轮国企改革，需要在准确界定国有企业功能定位的基础上，推动分类改革，把国有企业和市场化的混合所有制企业分开。凡涉及少数公共服务领域的职能，靠真正意义上的国有企业实现，发挥其弥补市场失灵的作用。其他广泛商业性领域，国有企业

① 张卓元：《混合所有制经济是基本经济制度的重要实现形式》，载《中共中央关于全面深化改革若干重大问题的决定辅导读本》，人民出版社，2013。

② 陈清泰：《国资改革路线图》，《财经》2014 年 2 月 24 日。

改制为混合所有制企业，以效益最大化和效率最优化为目标，发挥国有资本的作用，淡化企业所有制属性。混合所有制企业是与国有企业、民营企业长期共存的新型现代企业组织形态。实践证明，通过混合所有制形式，着重解决国有企业股权比例过于集中、市场化运行机制不健全等问题，建立国有资本动态流动机制，有利于不断推进国有资本布局战略性调整，更好地提高国有资本的集中度和配置效率，增强国有经济活力、控制力、影响力。

第三，鼓励非公有制企业参与国有企业改革、鼓励发展非公有资本控股的混合所有制企业，激发经济活力，也是我国发展混合所有制经济的重要导向。非公有制经济在促进经济增长、增加就业岗位、满足人们日益增长的多样化需求等方面发挥了重要作用，与公有制经济一样是我国经济社会发展的重要基础。通过发展混合所有制经济，能够促进民营经济从家族式企业向现代企业转变，同时利用国有企业规模经济优势、技术和管理优势，进入特许经营领域，消除所有制歧视和各种隐性壁垒，带动民营经济转型升级和健康发展，进而激发市场主体的活力和创造力。

3. 我国混合所有制经济的概念内涵

根据上述对混合所有制经济认识的维度设定及其涵盖内容，我们可以从广义和狭义两个角度来理解混合所有制经济的一般性概念。首先，从广义角度出发，混合所有制经济是指各种不同所有制资本，通过股份制或股份合作制等多种形式，相互联系、有机结合为混合所有制经济形式，从而形成一种公有制经济和非公有制经济，亦是政府干预与市场机制并存的经济形式。其次，从狭义角度出发，混合所有制经济特指由国有资本、集体资本与其他非公资本，通过股份制形式联合组建而成的一种产权配置结构和企业形态，它反映了企业内部公有制主体与私有制主体之间风险共担、利益共享的经济关系。

基于以上我国混合所有制经济发展历史起点的分析，混合所有制经济在我国特定语境中的内涵应该基于狭义微观企业层面，重点涉及作为公有制代表的国有资本与非公经济的非国有资本的产权混合，其混合形成的最终主体也主要是具有股权多元化特征的混合所有制企业。混合所有制本质上是股份制的一种形式，其特殊性在于，混合所有制是公有、非公有不同产权主体资本的混合，通过国有资本绝对控股、相对控股或参股形式的股份公司形式实现。由此，我们认为在中国特色产权制度改革进程中，混合所有制经济的内涵如下：是公有制资本与其他多种经济形式的非公有资本通过股份公司形式，共同从事生产经营活动，实现产权主体多元投资、交叉持股、融合发展，故而形成的一种具有产权结构多元、治理结构优化特征的现代企业形态和微观经济形式。它反映了企业内部公有制主体与私有制主体之间共享生产要素与剩余价值、共同分担成本和风险的经济关系。

（二）现阶段我国发展混合所有制经济的重大意义[①]

从本质上来说，发展混合所有制经济可以实现资源要素有效配置和微观体制有效调整。与西方社会对基础设施、公用事业等领域大规模的私有化或混合所有制改革目的不完全相同。西方引入混合所有制模式的意义在于，盘活政府拥有的存量资源，将有限的资源

① 本应于2014年出台的《国有企业积极发展混合所有制经济的指导意见》这一重要改革文件迟迟未出，反映出对关键问题的认识分歧很大，因此，需要进一步阐述其重大意义，回答为什么要积极发展混合所有制经济。

用于更需要政府有所作为的教育和医疗等领域；同时可以给市场更多的投资机会；还可以提高国有企业的透明度，扩展资本金来源渠道，降低整个运营成本。[①] 我国发展混合所有制经济与西方社会对基础设施、公用事业等领域大规模的私有化或混合所有制改革目的有所不同，还肩负着改革、发展与开放等多重历史使命。

第一，有利于加快培育和重构微观市场主体。微观主体是市场经济发展的基石。混合所有制经济的目的是实现资源的有效配置、生产力要素的优化组合、多种资本优势的充分发挥。国有企业多数规模庞大、拥有较强的融资和技术优势，民营企业则具有机制灵活、运营效率高和创新意识强等优势。着力推动各类产权主体交叉持股，取长补短，共赢发展，构建产权多元、权责一致、自主经营、治理优化的混合所有制企业。混合所有制企业里，无论国有股份占比多少，仅以国有资本股东身份参与公司决策和分享收益，管理部门的管理方式去行政化，使多数企业成为真正的市场竞争主体。混合所有制企业与民营企业、外资企业公平公开公正竞争，依法平等使用生产要素，防止国有垄断企业滥用市场地位妨碍竞争的行为，有助于厘清政府与市场的边界，有利于培育具有国际竞争力的微观企业主体，有利于奠定经济可持续发展的微观基础。

第二，有利于塑造公平竞争的市场秩序和公正合理的分配机制。我国国有企业在竞争性领域的布局仍然较广，并凭借其天然优势和行政资源获取了市场垄断地位，民企难以依法与其平等获取使用生产要素及进入相关市场领域，造成市场不公现象。通过发展混

① 参见时任新西兰副首相英格里希的讲话（English，2012）以及该国为此订立的系列法案。

合所有制经济，实现国有资本和民营资本间无差别的产权保障，营造平等竞争的市场环境，鼓励民营资本进入油气、电信、电力、铁路、金融等传统垄断领域，有利于培育微观市场主体，维护公平的市场秩序。与此同时，国有企业利用其垄断地位获取相对偏高的超额收益，内部分配机制不合理，是造成近年来我国收入分配结构失衡的原因之一，这在一定程度上损害了社会公正。发展混合所有制经济能够通过削弱国有资本不合理的垄断地位，减少其超额利润带来的超额收入，避免因国企特权造成的群体性收入差距问题，并通过产权多元化优化治理结构和内部收入分配机制，重塑公正合理的社会分配机制。

第三，有利于进一步解放和发展生产力。近年来，我国经济进入减速通道，亟须通过资源再配置，进一步提高经济发展质量，构建集约和高效的经济发展模式。由于历史和制度层面的原因，我国国有企业资本雄厚的优势和民企机制灵活的优势①并未有效结合，主要原因在于国企与民企公平竞争与合作的机制尚不健全，国有企业大量进入竞争性行业领域，并在生产经营效率较低的情况下凭借其垄断地位仍能持续扩张，而民企却难以与其公平竞争。这一方面导致国企忽视了其弥补市场失灵的职能，未能充分发挥其资金雄厚和在提供公共物品方面的优势；另一方面，限制了具有较强活力民企的正常发展，削弱了技术创新激励，在一定程度上导致资源错配现象，损害了经济发展的效率。通过发展混合所有制经济，推进国企逐步弱化在一般竞争性领域的控制力，致力于为市场提供外部性

① 根据我们的计算，从经济效率看，国有企业的规模效率明显高于私营企业，但在纯技术效率上明显低于私营企业，而综合效率则略低于私营企业。

较强的公共产品，并实现与民企的优势互补和竞争发展，有利于通过资源再配置释放效率红利，有利于社会创新激励机制的构建，从而进一步解放和发展生产力，为我国经济在中高速区间平稳增长创造必要条件。

第四，有利于加快经济结构转型升级。由于利用特殊地位获取低成本融资优势以及治理结构不完善造成的预算软约束等原因，国有企业的投资冲动较强，是造成近年来我国投资率偏高和消费率偏低的重要原因之一。与此同时，国有企业在重化工业领域的投资一直居高不下，而央企大量收购重化工业领域的地方国企，在一定程度上造成了这些行业的产能过剩问题；近年来，国有企业利用资金雄厚的优势，大举进入房地产行业，是损害我国房地产行业健康发展的原因之一。国有大企业传统的工业化发展模式以及国有资产保值增值的管理要求，难以跟上信息化后新兴产业的特点和节奏。因此，通过发展混合所有制经济，削弱国有资本的垄断地位，发挥民营资本市场化程度较高的优势，优化国有企业的治理结构，有利于促使国有企业投资行为回归理性、经营行为符合市场规律，通过引入市场机制提高企业投资效率，从而逐步优化我国的产业结构和需求结构，为经济结构优化调整奠定合理的微观基础。

第五，有利于全面提高开放型经济水平。我国全面提高开放型经济水平的重点包括：统筹双边、多边、区域次区域开放合作，以及加快“走出去”步伐。2008 年国际金融危机以来，新一轮区域一体化进程正在展开，贸易规则和金融投资规则面临重塑，我国面临新一轮全球化推进的外部机遇。但是，在双边贸易投资协议（如中澳自贸区协定以及中美双边投资协议等）或多边贸易投资安排（如 TPP 和 RCEP 等）中，国有企业问题成为我国与其他国家达成双边或多边自贸安排的主要阻力之一。发展混合所有制经济，通过国有经济布局有进有退的战略性调整，有利于顺利突破国际双边或多边投资贸易协定对于我国国有企业的相关约束，有利于我国加快适应新一轮全球贸易投资规则，在更广范围和更高层次上推进改革开放，促进开放型经济水平全面提升。

第六，有利于切实化解系统性经济风险。从现实情况看，国有企业负债率高是我国非金融企业负债率高的重要原因，且地方政府性债务多以国有资本企业债的形式存在。同时，近几年国有企业大举进入房地产行业，助推了房地产泡沫风险及其导致的金融系统性风险的形成。此外，在大规模经济刺激政策下，国有企业存在的预算软约束现象也使得整体金融系统风险增大。通过混合所有制经济形式，使国企在竞争性领域相对控股和参股，在自然垄断领域实现非公参股，有利于通过减少国资在某些领域的盲目扩张，化解一部分债务风险；同时，通过发展混合所有制经济推进国有资产监督管理体制改革，由“管企业”向“管资本为主”转变，有利于破除政府干预企业经营决策的行为，让混合所有制企业真正成为自主经营、自负盈亏、自担风险、自我约束的市场经济主体，从而有助于削弱国企预算软约束导致的全社会系统性经济风险。

二　混合所有制经济的发展现状与主要问题

党的十五届四中全会以来，在实践与政策的相互推动下，混合所有制经济从少到多，涌现出了一批成功的企业案例。尽管混合所有制经济名义上在国民经济中所占比重已经为三分之一强，且十八届三中全会后新一轮混合所有制经济中涌现出一些新动向，但混合所有制企业“数量不少、质量不高”，仍然处于粗放式的混合状态，面临着政策、制度、操作乃至思想认识层面的很多深层次问题，其中最为关键的是顶层设计不明、国有股权一股独大、“混而不合”、与现代企业制度的要求差距甚远，形成改革最大公约数仍然任重道远。

（一）发展现状

1. 总体发展规模

关于混合所有制的发展规模，根据相关部门提供的数据，截至2013年6月，全国国资委系统监管的国有企业（含母公司和各级独立法人子公司）总数15.6万户，其中引入民资、外资等非国有资本的混合所有制企业户数为67513户，占43.25%（见表2）。从国务院国资委监管的中央企业情况看，混合所有制企业户数为23225户，占51.55%，净资产占比为46.7%；而地方国有企业中，混合所有制企业户数为44240户，占39.84%，净资产占比为45.96%。上述统计没有包括文化、出版、烟草、铁路、邮政、交通、金融系统国有企业以及一些事业单位所属的国有企业改制情况。1999~2011年，混合所有制经济对全国税收的贡献率逐年提高，1999年为11.68%，2005年为36.57%，2011年为48.52%[①]。

一批国有大型企业先后在境内外资本市场上市，到2012年底，由中央企业控股的境内外上市公司达378家，上市公司中非国有股权比例已超过53%。地方国有企业控股的上市公司681户，上市公司中非国有股权比例已超过60%[②]。

---

① 张卓元：《混合所有制经济是基本经济制度的重要实现形式》，《经济日报》2013年11月22日。

② 庄序莹：《加快推进国有企业混合所有制改革》，《中国社会科学报》2014年11月28日。

表 2　我国国有企业发展混合所有制经济基本情况

项目	企业户数（户）	占比（%）	净资产（万亿元）	占比（%）
国资委系统管理企业	156099	100	30.4	100
国资委系统国有独资、全资企业	88586	56.75	16.42	54
国资委系统混合所有制企业	67513	43.25	13.98	46
其中：中央混合所有制企业	23225	51.55	7.51	46.7
地方混合所有制企业	44240	39.84	6.57	45.96
中央管理的金融企业	43	100	5.03	100
其中：混合所有制金融企业	18	57.86	3.56	70.7

注：国有金融企业为一级企业户数，数据截至 2013 年底。

2. 行业分布情况

一方面，从混合所有制经济在主要产业领域的分布看，除了关系国家安全的国防军工、战略物资储备等少数特殊领域，几乎绝大部分行业领域都可以混合所有制企业形式存在。以制造业为主的工业领域，以及金融、文化、医疗等服务业领域，存在大量的混合所有制企业；包括公共交通、供水、燃气在内的基础设施和公用事业领域，也存在为数不少的混合所有制企业；在电信、能源等垄断性领域也有不少发展混合所有制经济的典型案例。

另一方面，混合所有制经济所在的产业领域趋向高端化，涉及的产业领域从过去传统的竞争性工业领域向高门槛、敏感性领域拓展，从制造业向服务行业及垄断领域转移。在充分竞争的一般制造业领域，混合所有制的推进完全取决于企业在行业中的战略定位及其资产兼并重组的实力，市场在资源配置中发挥决定性作用。当前民营经济较为关注的是石油、石化、电信、电力、金融以及医疗养老、市政公用事业等高门槛行业。

3. 非公有制资本参与情况

从 20 世纪 90 年代开始，我国实施了允许民营资本和外资参与国有企业改革的政策，大大促进了非公资本参与发展混合所有制经济。出于获得转型发展、追求规模经济、规避市场准入门槛以及利用国企资源优势等各种动机，现实中非公经济主要采取上市、资产重组及参与新建投资项目等多种方式实现与公有制经济产权混合，在绝大部分产业领域都可以看到非公经济参与发展的混合所有制企业。目前民营资本普遍对体制障碍较少、资产边界清晰的增量混合，即新建项目发展混合所有制经济较受欢迎。

现阶段，民营资本越来越不满足于从属型、合作型关系，由原来参与国企产权改革进一步向企业主导权、控股权、话语权争夺转变。由于政策门槛放松，也基于过去合资合作、国企（背后是地方政府）违背契约的经历，民营资本现在越来越不满足于借助国有企业的市场准入优势或背景优势，“背靠大树好乘凉”，不愿意仅充当财务投资者的角色，担心“大鱼吃小鱼”。为获得发展机会、保障自身利益和实现长期可持续发展，民营资本控股权要求日益强烈，即使不能控股，也要求有平等的地位和知情权、话语权，积极参与公司治理。

4. 金融资本关注度及表现

近年来，相比于实业资本的战略投资，包括私募基金、保险基金、各类信托基金在内的金融资本表现更为活跃，积极参与国企发展混合所有制经济。其中的原因是在整体经济减速换挡、产能过剩的情况下，实业资本投资意愿不足，而金融资本在企业兼并重组中扮演重要角色，且国有企业所处的产业领域、拥有的资产质量都有较高投资价值。金融资本要求政策的可操作性和稳定性，更关心定价机制的合理性和规范化，以及流程的可操作性和透明性。经济增速放缓背景下以金融资本为先导推动混合所有制经济发展是近期较为现实的选择，以市场化手段整合行业存量资产、带动转型升级，同时也可以避免实体经济空心化、过度虚拟化的结果。较为一致的认识是，整体上市是一种积极的思路，公开透明操作，借助二级市场实现价格发现功能，使资产定价受到监督，避免谋取私利的黑箱操作，有效防范国有资产流失。

5. 地方发展混合所有制经济的积极做法

十八届三中全会后，各地国企改革方案和配套措施陆续出台，北京、天津、湖南、贵州、四川等地发展混合所有制经济都是在国资国企改革方案中体现的。各地一般都提出了改革的数量目标，比如，广东计划到2020年混合所有制企业户数比重超过80%；重庆计划未来3~5年，将2/3左右的国有企业发展为混合所有制企业。有些地方提出分级发展混合所有制经济的目标，比如，广东、四川均明确提出省属二、三级企业全部都要改成混合所有制。上市成为最重要的混合途径。比如，上海提出以企业整体上市的方式推进混合所有制经济发展，重庆提出适宜上市的企业和资产要力争全部上市。这些方案的特点是目标明确，并提出了路线图和时间表。有的地方提出了明确的实施路径，如安徽对发展混合所有制经济规定了"六个一批"的路径与方式，即"股份制改造培育一批、整体上市发展一批、资本运作深化一批、员工持股转换一批、开放项目引进一批、参股民企投入一批"。

专栏1　上海、北京、广东国企改革方案比较

1. 上海

上海是十八届三中全会后首个提出国企改革方案的省级行政区。在其方案中，把国有企业分为竞争类、功能类、公共服务类三种类型，并明确提出3~5年基本完成公司制股份制改革，提高国企资产证券化水平，一般竞争性领域有序进退、合理流动；还提出要优化股权结构，探索特殊管理股制度，试点优先股；基础设施建设和公用事业运营项目可通过特许经营等方式，引入风险投资、私募股权投资等非国有资本参股。

2. 北京

北京市的方案把国有企业分为公共服务类、特殊功能类、竞争类三类。提出2020年80%以上的国有资本集中到公共服务、基础设施建设、前瞻性战略性产业、保护生态环境、保障民生等方面；公共服务类和特殊功能类企业国有资本占比达到60%以上，竞争类企业以相对控股战略支撑企业为主；2020年国有资本证券化率达50%以上。国有企业主要功能就是提供公共产品和负责完成保障性任务，国企要向这些领域集中。要推动一级企业股权多元化，力争具备条件的一级企业实现整体上市，加快国有资本从不具备竞争优势、效率低下的企业退出。

3. 广东

广东方案把国有企业分为准公共性和竞争性两类。提出到2020年，竞争性国有企业基本成为混合所有制企业，基础设施项目实现混合持股，国有资本流动性显著提高。不具备竞争优势和无法有效发挥国有资本作用的企业有序退出。对于准公共性企业，探索将政府资本金投入转为购买服务、约定回报，以及通过“项目+资源”、公私合作（PPP）等模式吸纳社会资本参与，实行国有控股或社会资本控股；对关系国计民生的准公共性企业，可探索建立国有股东“金股”机制，通过约定对特定事项行使否决权。监管体制上，国有股权低于50%的混合所有制企业，国有股东按约定治理模式行使权利。

（二）主要问题

混合所有制经济的实现范围和国有资本进退的顶层设计难以把握，公司化改制的国有企业股权结构仍有待于优化，内部人控制问题尚未解决，企业的体制机制没有根本转变，民营资本进入垄断行业面临“三重门”，导致混合所有制经济发展难以在操作层面落地。

1. 混合所有制经济的实现范围有待明确

顶层设计层面，国务院关于国企国资改革和发展混合所有制经济相关文件尚未出台，目前国有企业如何分类、“在哪混”、“如何混”、垄断行业“如何混”等关键问题存在争议。首先，难以建立边界清晰的发展混合所有制经济的正面清单或负面清单，对哪些是关系国家安全、国民经济命脉的重要行业和关键领域认识有分歧，混合所有制经济的底线和红线尚不明确，宏观层面需要确定哪些行业、环节和领域不能混合，哪些行业可以对社会资本开放搞混合，目前各界对产业开放和产权开放的程度没有达成共识。国有资本有进有退难把握，操作中不断引发“国进民退”或“国退民进”的争议。其次，如何在垄断行业推进混合所有制经济难度较大，国家在这些领域陆续出台对民间资本的开放政策，一直遭遇各种直接或隐性的行业壁垒，甚至有人冠以“影响国家安全”的名义阻碍混合所有制经济发展。此外，国企在竞争性领域如何发挥作用，在一般竞争性领域是否需要退出？这些问题都需要进一步明确。在上述顶层设计不清的情况下，各类产权主体动力不足，不能实现共存多赢。

明确范围关系到国有经济布局的战略性调整。目前国有经济布局总体集中度不够，分布过宽、过散、过杂的特征十分明显，且在传统重化工产业领域集中度较高。截至2013年底，从工业领域看，国有企业资产总量占比超过90%的行业仅有烟草制品业、石油天然气开采业、电力热力生产和供应业3个行业；占比在80%～90%的只有水的生产和供应业、开采辅助活动等2个行业；占比在70%～80%的仅有煤炭开采和洗选业1个行业；其余行业的国有资产占比都在60%以下，汽车制造业、有色金属矿采选业、黑色金属矿采选业等行业的国有资产占比都在50%以下；食品制造业、农副食品加工业、纺织服装业、家具业等行业的国有资产占比更是降到了10%以下。同时，国有资本在一些需要发挥作用的关键领域缺失，在重点提供公共服务、发展重要前瞻性战略性产业等方面明显不足。

2. 国有企业改革中“一股独大”现象仍很突出

从产权结构这一混合所有制经济的微观基础分析，已进行“混改”的企业股权结构依然不合理，只有产权多元化的形式，没有公司有效治理的实质。虽然全国90%以上的国有企业完成了公司制股份制改革，一大批国有企业先后在境内外资本市场上市，但国有企业体制机制问题并未根本转变。上市公司多以圈钱为目的，存在“一股独大”、内部人控制、信息披露不透明、长期不分红、侵害股民尤其是小股东利益的问题。改制上市国企在产权结构、股东结构、法人治理结构，少数股东的知情权、参与权，企业构架、管控能力等方面还有不少问题。仍处于“混合”的初级阶段。根据课题组对487家上市公司的量化分析结果①，在上市公司中国有股的比重依然

① 张铭慎、曾铮：《股权混合如何提高企业效率：基于竞争性行业上市企业的经验研究》，参见本课题专题报告。

偏高，国有股占比50%以上企业的效益和效率水平均低于相对控股、参股或其他无国有股份企业。发展股权结构相对合理的混合所有制企业，有利于提升企业绩效。发展混合所有制企业不仅要适当降低国有股占比，更要解决国有股“一股独大”的问题。

专栏2　混合所有制企业绩效的定量分析①

定量研究选取竞争性行业在1997～2001年首次公开募股的487家样本企业，从财务效益和技术效率两个维度考察其2005～2013年的绩效变化。基于不同维度的考察，有如下结论。

第一，国有股占比过高会降低企业绩效，当国有股占比超过50%时企业绩效下降幅度更大。这表明适当降低国有股占比有利于提升企业绩效。

第二，不同性质股权的制衡组合对企业绩效具有显著差异。与前两大股东均为国有股股东的企业相比，前两大股东依次为国有股与非国有股股东企业的绩效更高。这表明引入具有一定股权占比的非国有股股东有利于提升企业绩效。

从国有企业集团组织结构纵向角度看，低层级改制的活力和效率等收益均被“一股独大”的母公司所消耗或侵占，企业集团母公司行政化倾向严重。有些国有企业已成长为规模巨大的“恐龙型”企业，下属层级达7级以上。一方面，集团母公司层面产权多元化改革停滞，多是单一股权、国有独资形式，甚至一些母公司

① 张铭慎、曾铮：《股权混合如何提高企业效率：基于竞争性行业上市企业的经验研究》，参见本课题专题报告。

还是按照《全民所有制工业企业法》注册的。从中央企业来看，现有113家企业中只有中国商飞、上海贝尔、中国联通等8家央企在母公司层面做到了投资主体多元化，其中混合所有制企业仅有两家，即中国联通和上海贝尔，且没有一家有民资入股。另一方面，无论是中央国企还是地方国企，子公司层级越低，实行混合的比例就越高，央企母公司、二级企业、三级企业、四级企业、五级企业中混合户数占比分别为同级企业的1.8%、10.8%、24.3%、31.8%、35.7%。地方比例更高，三级及以下企业混合户数占比达到50%以上，五级企业最高在80%以上。因此，国有企业混合所有制改革的关键是突破集团公司层面股权结构单一的“天花板”，使企业集团成为一体化的市场竞争主体。央企和其他省市国企都存在同样的问题，需要在这一轮改革改制中实现改变和突破。

3. 民营经济进入面临诸多歧视和壁垒

民营经济依然面临进入门槛限制。虽然相关政策规定已经较为明确，但实践中民营企业仍然面临“玻璃门”、“弹簧门”和“旋转门”“三重门”的约束，市场准入是阻碍民营经济参与混合所有制经济发展的主要障碍。民营企业参与发展混合所有制经济的障碍还体现在已有政策不支持建立非公经济控股的混合所有制。根据国有企业兼并重组的指导意见，没有职工代表大会同意，即使是一般竞争性领域的国有企业，让民营资本控股也很难实现。同样，现有的国有资产管理体制也不支持发展非公经济控股的混合所有制经济。

新一轮发展混合所有制经济过程中，民营企业对未来参股控股国有企业信心或动力不足，表现在：一是不愿当小股东，致使民企望而却步。经验表明，在混合所有制企业，民间资本极少能够取得控制权，为此，很多民营企业家直言控制权是决定是否混合的最主要因素。二是质疑国有企业发展混合所有制经济的真实动机。民营企业对参与混合所有制经济存在是“陷阱”还是“馅饼”的困惑。政府是否会拿出国有企业的优质资产与社会资本重组，即政府是“分蛋糕”还是“甩包袱”？三是民间资本的平等地位以及投资安全性、长期稳定性能否得到保障。很多民营企业家认为，在国家绝对或相对控股、党管干部的管理体制下，即便混合，一旦发生纷争，“黑头”法规能否抵得住“红头”文件？民营企业对于政策的稳定性充满担忧。

4. 操作实施仍存在短板

国有资产定价机制是发展混合所有制经济的难点和关键。当前对于竞争性国有资产仍存在市场属性的认识不到位、定价机制难合理等问题。涉及国有资产转让、清算和退出等交易行为，交易对象是非公企业时，政府和社会各界对国资流失的关注度极高，国有资产流失始终是一把高悬的利剑。现实国有企业改制中确实存在国有资产贱卖现象，存在部分官员或高管暗中交易、利益输送、收受贿赂、寻租腐败等不规范问题。对操作中不规范的问题必须予以制止，但也要正确看待国有资产流失问题，资产定价是市场行为，国有资产定价也不能特殊化，应是一个竞价博弈过程，资产交易价格与资产净值的某种程度背离并不必然说明是“高卖”还是“贱卖”。监管目标是依法依规，让市场真正发挥决定性作用。

定价偏低与国有资产流失背后的深层次问题是没有真正建立起能够针对内部交易、合谋等道德风险的有效机制。首先，产权交易市场发展不成熟，“手拉手”进场现象较为常见。通过资本市场发现价格是股权交易的最佳方式。我国产权交易市场仍处于发展初期，很多地方产权交易所行政化色彩较浓，只是给在场外已经谈妥的“手拉手”企业办理产权交易登记手续而已，并没有实现真正意义上的信息披露和充分竞价。同时，资产评估机构缺乏独立性，评估后置和刻意操纵问题突出。现行监管政策将评估结果作为定价的重要参考，并据此设置价格“红线”，但资产评估本身就存在一些技术性问题，比如方法选择与参数设定、无形资产评估等。更为重要的是，由于资产评估机构缺乏独立性，在国有资产和产权的转让实践中，出现不少“先谈判后评估”，以谈判结果“倒推评估”的情况。甚至有案例显示，有企业先通过操控并提高评估价格，使得按评估价格找不到愿意购买的受让方，之后以此为由申请转为协议转让，最终实现在场外的低价成交。

5. 行政化国有资产管理方式难适应

一方面，现行国有资产管理体制已不能适应国有企业改革和发展混合所有制经济的新形势和新要求。国有资产出资人职能与运营、监督职能未能明确区分，国有资产监管机构集出资人代表、管理和监督职能于一身，难以摆脱“婆婆”兼“老板”的角色，职责权限模糊，监督管理重复与缺位并存，事关国有经济布局等职能缺位，审批事项不断增多。据不完全统计，目前国资监管机构对国有企业的审批事项达到100多项，管得过细过深，严重束缚了企业手脚。

另一方面，没有解决分类监管问题，国资委对改制企业管理的行政化倾向严重，“横向到边纵向到底”，渗透到企业各个层级和方方面面，但是管理中没有体现出垄断性企业和竞争性企业的差异，没有体现国有独资企业和股份制企业的差别，考核体系全部是以利润为核心，只要有国有资本就要“一竿子管到底”，董事会和公司治理不能有效发挥作用，大大降低了竞争性企业的市场活力和运行效率。

6. 外部相关政策不配套

一是产权保护差距大。民营产权保护不到位和国有资产流失现象同时存在。国有企业拥有显性或隐性优势，对非公经济存在歧视或不公正待遇，与非国有企业产生排异现象和不公平竞争，同股不同权、同股不同酬，决策权不平等、收入分配不公平，在一定程度上挫伤了非国有产权主体的积极性，甚至有民资在参与国有企业项目时，存在政府及国有企业在混合过程中政策稳定性不强、不守诚信，乃至违约的现象。

二是政府对垄断行业的监管尚未到位。垄断性基础设施和公用事业行业因存在市场失灵和涉及公共利益，需要政府监管。这些行业引入非公资本后，需要政府加强价格、质量、准入退出等方面的监管，降低投资者政策风险，但目前政府监管远未到位。特别是特许经营项目未协调好行业监管与合同监管的关系，如部分合同签订未经过相关监管机构的参与和审核，价格等核心条款明显违反现行法律法规或极其不专业，不具可执行性，导致实践中这些条款难以被执行，合同“形同虚设”。

三是配套政策法规仍不完善。如缺乏明确的退出政策，非公资本参与发展混合所有制时比较关心资本的流动退出机制或通道，但是目前相应的退出政策尚不完善，退出通道较单一，导致非公经济无法在规则之下自由进退。另外，公私合作中关键的特许经营法未出台，市场准入机制、项目回报机制、风险控制和非公资本保护机制等不完善。实践中，部分地方政府或国有大股东缺乏契约精神，违约、不执行合同的案例时有发生。有些政府对准公共品属性的混合所有制企业或引入混合所有制和 PPP 模式后的项目缺少应有的支持，往往一改了之或一卖了之，不再承担任何责任。正在酝酿的特许经营法，存在较大争议的仍是政府的操作空间很大，解决不了特许经营者权益得不到有效保障这个投资者反映最强烈的问题。

三 发展混合所有制经济的基本思路与途径

围绕“两个毫不动摇”，发挥市场配置资源的决定性作用，在明确混合所有制的实现范围、提高国有资本的集中度和配置效率的基础上，以优化股权结构为突破口，丰富混合所有制改革实践成果，探索金股、优先股等创新方式，鼓励发展非公有资本控股的混合所有制经济，着力推动混合所有制经济从追求形式和数量的“粗放式”混合向更为重视发展内涵和质量的“集约式”混合转变，使产权多元、治理优化的混合所有制成为社会主义基本经济制度的重要实现形式，为完善社会主义市场经济体制夯实微观基础。

（一）明确范围，通过分类确定混合所有制经济的红线与底线

明确范围，属于发展混合所有制经济最重要的顶层设计。目前各界对混合的范围没有达成共识。要通过优化国有经济布局、分类改革，明确国有经济需要控制的关键行业和领域，从宏观层面确定哪些行业、环节和领域可以混合，哪些是混合所有制的限制性区域，应国有独资、国有绝对控股的领域即是混合所有制经济的红线和底线。

1. 绝大多数领域发展混合所有制经济无禁区，提高国有资本集中度、优化配置效率

改革的前提和基础，必须要解决国有经济布局宽泛、追求自身利益最大化、实现国家战略意图不明显的问题。优化国有经济布局，推进国有资本服务于国家战略目标，更多投向关系国家安全、国民经济命脉的重要行业和关键领域，重点提供公共服务、发展重要前瞻性战略性产业、保护生态环境、支持科技进步，提高国有资本的集中度。混合所有制中的国有资本可以根据国家战略需要程度和重点不同，采取绝对控股或相对控股的方式保障国有资本在特定领域的控制力，并以相对控股、参股或有序退出方式，建立动态调整的国有资本流动机制，增强国有资本的活力和影响力。

把混合所有制企业与纯粹国有企业分开，还原混合所有制企业商业化、市场化的地位。实现国有经济布局领域产业产权广泛开放，除关系国家安全领域应保持国有独资、缓行混合所有制改革外，绝大多数行业发展混合所有制经济应无禁区。按照存量优化、增量提升原则，加快竞争性行业国有企业混合所有制改革步伐，部分基础设施和公共服务领域也可采取公私合作的 PPP 模式混合发展，推动国有资本从一般竞争性领域有序退出，明确国有资本增量一般不再以国有独资方式进入完全竞争领域。根据国有经济功能定位，分类推进混合所有制经济发展。

——少数领域缓行混合所有制经济。少数涉及国家安全的特殊领域，应靠纯粹国有企业或非营利性机构实现，主要任务是做好服务、减少浪费，发挥弥补市场失灵的作用，如国防军工、战略物资储备、电力和铁路等网络调度以及基础性研究等，这类企业或机构更多是以提供公共产品和服务、增进社会效益为目的，因此暂时不适合发展混合所有制经济。此外，国有资本投资运营公司也可以保留国有独资的形式。

——多数行业和领域加快混合所有制经济发展。在竞争性行业以及多数基础设施和公用事业领域，国有企业改制为混合所有制企业应无禁区，可通过多种途径与社会资本交叉持股，或采取公私合作模式。混合所有制企业要遵循市场规律，公平参与竞争，以为股东和社会创造价值、增进效率为目标。鼓励社会资本加强交通、能源、水利、环保、社会性基础设施投资，推动核电、电网、油气管网、铁路、电信领域投资主体多元化。[①] 在竞争性领域，如装备制造、汽车、电子信息、建筑、钢铁、有色金属、化工、勘察设计等，过去认为属于关系国民经济命脉的重要行业和关键领域，现在已不具备控制地位或运营效率不高，因此需要加快推动混合所有制改革步伐。

——一般竞争性领域国有资本建立动态有序退出机制，允许发展非公资本控股的混合所有制经济。国有资本必须从不具备竞争优势、效率低下、无法有效发挥作用的领域退出，动态流向经济社会发展不同阶段的重点领域，实现国有资本投资运营服务于国家战略目标的定位。对于餐饮、旅游、家电、建材、纺织、商贸流通、房地产、轻工等一般竞争性领域，要加大引入民间资本力度，通过产权转让、资产处置等多种方式，降低国有资本持股比例，实现国有资本有序退出，允许发展各类非公有资本控股的混合所有制企业。

着眼长远，国有经济布局不是固化的，随着社会主义市场经

---

① 参见国务院2014年11月26日下发的《关于创新重点领域投融资机制鼓励社会投资的指导意见》。

济体制逐步成熟定型及国家公共治理能力的强大，国有经济承担的各种公共职能可能越来越多地被市场化方式所取代，可以允许符合条件的非公资本在特定领域独立建设运营，政府通过购买服务、约定回报等模式加大对社会资本的开放力度，允许实行社会资本控股方式。

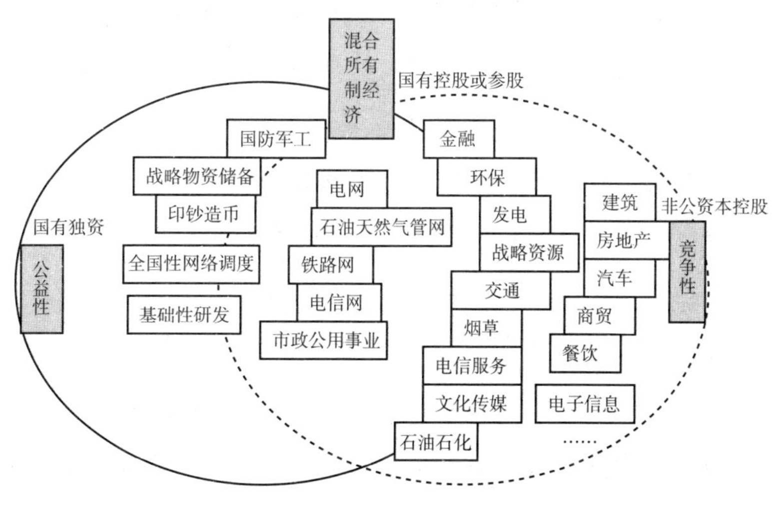

图 1　国有经济分类改革调整的方向

2. 垄断行业以 PPP 模式发展混合所有制，提升服务保障水平和效率①

垄断行业主要指电力、铁路等全国性管网行业和供水、燃气等市政公用事业领域，具有网络属性和成本弱增性特征，现阶段被认为是影响国民经济命脉的重要行业，肩负保障国家经济安全、提供基础性普遍服务功能。垄断行业改革方向中央已经明确提出要求，

① 杨娟：《基础设施和公用事业行业混合所有制研究——基于股权合作的公私伙伴关系（PPP）》，参见本课题专题报告。

根据不同行业特点实行网运分开，放开竞争性业务，推进公共资源配置市场化。垄断行业进行混合所有制改革需要自上而下推进，政府控制改革的节奏，增强信息透明度，且在充分论证的前提下提出改革方案，按行业和领域分类推进，从具体企业和项目入手，“一企一策”，改革不应由国有企业或单一管理部门自行提出混合所有制的方案。垄断行业分拆出的竞争性业务，大力发展混合所有制经济，公开公平公正参与市场竞争；具有网络属性的自然垄断环节在保持国有资本控股地位的前提下，允许采取 PPP 模式对社会资本开放，发展混合所有制；直接关系公共利益和保障公平竞争的网络调度环节，可以实行国有独资或直接设立特殊机构的方式，回归完全公共性。

在我国垄断行业改革要取得突破，必须推动基于股权合作的 PPP 模式有较大进展，这是积极发展混合所有制经济的重点领域。与完全国有化相比，混合所有制有利于拓宽资金来源渠道和引入多方参与，促进效率和服务质量提高，减少因信息不透明而造成的腐败、浪费现象。国有资本继续以控股或参股形式，也可以避免完全民营化后服务质量降低或中断的风险，提高对公共服务的保障和监管水平。在国外，这种基于股权合作的 PPP 关系，已经成为私人参与基础设施和公用事业、促进行业发展的重要形式。引入 PPP 的重点是要解决好市场准入机制、项目回报机制、风险控制和非公资本保护机制等不完善的问题，增强透明度和规范性。建立统一、公开透明的财政补贴机制，对国有企业和混合所有制企业应一视同仁。同时政府在协调好行业监管与合同监管关系的基础上，加强和完善对 PPP 项目服务质量和价格的监管，防止企业利用垄断地位损害社会和公众利益。

自然垄断环节国有资本继续控股经营，控股形式主要依据自然垄断范围和外部性影响来区分，非公有资本可以通过参股，甚至允许以控股方式广泛参与基础设施和公用事业。

表 3　垄断行业 PPP 股权合作形式

具体领域环节	垄断属性强弱	混合所有制形式
电网、铁路主干线、石油天然气主干管网、电信基础网	全国性垄断，关系国民经济命脉	国有资本绝对控股，引入其他资本参与
城市供排水、燃气管网、城市公交行业	区域垄断，影响范围相对局部	国有资本相对控股的 PPP 模式
铁路支线、城际铁路、城市轨道交通、油气管网支线、专用输电线路	网络特性相对较弱	国有资本相对控股或参股的 PPP 模式
污水处理、垃圾处理和机场、港口枢纽型设施、原油和成品油商业储备库	网络特性最弱	允许非公资本控股或参股的 PPP 模式

（二）突出核心，把优化股权结构作为发展混合所有制的突破口

加快在竞争性行业领域发展混合所有制经济，优化股权结构，着重解决国有企业股权比例过于集中、市场化运行机制不健全等问题，发挥各类资本取长补短、相互促进的作用，实现资源的有效配置，推动混合所有制经济从追求形式和数量的“粗放式”混合向更为重视发展内涵和质量的“集约式”混合转变，真正促进国有企业体制机制转换和市场主体地位形成。

1. 配置合理的股权结构是混合所有制的关键所在

除国有资本必须保持独资、绝对控股的“红线底线”外，国有企业混合所有制改革要突破“限制股比”的思维方式，改变国有股一股独大、内部人控制局面，建立各类股东利益风险共担、相

互制衡约束的有效治理结构。配置合理的股权结构是发展混合有所制的关键和核心，只有相对均衡的股权结构才能保证投资者真正到位，国有资本可采取相对控股或参股方式，允许非公资本持股比例占三分之一强等股权结构安排较为实际，使投资者真正到位，建立用手投票的机制而不是用脚投票的机制，让其他股东在公司决策和有效治理中发挥关键作用。因此，从激发企业活力的目的出发，必须把优化股权结构作为发展混合所有制经济的突破口，积极引入各类投资者，竞争性领域国有资本持股比例不设下限，以市场为导向鼓励企业兼并重组，根据国家战略需要和公司发展实际设置股权结构。探索建立国有股东“金股”机制，通过约定对特定事项行使否决权，保障国有资本在特定领域的控制力。

表 4 优化国有企业股权结构

股权结构	适用企业类型	未来主要举措
国有独资	涉及国家安全和基本公共服务领域的极少数企业或特殊机构	强化其提供公共服务、弥补市场失灵职能，探索制定特殊机构法约束
国有独资或控股	国有资本投资运营公司，战略性矿产、油气等资源开发利用	强化企业的功能保障任务，严格考核环境质量安全等外部性指标
绝对控股或相对控股	铁路主干线、电网等具有网络属性的自然垄断业务环节的企业继续保持绝对控股，部分具有区域垄断地位企业允许相对控股	强化维护公共利益、提高效率目标，完善成本审核、区域比较、价格上限等政府管制方法，通过特许经营对社会资本开放，控股与参股程度取决于自然垄断范围和外部性强弱，允许部分垄断环节社会资本控股
相对控股、参股或金股	广泛竞争领域，以实现政府战略意图为目的的战略性前瞻性关键产业，保护生态环境、支持科技进步的重点企业	还原企业市场竞争主体地位，发挥国有资本的引导带动作用，根据需要决定国有资本股份增减，不设置国有股权比例限制，规范公司治理，减少管理机构的行政化干预，通过建立职业经理人制度更好发挥企业家作用，探索金股、优先股方式
有序退出	不具备竞争优势、效率低下和无法有效发挥国有资本作用的一般竞争性领域	通过产权转让、资产处置多种方式，整体一次性退出或分批有序退出，发展非公经济控股的混合所有制企业

2. 重点在大型国企集团公司层面发展混合所有制经济

在企业集团哪个层级推进混合所有制，也是实现混合由只重视形式和数量到更重视内涵和质量的转变的关键。国企都是国有独资企业，过去的改革都是在下属企业层级拿出优质资产进行上市或股权多元化改革，分离出的低效和无效资产及人员和债务负担长期得不到解决。这轮改革，除少数集团母公司必须采取国有独资公司形式或成为国有资本投资运营公司外，多数企业集团重点是推动一级企业也就是母公司层面股权多元化改革，推进具备条件的母公司整体上市、成为公众公司是国有企业推进混合所有制的重要途径。

无论上市与否，集团一级企业母公司层面都可以通过引进战略投资者、兼并重组、公开募股、交换股权、中外合资、债权转股权等办法进行股份制改革，通过增持减持的股权流转和交易，实现股权结构优化，促进公有、非公有资本双向进入、交叉持股、融合发展。股权投资者选择方面，产业关联、资源互补等协作动机者优先。同时，还可通过利用各类基金的形式，鼓励国有资本与创业投资基金、产业投资基金、政府引导基金等各类资本共同设立股权投资基金，积极参与国有企业改制上市、重组整合、资产并购。还可引入风险投资、私募股权投资等金融资本参与。

对于央企体量过大，民营企业直接参与产权改革，仍存在股比过低、话语权缺乏、动力不足的问题，我们认为，对有些企业适时进行拆分剥离、规模去恐龙化的资产重组也是一种现实的选择。多种原因导致一些巨型央企是由若干个企业简单拼凑在一起，业务多元化、管理多层级化，存在利益输送、“大而不强”的问题。改革的思路，不能简单让民资外资企业来入股参股，而应根据行业特点，收缩范围，保障重点，剥离非主业和非核心企业，实施“归核战略”，提高核心竞争力，在此基础上积极发展混合所有制经济。同时还必须借助资本市场和金融创新，多方式、多渠道让民间资本积极参与。允许民营企业对国有企业剥离分拆的非主营业务，实现完全控股甚至民营化。

（三）创新方式，多渠道丰富混合所有制经济实现途径

鼓励非公资本以参股或控股方式参与国企改革，通过 PPP 模式进入特许经营领域，消除所有制歧视和各种隐性壁垒，带动民营经济转型升级和健康发展，进而激发市场主体的活力和创造力。探索金股、优先股、特殊管理股等创新实现方式，丰富混合所有制实现途径。

1. 鼓励发展非公资本参股或控股的混合所有制经济

促进民营企业等非公资本通过并购重组、控股参股等方式全面参与，鼓励发展非公有资本控股的混合所有制企业。按市场导向和公开公正原则，构建有效的利益共享和风险共担机制，优化市场结构，提高企业活力和效率。支持非公资本投资通过 PPP 方式进入基础设施和公用事业建设运营项目，进入国有经济布局“红线底线”之外的行业领域，“法无禁止即可入”，除规定领域外，对引入的民营资本股权比例不设限制。

加快制定支持非公有制经济参与国有企业改革的政策规定和实施方案，明确非公资本的进入机制和途径。非公投资主体可以货币出资，或以实物、股权、知识产权、土地使用权等法律法规允许的方式出资。非公资本通过证券市场、产权市场等平台，以出资入

股、股权收购、认购可转债[①]、股权置换等多种方式参与国企混合所有制改革重组、改制上市或上市公司的增资扩股。针对民营企业资本规模相对较小的实际，可以允许其联合起来，通过设立股权投资、风险投资等基金的方式，捆绑起来参与国有企业改革。建立非公资本退出机制和渠道，制定并完善各类产权转让管理办法，在资产评估、产权置换、土地使用、职工安置及社会保障等方面做出明确规定，保障各类资本可以自由进入，无障碍退出。非公有制企业兼并、参股国有企业涉及的行政划拨土地，只要不改变原企业的土地用途，经批准可继续使用。非公有制企业收购、兼并国有企业时，其价格的确定要遵循市场原则，增加透明度，防止暗箱操作，充分听取职工意见，保障职工的合法权益。在公司治理层面，为保障非公资本小股东的知情权和参与权，可以通过公司章程约定的形式，保障民间资本和小股东在董事会的席位和话语权。

鼓励与外资在境内外合资合作。继续利用外资参与国有企业改制重组、合资合作，推进国有企业与跨国公司实行资本、技术、人才和管理对接，提高合作的质量与效益。加快改制企业“走出去”步伐，通过海外并购、投资、合资合作等方式，获取国际资源以及市场、技术等资源，以混合所有制企业形式深度参与国际竞争和全球产业分工，提高国际竞争力，规避发达国家主导的全球贸易投资规则对国有企业的约束壁垒。现阶段，外资参与发展混合所有制经济，要与对外资的开放和外商投资产业指导目录相结合，防止“全盘外化”，避免出现影响产业安全的问题。

---

① 认购可转债方式，是发行公司在发行债券的基础上，附加了一份期权，允许购买人在规定的时间范围内将其购买的债券转成公司的股权，实现了对发债公司的入股参股。

有选择地进行员工持股。伴随着国有企业改革和股份制经济发展，员工持股在我国经历了产生、发展到暂缓、停滞和再发展的历程。政策层面，国资委曾两次对国有企业实行员工持股进行清理规范和限制。目前，国有企业员工持股仍然争议很大。一般认为国有资产是全民资产，人人有份，由国企内部人员持有不公平，且资源型、政策性、垄断性较强企业搞员工持股更不公平。全员持股是新的“大锅饭”，不能形成风险利益共担机制，激励作用并不明显，并且还容易造成国资流失，存在利益输送，“一夜造富”，变成少数内部人的牟利工具。因此，国有企业推进员工持股一定要慎用，有选择、有限制地进行员工持股。

在国有企业与混合所有制企业选择中，仅在改制为混合所有制企业后进行员工持股；在垄断行业与竞争性行业选择中，仅在竞争性行业考虑员工持股；在国有企业经营主业和辅业选择中，仅在辅业改制、资产剥离中考虑员工持股；在资本密集型与人力资本贡献大的知识密集型领域中，仅在知识密集型企业中考虑员工持股；在全体职工与部分骨干人员持股选择中，选择经营管理层、技术业务骨干持股为好。因此，重点可在科研院所公司化改制、少数知识产权贡献大的高新技术企业率先实行员工持股，形成金融资本与人力、技术资本等要素融合发展，进一步激发企业发展的内生动力和创新力。

2. 采取金股、特殊管理股、优先股等多方式探索创新

以“金股”等创新方式，保障国有资本的影响力。“金股”的实质是政府特权，可通过立法、公司章程和股权出售协议三种方式实行。作为一种政府持有的对特定事项行使否决权的股份，其主要作用体现在否决权，而不是收益权，政府可以监测和否定企业损害或者不利于国家整体利益和战略的发展方向。比如，对企业的股权变动做出限制，防止一股独大、恶意收购和接管，特别防止外资收购本国重要战略行业的企业。确保企业现有目标不发生重大改变，防止企业战略资源或资产被出售，确保投资者遵守股权收购协议的其他承诺。

探索建立特殊管理股制度。特殊管理股是通过特殊股权结构设计，使创始人股东（原始股东）在股份制改造和融资过程中，有效防止恶意收购，并始终保有最大决策权和控制权的股份。一般规定，不论有多少普通新股加入，特殊股权的持有者都不必注入新的资金，仍能保持自己所持股权在决定重大事务时具有足够的发言权与决定权，从而在制度上保证了原始股东（创始人股东）的控制力。特殊管理股在发达国家的资本市场中具有重要的地位。美国纽约时报社、华盛顿邮报社、华尔街日报社和英国每日邮报社、每日电讯社等上市报企，都采取了双重股权制度，防止恶意收购，避免股市短期波动对报业的过多影响，确保创始人始终保有最大的决策权和控制权。我国重要国有传媒企业转制、股份制改造过程中也可探索实行特殊管理股制度。这种做法既符合现代市场经济和现代公司制度基本规则，也符合意识形态工作特点和文化传媒企业特殊管理要求。

推行优先股方式。相对于普通股而言，优先股是股份公司发行的、由公司发起人或公司内部职工持有的、比普通股享有优先分配股息和公司剩余财产权利的股票。优先股与普通股不同之处在于，具有优先分配股息的权利，当公司解散、改组和破产时，优先股股东具有比普通股股东优先分配公司剩余财产的权利。优先股也可以在与普通股同时发行的若干年后上市自由买卖和转让。通常情况下，优先股股东不能参与公司的经营管理。但是，当公司研究与优先股有关的问题时，优先股持有人则有权参与会议。

表 5 优先股、金股和特殊管理股的比较

项目	优先股	金股	特殊管理股
获取收益	按约定获得固定的股利	无	有与普通股同等收益权
参与公司重大决策	研究与优先股有关的问题时，有权参与	对资产处置、高管任免重大决策有一票否决权	对董事选举、重大交易表决有特别投票权，保持资产配置等原始股东的控制权
适用范围	上市公司和非上市公司	国有企业股份制改革	国有传媒企业股份制改革

（四）规范程序，实施过程和操作细则决定着混合所有制的成败

明确混合所有制经济的实现范围、优化股权结构至关重要，但实施过程和操作细则同样决定着混合所有制经济改革的成败。混合所有制经济改革的目的不是为混而混，而是为了激发企业活力和创造力，任何运动式、刮风式、盲目性操作，都违背改革的目的和初衷。改革必须自上而下进行总体要求和规范，并与尊重基层创新经验相结合。国有资产评估定价机制是实施过程中的关键，只有依法依规操作才能有效规避国有资产流失的风险。

1. 推动改革自上而下系统性实施

国有企业发展混合所有制经济的总体要求自上而下、分层分类推动实施，并根据地方国有经济分布特点，尊重基层的创新精神。尽管许多地方国企改革、混合所有制改革方案已经先于中央层面出台发布，有了明确的量化目标和路线图、任务书、时间表，部分中央企业也自行推出改革方案，但应该在中央统一规范布置下推动，

加强中央层面的顶层设计，尽快出台国企改革和发展混合所有制经济的指导意见。对其中的关键性问题，如改革的突破口、切入点、风险点予以明确回答和解决，通过设置红线底线的办法，明确国有经济需要控制的关键行业领域。此外，还要包括目标任务、实现路径、政策支持、保障措施、风险防范等相关系统性设计。

国家层面的指导意见对地方改革方案予以规范引导，同时要充分发挥地方基层的积极性和创造性。中央、地方国企在功能作用上略有区别，国有经济行业分布也不尽相同，改革的重点、切入点可能有所差异。由于中央企业涉及国家安全和经济命脉等全局性、敏感性问题，改革需整体系统设计。各地针对各自面临的主要矛盾和实际问题制定符合地方特点的实施方案，允许借鉴国际通行规则和经验，进行改革创新，防止“一刀切”。地方国企涉及市政公用事业比重较大，改革重心在更好地提供城市公共服务和提高就业水平等民生保障方面，因此混合的力度、对社会资本开放的程度可以更大些，一般竞争性领域退出的步伐可以更快些，提高国有资产证券化率也更为容易实现。允许地方政府通过发展混合所有制经济来清理地方债务，以服务于地方城市建设的融资性平台公司为例，公司实质是助推地方政府追求 GDP，且将政府债务转移到国有企业身上，因此，允许地方融资性公司引入社会资本参与经营，减轻地方政府的财政负担和加强风险防范。

2. 完善国有资产评估定价机制①

资产评估定价是难点，也是关键，要进一步优化程序，更多地通过公开的、全国性资本市场和产权股权交易市场，实现企业有形

---

① 黄卫挺：《发展混合所有制经济过程中的资产定价》，参见本课题专题报告。

与无形资产价格发现的功能，提高市场效率，推动相关配套制度建设和监管改革，从制度设计上避免国有资产流失。

按“进场属常态，协议属例外”的原则，制定例外清单和例外审查制度。对于国有资产和产权转让，建议制定明确的例外清单，清单内的国有资产可采取协议转让方式，到相应权限的监管部门备案，清单之外的国有资产转让，一律进入产权交易所交易。如果进场之后确实出现“只有一个受让方”或找不到受让方情况，要优先考虑延长挂牌时间，确需调整挂牌价格再上市的，要收回审批权限。对于国有企业引入战略投资者等情况，要建立严格的例外审查机制，聘请独立的第三方对引入战略投资者的必要性和可行性进行论证，并按商业惯例，聘请独立的中介机构与潜在受让方进行询价议价。

允许更多的企业在全国性交易所上市，并建立与地方交易所对接的全国性交易信息平台。全国性的产权和证券市场是资产价格发现的最佳场所，建议结合当前的金融改革要求，对相关规则进行必要修订和调整，允许更多的国有企业在全国性交易所进行资产和产权交易。建立全国性的国有资产转让信息（网络）平台，让各地方产权交易所将国有资产转让信息对接至该网络平台，通过该平台集中发布，解决信息披露和竞价不充分等问题。

加快建立“法定审计 + 法定评估”体制。在国有产权转让前引入强制性专项审计，形成“法定审计”机制，重点针对近三年的产权变动以及各项关键性经营领域展开专项审计。同时，国有资产和产权转让引入强制性评估，即“法定评估”，明确评估过程中的法定权责关系。

3. 规范推进混合所有制的操作流程

发展混合所有制经济，在实施操作过程中，要坚持分类实施，梯次推进；控制节奏，优化程序；政府引导，相机抉择；先易后难，增量优先。企业国有产权（股权）转让、增资扩股、上市公司增发等，除国家有规定外，都应在产权、证券等多层次资本市场公开披露信息，实现价格发现功能，择优确定投资人。要建立健全第三方监督机制，国有产权持有者在清产核资、财务审计、资产定价、股权托管等方面，采取公开竞争方式引入第三方机构，建立股东付费的委托服务模式，杜绝场外交易和内幕交易。应该建立利益相关人员的回避制度，利益相关人员不得参与混改方案的制定和组织实施工作，以防止关联交易和利益输送。①

推进混合所有制应履行法律法规明确的程序。根据国务院出台的国企改革指导意见、优化国资布局要求和发展混合所有制经济指导意见等顶层设计和有关政策要求，国有企业股东会或董事会制定推进混合所有制的方案。方案需征求职工意见，充分保障职工对企业改制的知情权、表达权和监督权。方案最终需要报国有企业改革领导小组或同级政府审定批准，报同级国资监管机构备案。国有企业集团下属企业改制重组，一般由集团公司决定，重要子公司改制重组方案报本级国资监管机构，国有控股上市公司按相关规定程序执行。改制重组涉及公共管理事项的，须报政府有关部门审核或征求意见。

（五）完善监督，构建国资管理新体制是混合所有制成功的保障

以混合所有制改革为契机，通过组建或新建国有资本投资运营

---

① 彭建国：《混合所有制改革要严守“底线”与“红线”》，《21世纪经济报道》2014年11月17日。

公司，推动实现国资管理从“管人管事管资产”向“以管资本为主”转变，近期完善国有资本管理方式，减少行政干预，进一步提升国资管理效能，远期构建国有资本统一管理新体制。

1. 近期完善国有资本管理方式

国有资本管理去行政化，完善对混合所有制企业管理的有效方式，从“管控”走向“治理”。借鉴地方国资委行使出资人权责的有益经验，着重围绕关系出资人权益的重大事项和履行出资人职责的重点环节，优化管理职能，制定出资人审批事项清单，明确出资人权力边界、行为边界以及企业自主权的边界。以管控资本投向、优化资本结构、规范资本运作、提高资本使用效率和效益为重点，完善国有资本监管体系。国资管理方式从管资产向管资本转变，意味着不再是鼓励企业做大，而是鼓励企业提高效率和效益，这是发展方式的重大转变。国资管理行为方式要遵循市场规律和现代企业制度，建立以资本为纽带、依法制定公司章程、按治理结构履行股东权利的治理机制。出资人仅以国有资本股东身份参加股东大会或董事会，提出提案、发表意见、行使表决权，参与公司决策和分享收益，体现出资人意志。通过依法制定或参与制定公司章程，进一步明确国资委与企业之间的权责边界，维护出资人权益。

创新国有资本管理机制，实行更加市场化的产权管理方式。国有股权低于50%的混合所有制企业，不再简单套用传统国有及国有控股企业的监督管理制度，国有股东按约定治理模式行使权利，不能对企业直接行使权利。依法维护企业的法人财产权和经营自主权，各种资本的合法权益都“神圣不可侵犯”，使混合所有制企业成为真正的市场主体。

2. 国有资本投资运营公司是实现"以管资本为主"的关键

组建国有资本投资公司或运营公司（简称"两类公司"），也可将具备一定条件的集团母公司改组为国有资本投资运营公司，行使国有资本出资人职能，引导所出资的企业更关心价值创造。形成"国资监管机构（国资委）—国有资本投资运营公司—混合所有制企业"三级架构的国资监督管理运营体系。国有资本监管机构行使监督人职能，不直接干预两类公司持股企业的生产经营活动，两类公司对持股企业行使出资人、股东权利。当然，组建或改组两类资本经营公司，需要一个过程，国资委可能在过渡期内与两类公司共同行使出资人职能，分类改革后的纯粹国有企业仍需国资委扮演出资人角色。合理明确监督者、出资人和运营人三者定位，科学安排运营权、考评权和监督权，进而形成相对分离、相互制约和有机协调的权力配置结构和运行管理体系，进一步提升管理体系效能。

两类公司原则上保持国有独资形式，按照中国汇金公司、新加坡淡马锡公司的模式负责国有资本投资运营。两类公司以出资额为限依法对所投资企业履行出资人权利和义务，通过派驻董事参与持股公司经营决策，不直接干预公司日常经营。改革过程中要妥善处理好两类公司与央企集团母公司的关系，国有资本运营公司可以新设，但更多应该在中央企业集团公司层面上改造而来，减少管理层级。进一步明确两类公司的权利和责任，强化资本经营功能和产业优化功能并重的产融结合模式，防止其演变为具有金融属性的财团，不利于实体经济发展。

3. 远期构建国有资本管理新体制

国有资产管理架构必须在国有企业定位明确、分类改革、资本集中度提高的基础上进行重大体制重构，否则仍然难以解决委托代理链条过长、效率低下的问题。鉴于国有资本目前分别由国资委、财政部、行业主管部门分散管理，为适应产融结合大趋势及满足国有资本流转重组的需要，未来可探索构建监管统一的国有资本管理新体制。除国资委系统现行管理的工业、能源、通信、运输行业外，还要逐步将金融、铁路、烟草、文化等行业纳入统一的国有资本监督管理体系，实现国有资本管理整体性、协同性改革。

国有资本管理新体制应按照决策、执行、监督相互分离的原则构建。国有资本的委托人，可在人大层面设立国有资产委员会，作为国资管理的最高决策权力机构，代表全民行使经营性国有资产、金融类国有资产、行政事业性国有资产和资源性国有资产的所有权，负责国有资产立法、国有经济战略布局总体设计、重大改革部署等战略决策，重大方案提请全国人大审议。国务院直接授权，两类公司保持相对独立性，履行众多混合所有制企业的出资人代表职责，成为政府与市场的隔离带。

四 营造发展混合所有制经济的相关制度和良好环境

作为新时期全面深化改革的重大举措，发展混合所有制经济面临的问题和阻力亦不容小觑。为全面破除混合所有制经济发展的制度瓶颈和体制机制障碍，需要在容错机制、市场准入、产权保护、公司治理、风险防范、法律法规等多方面采取切实有效的配套措施，同等保护各种所有制经济产权，营造公开、公平、公正竞争的市场环境，激发各种所有制经济活力和创造力。

（一）平等保护产权，打造各类资本公平竞争的市场环境

1. 平等保护各类产权

完善产权保护制度，是保障各种所有制经济公平竞争，确保混合有所制经济有序健康发展的前提和基础。本着充分尊重市场规则和契约精神的原则，在国有企业混合所有制改革过程中，要对公有资本与非公有资本产权都实施平等的保护，公有资本与非公有资本都可以平等地参与市场竞争，平等地利用生产要素等各种资源，改革的程序、方法、政策等都要公开。在执法或执行相关规范性文件规定时，要公正对待所有的投资者，不能只是单方面地保护国有或公有投资者。在公有股权或公有资产定价方面，无论是非公有资本参股公有企业，还是公有资本参股非公有企业，都要遵循公开、公允和市场化的原则，存量公有产权或资产的出让要通过公开市场操作，由市场决定产权或资产的价格。

2. 实施平等市场准入制度

制定平等的市场准入规则，实行负面清单准入管理方式，为市场机制发挥决定性作用提供更大空间。废除阻碍非公经济市场准入的相关制度规定，改革现行的行政审批制度，重塑监管模式，努力消除民营经济进入垄断行业与国有经济发展混合所有制经济的各种壁垒。在强化政府监管独立性的同时，着力遏制利益集团左右政府决策和出于小集团利益而故意阻碍民营资本进入的行为，为民营经济构筑进入垄断性行业的制度平台。鼓励垄断性国企将那些属于竞争性的业务和环节剥离出来，与非公有制资本组成混合所有制经济实体。

3. 打造各类资本公平竞争的市场环境

公平竞争指的是市场主体能够在同等条件下机会均等地参与市

场竞争，要求参与竞争的各产权主体具有平等的竞争地位，均等的竞争机会，采取公正的竞争手段。公平竞争事实上包含了反对垄断和反对不正当竞争两个方面的含义。一方面，要求禁止各种限制和排除竞争的行为（也称“垄断行为”），包括经营者滥用市场支配地位、经营者达成垄断协议以及具有或者可能具有排除或限制竞争的经营者集中。另一方面，要求禁止各种不正当竞争行为，包括假冒伪劣、虚假宣传、商业贿赂、侵犯商业秘密、低价倾销、不正当有奖销售、诋毁商誉等。

（二）健全多层次资本市场体系，为改革提供良好支撑

1. 加快多层次股权市场建设

强化证券交易所市场的主导地位，壮大主板、中小企业板市场，创新交易机制，丰富交易品种，为混合所有制经济发展夯实价格发现和股权交易根基。加快完善全国中小企业股份转让系统，建立小额、便捷、灵活、多元的投融资机制。在清理整顿的基础上，将区域性股权市场纳入多层次资本市场体系，更好地服务于小微企业发展混合所有制经济。完善集中统一的登记结算制度，实行证监会统一监管体制下的以地方监管为主的多元监管体制，有效防范市场风险。

2. 加强产权市场建设

充分发挥产权市场在发展混合所有制经济过程中的主渠道作用，强化产权市场的产权定价和交易功能，尊重企业自主决策，鼓励各类资本公平参与，实现公司产权和控制权跨地区、跨所有制顺畅转让。进一步规范自愿登记、资产评估、公开竞价、公证等工作程序，在产权交易方式、交易内容、交易程序、交易中介等方面加

强规范，促进产权交易制度化。加快形成以全国性产权交易中心为核心、区域性产权交易市场为骨干的全国产权交易市场网络体系，推进产权市场网络化。用立法引导和控制产权交易，促进产权交易进一步法制化。重视发挥中介组织的独立作用，使其服务方式、程序、标准等进一步科学化和规范化，防止滋生腐败与损害国家利益的行为发生，为发展混合所有制经济创造良好的市场环境。

（三）建立有效制衡机制，完善混合所有制企业法人治理结构

1. 构建有效制衡机制

混合所有制与股份制企业广义上并无区别，混合所有制能够确保企业所有者到位，建立起股东（大）会、董事会、监事会和经理层“三会一层”各负其责、协调运转的决策、执行、监督机制，真正实现产权多元、权责明确、相互制衡、激励有效的规范的公司治理。要落实董事会集体决策而不是“一言堂”，总经理是经营权的执行者，且有由国有资本代表与职工代表组成的监事会实行监督，避免大股东干预或“一把手说了算”、“内部人控制”等危害。国有资本无论控股与否，出资人都要严格按公司法运作，约束国有股东行为，推进国有企业去行政化，还原国有企业真正市场主体地位。关联交易中关联股东的决策回避、控股股东与上市公司实行人员、资产、财务、机构、业务“五独立”，控股股东不得占用和支配上市公司资产或干预上市公司对该资产的经营管理，不得干预公司的财务与会计活动。对于未上市的混合所有制企业，要参照上市公司，建立与完善能够保障中小股东合法权益、话语权的公司治理制度。

2. 深化董事会职能建设

为进一步完善公司治理，需要分类深化董事会建设，依法落实董事会业绩考核、薪酬管理等职权，规范董事会选聘和管理经理层。对特殊公益类未改制国有企业可以建立以董事会为决策机构、经理层为执行机构的管理架构。对混合所有制企业依法提出董事、监事人选，积极推动形成以外部董事占多数的董事会人员结构，并建立完善战略、提名、薪酬、投资决策等方面的董事会专门委员会制度。实施混合所有制后，还要妥善处理好党管干部与市场选聘职业经理人之间的关系，推进以市场化为导向的选人、用人、管人机制。

（四）完善退出机制，有效化解发展混合所有制中的各种风险

1. 有效防范改革进程中的各种风险

混合所有制经济发展中会面临各种风险，如国有资产流失、职工权益受损、维护社会稳定等，需要采取有效的措施加以防范。一是有效防范国有资产流失的风险。客观、公正地做好包括商誉、品牌等无形资产在内的国有资产评估、协议转让、挂牌出售等各项工作，强化审计、纪检监察等部门以及社会舆论的监督作用，防止国企改制过程中的国有资产流失。二是防范职工权益受损的风险。加强国有企业改革过程中的员工队伍稳定和职工权益保护，合理足额地支付补偿金额，还清拖欠职工的各项债务，做好养老、医疗等社会保障方面的制度安排，防止职工的合法权益受到损害。设立国企公益基金或改革稳定发展基金，专项用于职工身份转换及社会保障接续等相关问题的解决。三是防止群体事件造成影响社会稳定的风险。加快建立改革重大事项社会稳定风险评估和预警机制，有效防

范因改革而带来的社会不稳定因素，切实预防群体性事件的发生。

2. 明确退出机制

只有建立制度化的并且能够切实保障投资人权益的退出机制，才能解决潜在投资者的后顾之忧和踟蹰心态。与混合所有制经济发展中各种资本的进入机制一样，建立退出机制的实质是要建立混合所有制企业产权流动的市场机制，使公有资本与非公有资本的产权都能够按投资收益的预期或投资者的经营战略安排进行流动，能够在规则之下自由地进入与退出，而不是“进得来、出不去”。退出机制的建立不仅需要资本市场和外部监管制度的改革相配合，还需要混合所有制下公司治理结构中对各方权益分配及其实现进行微观制度安排。

3. 用退出的国有资本适当补充社保基金

充分体现国有资产的全民属性，用退出的部分国有资本适当补充社保基金。创建国有资本红利分配长效机制，竞争性混合所有制企业的国有股权转让收入、年度股东红利等收益，不再投资，将其充实社会保障基金。公益性国企的收入原则上全部上缴。编制以收入预算和支出预算为基本内容的国有资本经营预算表，提交本级人民代表大会审查，并严格监督预算执行情况。使国有资产真正服务于公共利益，为促进我国经济发展方式转变做出实质性贡献。

（五）健全相关法律法规，保障混合所有制依法合规推进

1. 加快构建市场准入和特许经营制度，适时推出特许经营条例

努力消除民间资本进入垄断行业的各种法律法规和制度壁垒。在权利平等、机会平等、规则平等的原则下，推出非公有制企业进

入特许经营领域的范围、经营形式和期限、申请程序、权利和义务以及监管制度等。尽快立法，明确特许经营管理细则，推出特许经营权的授予，以及经营者和实施机关的权利和义务、监督管理和法律责任等规则，通过特许经营合同明确约定项目周期、数量、质量、价格、收益分配及退出机制、违约补偿条款等方面的具体实施细则，以全面保障民间投资者合法权益，增强其参与混合所有制经济发展的积极性。

2. 提请修改制定相关法律法规

社会主义市场经济的本质是法治经济。在发展混合所有制经济过程中要妥善处理好改革与法规的关系，对法律法规规章和国家政策未规定事项，鼓励开展改革创新。要加快落实保护私人财产权的法律法规，确保各类市场主体同等受到法律保护。如中央统战部所建议，要按照“公”和“私”一体保护、同等保护原则，扎实推进法律法规的立、改、废。落实《物权法》《商标法》《专利法》《合同法》《破产法》《反不正当竞争法》等相关法律，依法规范政府、企业、中介组织行为，保障市场主体合法权益。进一步明确国有企业出资人职能，修改《企业国有资产管理法》。根据国有企业改革新要求，修改《企业国有产权转让管理暂行办法》，增加混合所有制企业国有产权转让等相关内容，完善政府监管、审批流程的法律法规。提请制定适用不同所有制资产的《资产评估法》，从法律层面明确资产评估行业的管理体制和运行机制，坚持评估的市场化导向，提高资产评估的独立性和公正性。

（六）建立鼓励改革创新的容错机制，形成改革合力

1. 加强舆论宣传引导

当前国资国企改革正处在攻坚克难的关键阶段，需要统一思想

认识，凝聚改革共识。各级政府部门要协调配合，共同推进混合所有制经济各项工作开展。国有企业特别是垄断行业改革，涉及利益格局调整，相关部门领导和企业干部职工也应当进一步统一思想认识，放下包袱，轻装前进。针对社会上国有企业负面意见较多的现象，要加大对发展混合所有制成功案例的宣传和推介力度，通过改革进一步明确国有经济的发展方向，使企业更有活力，产生和凝聚更多的正能量。

2. 建立改革创新容错机制

现在民营企业参与国有企业改革顾虑重重，与过去一些资产重组案件的后遗症有关。因此，国有资产的定价、审计、评估要有更清晰化的流程，同时利用专业化中介机构操作，公平公正透明，从制度设计上对暗箱操作等不规范行为予以限制。对国有资产流失也要一分为二地看，如果是由制度原因造成的流失，是市场博弈的结果，投资者都有低估资产价值的倾向，不应该背上侵吞国有资产的罪名，也不存在“贱卖”之说。当然，对于人为主观谋取私利、暗箱操作的行为，要依法惩处，决不姑息。

（执笔：臧跃茹、刘泉红、曾铮）

参考文献

［1］〔美〕亨利·汉斯曼著《企业所有权论》，于静译，中国政法大学出版社，2001。

［2］《混合所有制让中联重科实现跨越式发展》，《中国经济周刊》2014 年第 11 期。

［3］常修泽：《现代治理体系中的包容性改革——混合所有制价值再发现与实现途径》，《人民论坛·学术前沿》2014 年第 3 期。
［4］陈东琪、臧跃茹等：《深入推进国有经济布局战略性性调整的方向与举措》，《调查研究建议》2014 年 10 月 15 日。
［5］陈永杰：《混合所有制经济占比分析》，《中国金融》2014 年第 4 期。
［6］陈清泰：《国资改革路线图》，《财经》2014 年 2 月 24 日。
［7］邓万民、杨尧忠：《混合所有制是我国所有制改革的较优选择——30 年来所有制改革的回顾与展望》，《学习月刊》2008 年第 9 期。
［8］顾钰民：《所有权分散与经营权集中——混合所有制的产权特征和效率分析》，《经济纵横》2006 年第 1 期。
［9］黄淑和：《国有企业改革在深化》，《求是》2014 年第 3 期。
［10］金碚：《国企改革“善自身”更要“善天下”》，《人民日报》2013 年 12 月 9 日。
［11］黄群慧：《混合所有制改革要“上下结合”》，《人民日报》2014 年 4 月 8 日。
［12］贾华强：《马克思主义经典理论错了吗？——从混合所有制经济看社会主义的未来》，《人民论坛·学术前沿》2014 年第 3 期。
［13］李亚光：《试论发展混合所有制经济》，《财经研究》1999 年第 8 期。
［14］李毅中：《发展混合所有制经济要落实到企业做好顶层设计》，《中国经贸导刊》2014 年第 6 期。
［15］厉以宁：《在调查混合所有制中发现的几个误解》，《当代社科视野》2014 年第 4 期。
［16］刘泉红：《以混合所有制经济为载体深化国企改革》，《前线》2014 年第 2 期。
［17］刘瑜、田广：《中国的混合所有制如何不同于西方——理论、实践与制度创新》，《人民论坛·学术前沿》2014 年第 3 期。
［18］龙绍双：《“混合所有制”质疑》，《理论学刊》1999 年第 5 期。
［19］倪吉祥：《关于我国混合所有制形式的现状、问题和建议》，《改革》1993 年第 3 期。
［20］彭建国：《关于积极发展混合所有制经济的基本构想》，《中国发展观察》2014 年第 3 期。
［21］彭建国：《混合所有制改革要严守“底线”与“红线”》，《21 世纪经济报道》2014 年 11 月 17 日。
［22］邱海平：《论混合所有制若干原则性问题》，《人民论坛·学术前沿》2014 年第 3 期。
［23］邵宁：《国企改革应厘清五大问题》，2014 年 6 月 23 日。
［24］邵明朝：《我国混合所有制经济发展的基础及政策趋向》，《经济学动态》2004 年第 5 期。
［25］万华炜、程启智：《中国混合所有制经济的产权经济学分析》，《宏观经济

研究》2008 年第 2 期。
[26] 王宜新：《建立现代产权制度　发展混合所有制经济》，《中国工商管理研究》2003 年第 2 期。
[27] 王永年：《广义混合所有制概念辨析》，《江淮论坛》2004 年第 12 期。
[28] 肖晖：《对发展混合所有制经济的几点认识》，《岭南学刊》2004 年第 1 期。
[29] 晓亮：《论大力发展混合所有制》，《经济学家》2004 年第 4 期。
[30] 谢军、黄建华：《混合所有制经济下我国企业国有产权管理模式》，《中国市场》2010 年第 12 期。
[31] 谢鲁江：《混合所有制经济：三重意义上的体制平台》，《人民论坛·学术前沿》2014 年第 3 期。
[32] 徐善长：《关于江苏、浙江混合所有制经济发展的调查报告》，《经济研究参考》2006 年第 6 期。
[33] 张高丽：《混合所有制：公有制的有效实现形式——深圳市中兴通讯股份有限公司调查》，《求是》2001 年第 9 期。
[34] 张文魁：《解放国企：民营化的逻辑与改革路径》，中信出版社，2014。
[35] 张文魁：《中国混合所有制企业的兴起及其公司治理研究》，经济科学出版社，2010。
[36] 张卓元：《混合所有制经济是什么样的经济》，《求是》2014 年第 8 期。
[37] 周其仁：《改革的逻辑》，中信出版社，2013。
[38] 张维迎：《国企混合所有制长期一定严重腐败》，财经网，2014 年 4 月 8 日。
[39] 周新城：《怎样理解混合所有制》，《红旗文稿》2014 年第 4 期。
[40] 朱光华：《大力发展混合所有制：新定位、新亮点》，《南开学报》2004 年第 1 期。
[41] 赵昌文：《抓住国企改革主要矛盾》，《财经》2014 年第 35 期。

促进混合所有制经济发展研究

专题报告

新形势下促进混合所有制经济发展：宏观逻辑起点与总体战略要求

内容提要：从理论上来说，所有制改革本质上是产权安排的调整，其最终目标是在权衡效率与公平的条件下，实现社会总福利最大化。全球历史上各国历次改革告诉我们，所有制调整是在客观发展阶段与经济特征以及主观社会思潮与意识形态背景下进行的，这些逻辑起点影响了改革的方式和成效。改革开放以来，我国历经的三次所有制改革，总体上实现了效率的改进，但公平程度大体处于下降趋势。近年来，我国经济效率也呈现出下降趋势，且经济结构优化任务艰巨，收入分配格局不容乐观，金融债务风险显著强化，在更高层次上提升开放水平面临困难，亟须通过深层次的所有制改革破解效率损失与公平缺失问题。鉴于此，未来我国要大力推进混合所有制经济发展，应秉持存量调整与增量调整相结合、结构优化与激励相容相适应和提升公平与提高效率相协调的原则，通过调整所有制结构与释放体制红利、培育市场主体与健全市场机制以及调整国有经济布局与健全国资管理体制，不断优化所有制结构和提升经济效率，有效解决收入分配不均与市场竞争不公，切实化解财政金融风险与推进经济深度国际化，践行同步提升经济效率和公平程度的合意所有制改革。

随着一国发展阶段的变化、发展条件的嬗变以及发展形势的转变，该国的所有制结构（产权结构）总是处于不断调整的过程当中，所有制改革是从宏观上解决效率与公平问题的主要路径，是保持经济结构合意和经济健康发展的重要微观基础。新中国成立以来，所有制改革始终伴随着我国经济社会的演进与发展。改革开放以来，从“三个有利于”的重要思想出发，我国进行了多次系统性的所有制改革，基本建立了公有制为主体、多种所有制经济共同发展的所有制形式，力图在经济发展过程中实现效率与公平的统一。但是，随着经济发展进入新阶段和面临新形势，由于制度性的原因，我国现有所有制结构在一定程度上扭曲了效率与公平的关系，制约了我国经济结构优化和持续健康发展。在这种新的历史条件和经济形势下，党的十八届三中全会重提发展混合所有制，力图通过所有制改革及其结构调整，引导经济结构优化、提升经济运行效率、提高经济发展包容性，合理权衡效率和公平问题，最终实现经济又好又快发展。因此，从所有制改革出发，研究发展混合所有制经济对我国经济发展的影响及其推进策略，有利于我们从宏观经济和长期战略视角认识混合所有制这一微观领域的改革。

一 所有制改革的一般性理论分析

从制度经济学、转轨经济学和公共选择学理论出发，所有制改革的本质是产权改革，实现社会福利最大化以及效率公平有机统一是所有制改革必须秉循的目标和原则。

（一）所有制改革的基础理论框架

所有制改革是产权改革的宏观映射，二者是在公平和效率之间权衡的变革过程。所有制改革的目的在于通过产权重新分配与组合和构建激励机制，提升生产效率，降低交易成本，实现资源要素配置最优化和要素产出最大化，最终实现社会财富的增长与积累。与此同时，通过产权合理安排和减少市场垄断行为，实现要素市场的公平竞争和商品市场的公平交易，从而最终实现社会财富的公平分配。由此，所有制改革的最终目标是在实现社会总福利（包括财富的积累和公平分配）最大化的条件下，实现效率与公平的统一。

从所有制改革的目标及其实现路径来看，可以用两条线索来描述：一是通过产权重新分配与组合以及构建激励机制，不断优化经济结构和发展机制，从而提高全要素生产率，提升经济发展效率，最终实现社会财富积累与增长；二是通过合理安排产权和减少市场垄断，优化要素报酬分配、推进不同市场主体竞争公正，从而使社会财富差距不再扩大或逐步缩小，有效达成社会公平分配，从而实现社会财富分配合理。最终，在实现社会总福利（包括财富的积累和公平分配）最大化的条件下，在以上两条线索中实现有效权衡（Trade-off），最终实现效率与公平的统一。

（二）不同方式所有制改革的结果

任何体制改革的目的是要通过制度调整，增加社会总福利。所有制改革的目的在于在权衡效率与公平的条件下，实现社会总福利（包括财富的积累和公平分配）最大化。从结果来说，我们可以把

表 1　所有制改革目标及其路径的理论表述

改革目标	对应项	实现路径	主要表现	主要目的	最终结果
社会财富积累与增长	效率最优	优化要素配置、构建激励机制	经济结构优化、发展机制优化	生产率提升	在实现社会总福利(包括财富的积累和公平分配)最大化的条件下,实现效率与公平的统一
社会财富分配合理	公平分配	按照公正的原则合理安排产权、减少市场垄断	市场主体竞争公正、要素报酬公平	社会财富差距不再扩大或逐步缩小	

所有制改革分为非合意所有制改革和合意所有制改革，前者的结果为社会总福利的减少或不变，后者的结果是社会总福利的增加。

1. 非合意所有制改革：社会总福利减少或不变

非合意所有制改革的结果是社会总福利减少或不变，产生这种结果的主要原因是所有制改革没有权衡好效率与公平的关系，导致改革对社会总福利的促进作用难以发挥，其生产力的提升以大量牺牲公平为代价或公平程度提高以大幅牺牲效率为代价，抑或是既没有促进生产力的提升也没有实现社会分配的公平与竞争公正，在一定程度上是没有成效的改革。具体而言，可以从以下两个方面来解释。

第一，社会总福利不变的非合意所有制改革。如图 1 所示，XY 代表公平和效率之间的关系曲线，其中 X 代表效率，Y 代表公平；一般来说，公平和效率之间有着非彼即此的矛盾关系。U 代表社会等福利曲线，代表社会财富的增加（效率）及财富的分配（公平）带给社会的总效用，社会等福利曲线离原点越远表示社会福利越高。F 代表所有制的基本情况，其变动代表所有制改革的轨迹。XY 曲线和 U 曲线的焦点 E 为均衡点，其对应着效率与公平的组合以及社会总福利的数量。当所有制改革是倾向于提升效率的改

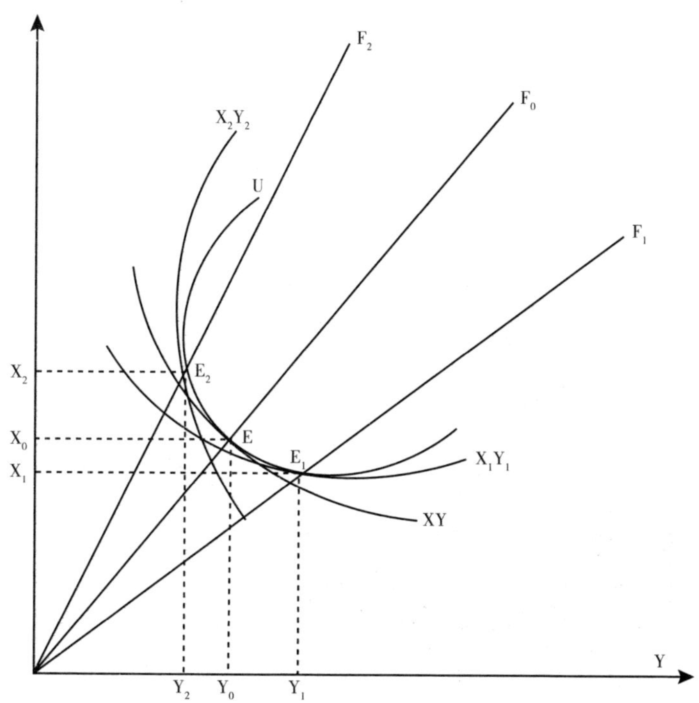

图 1　不增加社会总福利的非合意所有制改革模型

革，且在一定程度上损害了公平，但效率的提升能基本弥补公平损失，公平和效率之间的关系曲线从 XY 位移至 X_2Y_2，均衡点变为 E_2，社会总福利水平与所有制调整前没有发生改变。同理，当所有制改革是倾向于提升公平的改革，且在一定程度上损害了效率，但公平的提升能基本弥补效率损失，公平和效率之间的关系曲线从 XY 位移至 X_1Y_1，均衡点变为 E_1，社会总福利水平与所有制调整前也没有发生改变。

第二，减少社会总福利的非合意所有制改革。运用以上的基础模型，如图 2 所示，当所有制改革是倾向于提升效率的改革，且在一定程度上损害了公平，但公平的损失明显超过效率的提升，公平

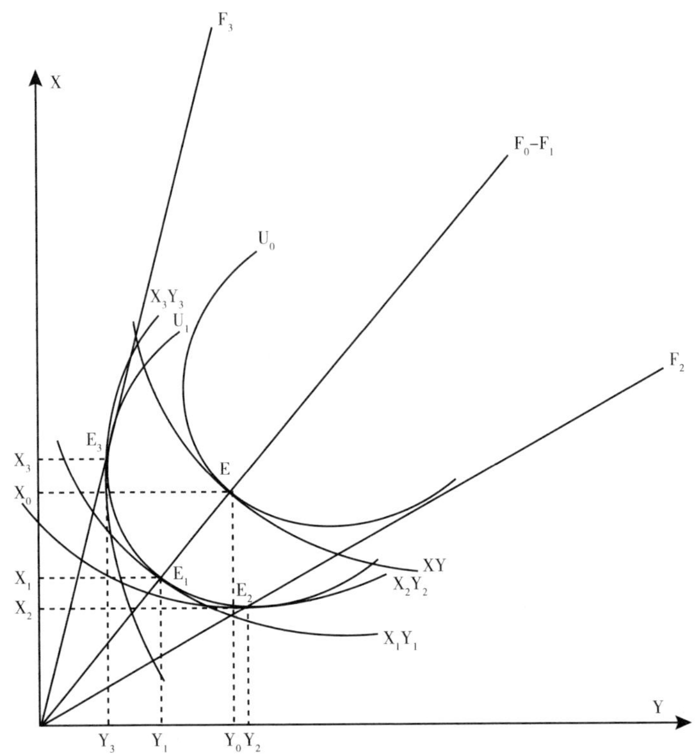

图 2　减少社会总福利的非合意所有制改革模型

和效率之间的关系曲线从 XY 位移至 X_3Y_3，其与社会等福利曲线 U_1 相交于均衡点 E_3，社会总福利水平相对所有制调整前呈现出明显损失。同理，当所有制改革是倾向于提高公平程度的改革，且在一定程度上损害了效率，但效率的损失明显超过公平程度的提高，公平和效率之间的关系曲线从 XY 位移至 X_2Y_2，其与社会等福利曲线 U_1 相交于均衡点 E_2，社会总福利水平相对所有制调整前呈现出明显损失。此外，还有一种极端的所有制改革，其既不倾向于提高公平程度又不倾向于提升效率，并在一定程度上同时损害了效率和公平，公平和效率之间的关系曲线从 XY 位移至 X_1Y_1，其与社

会等福利曲线 U_1 相交于均衡点 E_1，社会总福利水平相对所有制调整前也呈现出明显损失；但这种极端的情况在理论上成立，在现实中较为少见。

2. 合意所有制改革：社会总福利增加

合意所有制改革的结果是社会总福利增加，产生这种结果的主要原因是所有制改革权衡好了效率与公平的关系，通过合理安排产权和要素优化配置，构建激励机制，不断减少制度扭曲和市场垄断，使得经济结构和发展机制优化、市场主体竞争公平、要素报酬合理均等，同时实现了生产率的提升以及社会财富差距不再扩大或逐步缩小，是具有成效的改革。具体而言，可以从以下三个方面来具体解释。

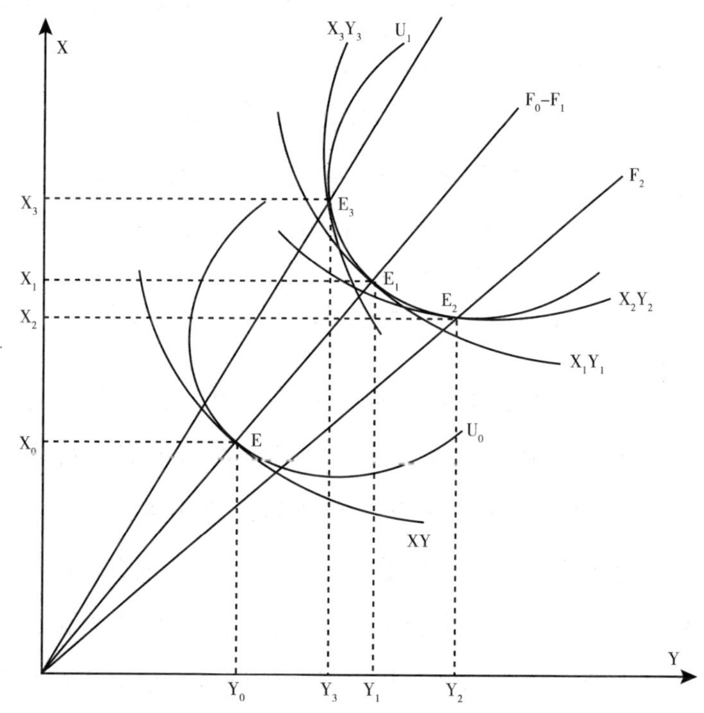

图 3　增加社会总福利的合意所有制改革模型

第一，提升效率、损失公平的合意所有制改革。如图3所示，当所有制改革是倾向于提升效率的改革，且在一定程度上损害了公平，公平和效率之间的关系曲线从XY位移至X_3Y_3，其与社会等福利曲线U_1相交于均衡点E_3，效率的提升明显大于公平的损失（X_0X_3明显大于Y_0Y_3），社会总福利水平相对所有制调整前呈现出明显增加。

第二，提升公平程度、损失效率的合意所有制改革。当所有制改革是倾向于提升公平程度的改革，且在一定程度上损害了效率，公平和效率之间的关系曲线从XY位移至X_2Y_2，其与社会等福利曲线U_1相交于均衡点E_2，效率的提升明显大于公平的损失（Y_0Y_2明显大于X_0X_2），社会总福利水平相对所有制调整前呈现出明显增加。

第三，同时提升效率和公平程度的合意所有制改革。当所有制改革既不倾向于提升效率，也不倾向于提升公平程度，而是同时提升效率和公平程度，公平和效率之间的关系曲线从XY位移至X_1Y_1，其与社会等福利曲线U_1相交于均衡点E_1，效率和公平程度均出现了大幅提升，社会总福利水平相对所有制调整前呈现出大幅增长。

（三）我国改革目标与所有制改革理论的联系

1992年，邓小平针对姓“资”和姓“社”的争论，提出了所有制改革“三个有利于”的标准。之后，党的十五大报告正式指出，“所有制结构的调整和公有制实现形式的选择必须坚持生产关系一定要适合生产力发展水平的马克思主义基本观点，以是否有利于发展社会主义生产力、有利于增强社会主义国家综合国力、有利于提高人民生活水平为标准，努力寻找能够极大促进生产力发展的公有制实现形式，一切反映社会化生产规律的经营方式和组织形式都可以大胆利用”。至此，“三个有利于”正式成为我国所有制改革和所有制结构调整的客观标准。

表 2 “三个有利于”和所有制改革理论框架之间的联系

三个有利于	对应项	实现途径	主要表现	最终目的
发展社会主义社会生产力	效率	优化要素配置、构建激励机制	经济结构优化、发展机制优化	不断提高生产率和缩小社会财富差距，在实现社会总福利最大化的条件下，实现效率与公平的统一
提高人民生活水平	公平	按照公正的原则合理安排产权、减少市场垄断	市场主体竞争公正、要素报酬公平	
增强社会主义国家综合国力	效率、公平	以上全部	以上全部	

资料来源：笔者根据相关文献整理。

从“三个有利于”的表述出发，其与所有制改革理论框架的关系如下。首先，“有利于发展社会主义社会生产力”就是要通过优化要素配置和构建激励机制，实现经济结构和发展机制的优化，从而不断提高全要素生产率，提升整体经济的效率。其次，“有利于提高人民生活水平”就是要通过按照公正的原则合理安排产权和减少市场垄断，实现市场主体竞争公正和要素报酬公平，从而不断提升社会公平程度，减少因体制原因而带来的市场竞争不公和收入分配差距扩大。此外，“是否有利于增强社会主义国家综合国力”就是要通过以上两条途径，不断提高生产率和缩小社会财富差距，在实现社会总福利最大化的条件下，实现效率与公平的统一。

二 国外典型所有制改革的基本逻辑

在过去的数百年时间里，世界上大多数国家都经历了大体相似，但并不相同的所有制改革历程。相似之处体现在私有化与国有化的交替构成了所有制改革的基本内容、国有化并未彻底改变私有化在全球的推进趋势，其不同之处体现在各国的所有制改革的成效差异显著。

（一）国外所有制改革：背景、动因与总体性进程

1. 所有制改革的背景与动因

大体来看，全球所有制改革可分为三个阶段：世界大战前后和大萧条时期（19 世纪末到 20 世纪 40 年代）；经济滞胀和新自由主义时期（20 世纪 70 年代至 20 世纪末）；美国次贷危机以来（2007 年至今）。

第一，在经济危机和世界大战的冲击下，国有化伴随政府干预的兴起而推进。危机导致的经济衰退引发了政府的强力干预。从 1870 年到第一次世界大战爆发，西方各国出现数次经济危机。1929～1933 年大萧条的出现则彻底打破自由放任主义的神话，以罗斯福新政、凯恩斯主义为代表的国家干预思想开始兴起。世界大战迫使政府动用国有化手段进行战备和重建。一方面参战国在战时要增强国家对宏观经济的控制力，另一方面战后由于私人资本不足，国家开始动用注资等方式新建、参股企业，力图恢复经济。在凯恩斯主义的影响下，国有化进程开始加速并且取得显著成效。

第二，在滞胀和国资低效率的压力下，新自由主义的泛滥带动私有化的复兴。滞胀为新自由主义的盛行提供了契机。20 世纪 70 年代以来，长期使用凯恩斯主义政策使西方呈现滞胀局面。新自由主义坚称以需求政策为核心的经济干预造成了滞胀，并开出了松管制、私有化的处方。先后发生于智利、英国、美国等国的私有化在

新自由主义的泛滥下开始盛行。战后国企的低效率则助涨了私有化需求。国企的平均成本居高不下且亏损日益严重，不仅无法实现国有资本维护社会公平的初衷，也加重了政府的财政负担。私有化使政府改善了赤字，企业的效率也有所提升。在新自由主义的影响下，私有化浪潮涌向全球并产生深远影响。

第三，在金融危机不断深化的情况下，国有化进程再次启动以恢复经济秩序。金融危机的爆发迫使政府利用国有化稳定秩序。金融的虚拟化、泡沫化特征使得危机蔓延的速度和破坏的强度十分惊人。发轫于2007年的美国次贷危机，迅速演变为全球性的金融危机，并在不断深化中诱发欧洲主权债务危机。西方各国先后通过政府注资购买企业新增股份和可转换优先股的方式对重点金融机构、实体产业实施部分国有化。事实表明，作为最后手段的国有化措施稳定了市场信心和秩序。

2. 所有制改革的总体进程

各国所有制改革的总体进程，呈现出以下两个基本特点。

第一，所有制改革经常出现国有化与私有化交替进行的情况。如英国分别在1945～1951年和1974～1979年实行国有化，在1979～1990年又实行私有化，在2008年又推行了国有化措施；一些北美、南亚和拉丁美洲国家反复次数更多，如墨西哥、印度、巴西、玻利维亚等。这种更替除了受到特定历史事件冲击和经济社会思潮影响外，也与多党派轮流上台执政和根深蒂固的传统观念有关。

第二，数次国有化并未彻底改变私有化在全球推进的趋势。总体来看，世界经济呈现国有经济成分占比下降、私有经济成分占比上升的显著趋势。统计表明，全球平均每个企业的国内私人所有权占比为 88%，国外私人所有权占比为 9.3%，而国有产权仅占 0.4%。分地区来看，国有产权占比最高的东亚和太平洋地区也仅为 0.6%。分收入水平来看，中等收入国家国有企业产出占 GDP 的比重在 1980 年代中期约为 11%，但迅速推进的私有化将这个比重降低到 1997 年的 5%；同期，高收入国家国有企业产出占 GDP 的比重从 15% 下降到 3%。图 4 呈现了 1988 ~ 2012 年全球私有化收益的总额变动情况，除 2001 年和 2011 年私有化收益锐减外，其余年份的私有化收益呈上升或小幅震荡态势。

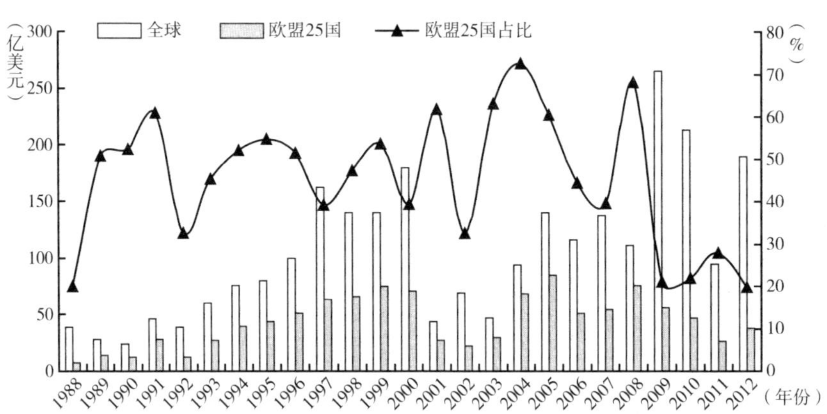

图 4　全球和欧盟私有化收益总额及欧盟占比

资料来源：Privatizationbarometer 公司 2012 年度报告。

（二）国外所有制改革：逻辑、方式与差异化绩效

1. 所有制改革的逻辑与方式

理论上，所有制改革的总体目标是社会福利最大化，并存在效率优先和公平优先的两条基本路径[①]；现实中，各国政府则是根据

① 即优化要素配置、构建激励机制与按照公正原则合理安排产权、减少垄断两条路径。

可度量目标来推进所有制改革，以此实现社会福利最大化。表3将这些目标划分为宏观与微观两个层次。社会总福利由宏观层次度量，微观层次为宏观层次提供基础。

表3　所有制改革中的可度量目标

项目	公平	效率
宏观层次	收入合理	经济增长
微观层次	产权分散	竞争充分

资料来源：笔者根据相关文献整理。

不同情况下，政府着眼于不同层次，同时对同一层次的目标赋权不同，形成了差异化的所有制改革逻辑。遵循不同的改革逻辑，政府在所有制改革中采用了不同的方式，进而形成了所有制改革中的差异。

第一，不同方向所有制改革的逻辑起点在政府着眼的层次。当国家需备战、重建或抵御危机时，多数国家会采取国有化改革来增强对资源的支配能力，从而加强政府对经济的控制力。所有制改革会强调“确保经济增长、加大财政支出、促进就业和收入合理”。在短期内国家能有效实行资源配置加速经济增长[①]，并增加财政支出，提升宏观层面的公平与效率。因此，国有化的逻辑起点是着眼于宏观层次，政府通过直接作用于宏观层次的公平与效率来增加社会总福利。两次世界大战、大萧条及次贷危机中的西方各国所采取的国有化就是遵循的这种逻辑。当国家需削减赤字、提升效率或改善业绩时，多数国家会采取私有化改革来降低国家对资源的干预能

---

① 现实中也存在政府并不具备这种能力的情形，因此也会导致国有化的失败，如20世纪50年代到20世纪80年代的印度国有化改革。

力，从而激发市场对经济的支配力。所有制改革会强调“确保竞争充分、企业增效、治理优化和产权分散”的逻辑。在短期内产权的分割会促进自由竞争①，并形成多元治理，提升微观层面的公平与效率。因此，私有化的逻辑起点是着眼于微观层次，政府通过重塑宏观层次公平与效率的微观基础来增加社会总福利。滞胀中的西方国家和转型期的东欧、拉美、非洲和南亚国家所采取的私有化就是遵循的这种逻辑。用以上逻辑也可以解释国有化和私有化的更替以及私有化在全球范围内的推进现象。当国有化实现社会总福利增加后，股权集中、企业治理失效和市场垄断增加也会降低国有经济的效率及其促进公平的能力，通常表现为经营亏损、腐败滋生、债台高筑。社会总福利会趋于减少，由此出现国有化和私有化的更替。在制度逐渐成熟、竞争日益充分时，私有化也能促进宏观层面的效率和公平，因此私有化能在全球范围内持续推进，仅当重大危机或战争发生时，私有化和国有化的更替才会发生。

第二，不同形式所有制改革的逻辑起点在政府对目标的赋权。形式的差异有若干维度。以私有化为例，从具体途径上看，如法国、印度采用的更多的是国家参股、部分出售，而俄罗斯和英国更多地为整体出售和剥离；从节奏上看，如中东欧与苏联在20世纪实行了剧烈的私有化，而地处南亚的印度的私有化则显得十分缓慢；从程度上看，欧盟的私有化收益占全球私有化收益比重长期超过或接近40%，远远高于世界其他地区（见图4）；从次序

① 现实中也存在因法律制度缺陷而私人垄断横行的情形，因此也会导致私有化的失败，如20世纪90年代的俄罗斯私有化改革。

上看，如英国的私有化最先始于能源、电信、公用事业部门，而其他西欧和南亚国家则更多的从制造业和金融机构开始。上述差异与不同国家的逻辑有细微差别有关①。尽管都遵循私有化的逻辑起点，但在同一层面公平与效率各自兼顾多少存在差别。例如，在完全出售和剥离、部分出售、租赁和特许、资本化以及恢复五种私有化具体途径中，选择完全出售和剥离的国家相对较多地实现微观层面的公平；私有化节奏较快的国家相对更多地实现微观层面的效率；私有化程度较高的国家相对较少地牺牲宏观层面的效率；私有化从制造业开始的国家相对较少地牺牲宏观层面的公平。

2. 所有制改革的差异化绩效：事实与原因

所有制改革的差异化绩效令人吃惊。比如，私有化有力地提振了英国、印度等国的经济，却加剧了俄罗斯和部分拉美国家的经济动荡；国有化大力提升了法国、德国在战后和经济重建时期的经济实力，但对印度的经济发展助力甚微。事实上，绩效差异仍可以从所有制改革的逻辑起点找到部分原因。

（1）私有化改革的差异化绩效

中东欧和前苏联国家属于典型的转型经济，并且在 20 世纪 90 年代实行了大规模的剧烈私有化。但结果则是经济衰退、产出下降和收入差距加速扩大。表 4 显示大部分国家都遭遇了产出减少和收入分配差距扩大，如保加利亚、拉脱维亚、立陶宛和亚美尼亚、乌克兰等，总体上形成了效率与公平的“双输”，属于典型的非合意所有制改革，类似的情形还在墨西哥和巴西、委内瑞拉等国家发生。

① 已有研究表明，这些差异也与各国的制度基础、改革成本、意识形态有关。

表4　部分中东欧与前苏联国家私有化期间的经济表现

国家	产出下降幅度(%)	2000年GDP指数	基尼系数		
			1987～1990年	1993～1994年	1996～1998年
中东欧	22.6	106.5	0.23	0.29	0.33
保加利亚	16	81	0.23	0.38	0.41
克罗地亚	36	87	0.36	—	0.35
捷克	12	99	0.19	0.23	0.25
爱沙尼亚	35	85	0.24	0.35	0.37
匈牙利	15	109	0.21	0.23	0.25
拉脱维亚	51	61	0.24	0.31	0.32
立陶宛	44	67	0.23	0.37	0.34
罗马尼亚	21	82	0.23	0.29	0.30
斯洛伐克	23	105	0.22	0.25	0.30
波兰	6	144	0.28	0.28	0.33
苏联	50.5	62.7	0.28	0.36	0.46
亚美尼亚	63	67	0.27	—	0.61
白俄罗斯	35	88	0.23	0.28	0.26
乌克兰	59	43	0.24	—	0.47

注：2000年GDP指数以1990年为基期，前苏联国家的统计中不含波罗的海沿岸三国。
数据来源：WorldBank（2002）。

而波兰、匈牙利等国则表现出公平受到极小损害的前提下效率的显著大幅攀升，总体上形成了效率与公平的“一增一减”，属于典型的合意所有制改革。造成这种差异的原因如下。一是逻辑起点差异。保加利亚、拉脱维亚、立陶宛和亚美尼亚、乌克兰等国过分强调私有化的效率，从而实施了以直接出售和剥离方式为主的剧烈快速的私有化。而波兰、匈牙利等国则相对更多地兼顾了公平，因此在形式上主要是国有企业的商业化和成立新的私有企业，速度上也相对缓慢。二是初始条件差异。适当的制度基础是私有化成功的关键。保加利亚等国由于长期实行计划经济模式，市场性法律和制度并不完善，迅速的私有化导致私人垄断剧增、新增投资和政府收益锐减。但波兰等国一开始就重视政府的稳定作用，相对缓慢的私有化提供了时间窗口，从而有利于政府和企业探索建立配套制度和更有效的管理方法。

（2）国有化改革的差异化绩效

尽管初始条件并不完全一致，但印度与法国都利用国家主导工业化来提振经济。从成效来看，印度的国有化效率极低，但公平略有提升；而法国的国有化效率较高同时公平仍有提升。印度在国有化阶段（20 世纪 50 ~ 80 年代）实际 GDP 平均增长率仅为 3.75%。而世界银行的统计表明，1991 ~ 1994 年、1995 ~ 1999 年和 2000 ~ 2003 年三个时期印度的 GDP 年均增长率分别为 4.86%、6.52% 和 5.42%，国有化缩小了收入差距。战后至 20 世纪 80 年代，法国经历了三次国有化运动。1950 ~ 1959 年工业生产年均递增 6.1%，GDP 年均增长 4.8%。1970 ~ 1974 年，GDP 年均增长创纪录达到 6.2%。同时，这一时期，收入差距也出现一定程度的缩小。造成这种差异的原因如下。一是逻辑起点差异。尽管政府均力图通过在宏观层面增加总福利，但显然印度将更多的权重放在了公平，而法国则是效率。尽管国有企业效率极低，但印度政府和公众对私有化的热情并不高。法国则通过接管纳粹、兴建企业、国家参股的方式提高了经济效率。二是初始条件不同。法国的国有化处于在二战之后的经济重建背景下，而印度则是脱离英国的殖民统治，在独立过程中的经济重建。

（三）英、法、德所有制改革：混合所有制的作用

在所有制改革中，混合所有制作为一种较为特殊的实现方式被

欧、美、日等国家或地区所采用。表5列出国有化过程中混合所有制在英、法两国的比较①。

表5 国有化过程中英、法混合所有制比较

国家	英国	法国
途径	通过法案收编、新建企业	没收私有股份、新建企业参股
行业分布	邮电、通信、电力、煤气、煤炭、铁路、造船行业国有占比近100%,航空和钢铁行业、汽车工业和石油工业国有占比分别为75%、50%和25%	能源、采矿、钢铁冶炼、有色金属加工、基础化学、人造纤维、军工、航空、专业电子电信设备业国有占比超过50%;建筑材料、金属加工、陶瓷、工具制造、重工业材料、部分制造业国有占比低于10%;有机化学、制药、橡胶、农用机械、信息办公设备、家用设备、汽车与公路运输、造船业等国有占比为10%~50%
成效	企业提升生产力;政府提升对经济的控制能力;降低工业企业公共物品价格促进公平;提升产业竞争力保障出口	扩大了企业自主权;就业机会增加促进社会稳定公平;减少国外资本渗透保护民族工业;加强基础设施建设促进社会均衡发展

资料来源:笔者参考已有文献整理,下同。

由上述比较可以看出,不论国有化还是私有化,西欧市场经济国家基本都是通过产权混合和推进混合所有制经济发展,进一步释放激励机制,提高经济运行效率,同时提高公共服务质量和实现社会公平。因此,混合所有制在不同条件下具有多种方式,且都取得了较好的经济绩效。

(四)小结

根据上述分析,我们可以得出如下结论。第一,所有制改革的更替存在可循的一般性原因,主要包括特定历史事件、经济社会思

① 与英、法不同,战后德国并未推行国有化政策,而是继承了德意志的财产,并把它们改组成联邦政府的公有企业。

表 6　私有化过程中英、法、德混合所有制比较

国家	英国	法国	德国
主要措施及特点	两个阶段*实现私有化 ①第一阶段以尚可赢利或亏损不太严重的企业为主，多集中于竞争行业，如石油、航天、电报电话、铁路、天然气设施等；第二阶段范围扩大到亏损较为严重的国有企业，且较大幅度地进入了公用事业和自然垄断性行业，如机场、钢铁、供水和电力等 ②第一阶段采取股票公开上市的办法，第二阶段采取股票公开上市的明显减少，职工持有股份开始增多 ③鉴于股份制改革的一些问题，政府改变了传统做法，不再实行“独家出售”，而是先拆分再出售。	国有化企业（国家持股50%以上）数量锐减，混合经济公司（国家持股50%以下）数量攀升 ①国家在混合公司中持有的股份不低于10% ②国家股东参与管理。国家享有一人多票的权力及否决权（金股）。部分情况下国家出让股份而不出让控制权 ③通常采取股份有限公司的法律形式。国家只在混合经济总公司和母公司中控制股份，不在子公司和分公司中控制股份。后者大多被私人股份所控制，实行董事会和总经理负责制 ④通过公开拍卖和市场外交易出售股权，进而实现资本开放，实行民众、雇员和核心股东制	国家拥有25%以上股份即为公有企业，其中又细分为纯公有、多数参股和少数参股企业 ①维持公有企业的法律地位，主张股票大众化。政府委托银行组成的财团，通过股票交易市场交易出售股份 ②渐进扩大退出范围和加大退出比重，但不放弃国家干预 ③参股形式多样化，包括内部职工持股、引入外资、股票上市、引入国内投资、国外收购和兼并 ④企业治理遵循双重委员会制度和股东大会的三权分立，职工派代表参与
成效	成功摆脱“英国病”；提高企业效率和业绩；缓解财政危机	竞争性公营部门缩小；财政状况明显改善；金融市场快速发展	财政收入增加；公共服务的质量提升；公共服务社会化加快

注：“*”分别是1979～1986年和1987～1991年。

潮和意识形态。在这些原因和其他因素的共同作用下，所有制改革进程呈现出私有化与国有化交替和私有化在全球推进趋势的基本特征。第二，逻辑起点影响了所有制改革的方式和成效。国有化的逻辑起点是政府通过直接作用于宏观层次的公平与效率来增加社会总福利；私有化的逻辑起点则是政府通过重塑宏观层次公平与效率的微观基础来增加社会总福利。同时，所有制改革还影响了所有制改革的形式。与初始条件一起，它们共同影响了所有制改革的成效。

三　我国所有制改革的历史及其逻辑

改革开放以来，从所有制结构来看[①]，中国经济的“渐进式”改革主要有三个方面的内容：第一，以国有经济为主要改革对象的“体制内改革”，变革内容包括所有权不变条件下的其他产权内容变革和国有企业内部管理的强化。第二，“体制外改革”，以私人经济、合资经济、个体经济、外商独资经济等为内容的非公有制经济的形成与发展。第三，公有经济内的集体经济的发展，包括乡村集体经济、城镇集体所有制经济等内容。

从改革开放以来我国所有制改革的历程来看，大体可以划分为三个时期：第一个时期是在所有制框架内的经营权改革阶段，这一阶段是所有制改革的奠基期；第二个时期是所有权改革起步阶段，这一阶段是所有制改革的发轫期；第三个时期是所有权改革攻坚阶段，这一阶段是混合所有制经济发展探索期。

（一）所有制框架内经营权改革（1978～1991 年）

改革开放之初，经过十年“文革”，我国经济和产业发展走到了崩溃的边缘，农业落后、轻工业不发达、重工业内部自我循环、消费品短缺、城乡二元结构严重、经济外向度极低，经济产业的可持续发展存在重大隐患。这些问题的根源在于产权不清晰、价格不合理、激励不兼容、信息不对称和传导环节多、交易

① 从我国所有制改革过程来看，包括农村和城市两个范围和领域的所有制改革。其中，城市范围的所有制改革，特别是工业领域是我国所有制改革的核心和重点内容。由此，本研究重点关注城市范围的所有制改革。

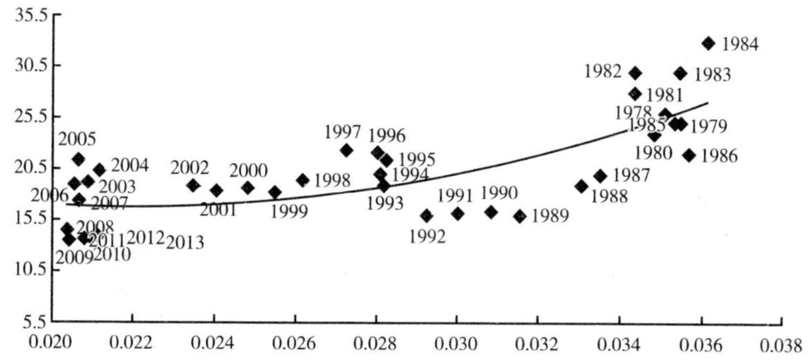

图 5　改革开放以来我国公平与效率关系演变示意

注：纵轴为效率系数，数值为全要素生产率对经济增长的贡献率；横轴为公平系数，数值为基尼系数的倒数。

资料来源：基尼系数来自世界银行 WDI 数据库和国家统计局数据库，全要素生产率对经济增长的贡献率系笔者根据生产函数法计算得出。

成本高等，因而亟须推进改革。[①] 而其中，产权改革即所有制框架内的经营权改革成为强化激励、理顺价格和降低成本的关键性改革。

这一时期的国有企业改革主要有两个方向：一是增强企业活力，把生产经营自主权真正落实到企业，使企业获得自我改造、自我发展的能力；二是所有权和经营权可以适当分开，突破了国家行政机构直接经营企业的老体制。从操作上来看，在国有企业改革方面先后经历了利润留成、利改税、厂长（经理）负责制、承包制和经营机制转变等改革，并允许一些小型国有企业搞“转制”，由国有制转为股份合作制或租赁、出售给集体或个人。同时，进行了国有企业改制成股份制企业的试点，在上海和深圳的部分企业中试行向社会发行股票，并在这两市开设了证券市场，使国有控股企业

① 萧灼基：《关于改革经济管理体制的若干设想》，《北京大学学报》1981 年第 5 期。

由间接融资转向直接融资，加快了国有企业融资多元化（所有制改革）和虚拟经济发展的步伐。

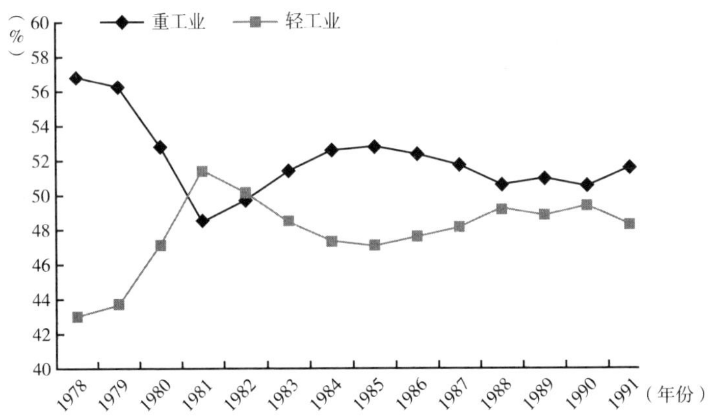

图 6　改革开放初期我国轻重工业占比变化情况

资料来源：历年《中国统计年鉴》。

通过所有制框架内的经营权改革，我国工业的效率出现了明显提升，1991 年的全员劳动生产率相对于 1978 年提升了 1.6 倍（见图 7）。特别是扩权让利极大地提升了一些国营消费品企业的生产积极性，而有计划的商品经济改革使得企业生产更为灵活，我国生活消费品市场开始繁荣，轻重比重失衡的状况迅速扭转（见图 6），基本解决了改革开放之处消费品严重短缺的情况，极大改善了人们的生活条件。应该说在这一阶段，所有制改革的重点是加快效率提升；但是由于经营权承包和企业改制，使得一部分人利用利润提留权、外汇分成权和灵活使用奖金权，实现了率先富裕，而一些没有进入这一改革体系的人员收入增长仍然十分缓慢，居民的收入差距出现了拉大的倾向，1991 年的基尼系数较 1978 年上升了 17%（见图 5）。

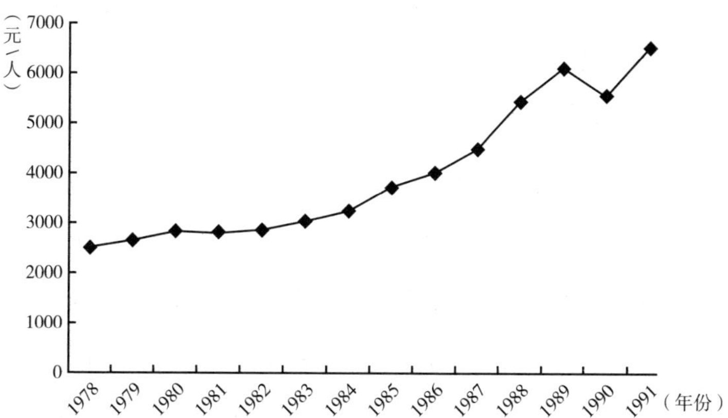

图 7　改革开放初期我国全员劳动生产率变化情况

资料来源：世界银行 WDI 数据库。

（二）所有权改革起步阶段（1992～2002 年）

20 世纪 90 年代初，随着国有企业改革的推进及集体经济和非公经济的迅速发展，我国消费品短缺现象已经有了非常大的改善。但是，随着 80 年代后民营企业逐步崛起，三资企业已成气候，在三者之间的竞争中，国有企业还是稍逊一筹，大量的国有企业处于亏损或微利状态，国有企业亏损面从 80 年代初的 10% 以下攀升至 90 年代初的 20% 以上（见图 8）。

究其原因，国有企业在 20 世纪 90 年代亏损主要取决于两方面的因素。第一，基于两权分离理论的承包经营责任制和只承认国有企业有经营权，而不承认企业作为法人应该有财产权，认为所有权全部属于国家经营机制转换，决定了国有企业不可能真正实现自主经营、自负盈亏、自我发展、自我制约，即不可能成为真正的企业；在这种情况下，企业的状况不断恶化。[1] 第二，在20世纪90年代初，中国的经济发展还没有从产业发展转变为城市化发展，中国民众的收入还没有普遍提高到可以购买高价值商品（如住宅、汽车）的水平，具有强大购买力的城市中产阶层还没有形成；同时，这时的土地还因长期的划拨方式而被认为是没有价值的，石油、煤炭等自然资源的价格处于低位，较高价值的商品（如手机）还没有明确的乐观市场前景，因而处于这些领域的国有企业也面临着生产经营的困境。

针对国有企业经营困难和亏损严重的情况，我国加快了国有企业所有权改革的步伐。1993年，十四届三中全会《关于建立社会主义市场经济体制若干问题的决定》明确提出，国有企业改革的方向是建立现代企业制度，从而把国有企业的改革引向第二阶段。首先，加快“抓大放小”，发展一批以公有制为主体的大型企业集团；一般小型国有企业，有的可以实行承包经营、租赁经营，有的可以改组为股份合作制，也可以出售给集体或个人。其次，加快国有经济的战略性布局调整，国有经济需要控制涉及国家安全、自然垄断、提供重要公共产品和服务的领域与行业，并控制支柱产业和高新技术产业中的重要骨干企业。最后，加快推行股份制，鼓励有条件的企业通过联合、兼并等多种形式，合理组建企业集团，逐步建立现代企业制度；并进一步明确有些国有小型企业可以出租或出售给集体或个人。同时，这一时期正式提出了“发展股份制”的概念，进一步推进非公经济发展，加快引进外资，并为不同所有制经济创造平等竞争的条件，对各类企业要一视同仁。

① 汪海波：《中国国有企业改革的实践进程（1979～2003年）》，《中国经济史研究》2005年第3期。

通过企业所有权的初步改革和国有经济布局的优化，国有企业亏损面比例开始下降，而盈利面比例开始上升（见图 8），切实解决了我国国有企业发展的困境。与此同时，从宏观经济看，20 世纪 90 年代初的所有制改革在一定程度上提升了我国整体的生产效率，但其持续时间较短。与此同时，从这一阶段开始，我国整体居民收入差距开始拉大，这一方面是经济增长中的规律性特征；另一方面也反映了所有权改革带来的产权安排，虽然在一定程度上提升了经济发展效率，但是也对公平产生了不利影响。

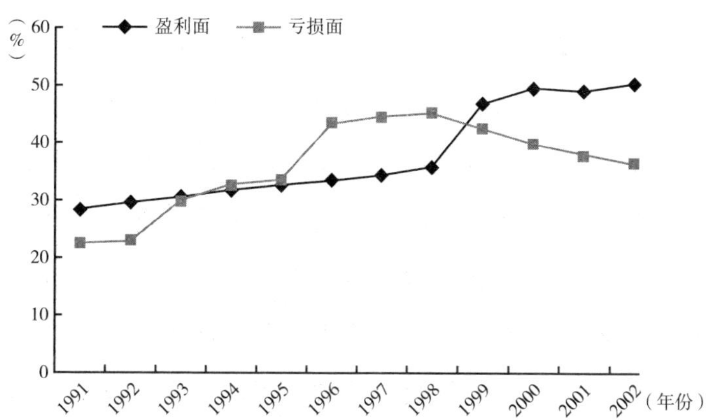

图 8　我国国有企业盈利面和亏损面比例变化情况

资料来源：历年《中国财政统计年鉴》。

（三）所有权改革攻坚阶段（2003 ~ 2013 年）

进入新千年之后，随着重化工业的快速发展，我国进入了工业化的中期阶段。与此同时，随着加入世界贸易组织，我国对外开放的步伐进一步加快。但是，我国现有所有制体制难以满足我国经济发展、体制转轨和对外开放的要求。首先，从经济发展来看，随着我国经济体量不断增加和经济改革逐步推进，国有企业在竞争性领域的扩张妨碍了市场机制作用的发挥和经济效率的提升，应继续通过加快引入非公企业和外资企业，推进技术创新和管理创新，实现经济可持续发展。其次，在体制改革层面，国有企业改革逐步与要素价格和收入分配等改革以及市场体系建立等交织在一起，如果继续通过国企与国资改革突破所有制障碍，其他许多改革都举步维艰。此外，在对外开放上，随着我国逐步融入世界经济，所有制问题开始成为我国与世界经济规则接轨的主要障碍，不利于我国加快提升开放水平和在全球规则中确立主导地位。

针对所有制现状与我国经济社会发展和改革实践的不符和冲突，新千年以来，我国加快践行以国有资产管理体制改革推动国有企业改革，以加快混合所有制经济发展促进国有经济、非公经济和外资经济协同发展。在国企改革层面，在继续推进国有企业股份制改革的基础上，大力发展国有资本、集体资本和非公有资本等参股的混合所有制经济，实现投资主体多元化，使股份制成为公有制的主要实现形式。同时，坚持政府公共管理职能和国有资产出资人职能分开，创新国有资本管理体制。在非公经济方面，消除体制性障碍，放宽市场准入，允许非公有资本进入法律法规未禁入的基础设施、公用事业及其他行业领域。在引进外资层面，除关系国家安全和国计民生的重要行业、重点企业对外商投资继续实施必要的限制以外，逐步取消服务领域对外商投资在地域、股权、业务范围等方面的诸多限制。通过调整，2001～2013年，国有企业、民营企业和外资企业固定资产投资年均增幅分别为16.7%、31.2%和20.1%；在我国的所有制经济结构中，这三种经济成分基本上各占1/3，形成相对稳定的三元所有制结构。

但是，相对于前两个时期而言，这一时期我国所有制改革面临巨大困难，虽然国企通过上市实现了形式上的股权多元化，但国资一股独大的现象十分明显，内部利益化趋势逐步显现；同时，虽然产业准入进一步放开，但非公企业进入一些领域仍然受到不公正待遇，“玻璃门”和“弹簧门”现象仍然存在。客观来说，攻坚阶段并没有实质性攻破我国所有制结构和机制中存在的主要矛盾与问题。这一阶段的所有制改革在21世纪初的几年中有效提升了我国整体经济效率，但在之后的年份中对经济效率提升的效应较弱；而从公平角度出发，逐步加快混合所有制经济的发展，初步实现了市场公平竞争，在一定程度上缓解了90年代公平程度快速下降的趋势（见图5）。

表7　已有三次所有制改革及效率与公平变化情况

时间段	改革主题	主要内容	公平与效率变化
1978～1991年	企业经营权改革	扩大企业自主权、实行责任制，鼓励集体所有制乡镇企业的发展，发展商品经济专业个体户，一些领域开始对外资开放	效率在快速提升后大幅下降；公平程度从80年代中期开始稳步下降
1992～2002年	企业所有权初步改革	抓大放小、国有经济布局调整、初步开始股份制改造，加快私营企业发展，更多领域对外资开放	效率在大幅提升后稳步下降；公平程度一直处于稳步下降趋势
2003～2013年	企业所有权全面改革	加快股份制改造、健全国资管理体制，促进私人资本进入更多领域，加快服务领域对外开放步伐	效率在一定幅度提升后快速下降，但近年来保持稳定；公平程度保持小幅下降趋势

资料来源：笔者根据相关文献整理，公平与效率变化详见图5。

四　重提发展混合所有制经济的新逻辑与新要求

金融危机以来，随着外部环境和内部条件的变化，我国经济社会发展进入了新的阶段，重提发展混合所有制面临着新的形势与要求。因此，应该继续坚持“摸着石头过河”的所有制改革思路，在新的逻辑起点上加快混合所有制经济发展和推进所有制改革。

（一）新一轮所有制改革面临的新形势

从所有制改革面临的新形势出发，近年来我国经济运行和发展呈现出以下趋势。

第一，经济效率呈现下降趋势。归结来说，一国的经济效率直接反映为生产效率，而生产效率主要反映为劳动生产率。提高劳动生产率有两个办法，即提高资本劳动比或提高全要素生产率。其中，因为资本报酬递减，提高资本劳动比是不可持续的，所以还是要指望提高全要素生产率。2005 年以来，随着技术引进效应的递减和体制变革效应的弱化，我国全要素生产率对经济增长的贡献率出现了下降的趋势。虽然，近几年我国全要素生产率对经济增长的贡献基本上止住了持续下降的态势，但仍然处于 1978 年以来的最低水平。全要素生产率的下降，意味着我国经济效率正处于低谷，经济持续增长面临极大挑战。

第二，经济结构优化任务艰巨。经济结构不优一直是困扰我国经济发展的重要难题，近期这一问题仍然较为突出，主要体现在以下几个方面。首先，我国要素投入结构仍不合理，要素使用效率仍然不高，劳动生产率还比较低，土地、能源等资源使用效率也不高，低于美国、日本、韩国等发达国家，甚至低于一些新兴市场国家。其次，我国产业结构仍然有待优化，工业加工度不高，高技术产业主要处于产业全球价值链的低端，产业附加值较低；重化工业领域，甚至碳纤维、风电、多晶硅、光伏等新兴产业，均出现较为明显的

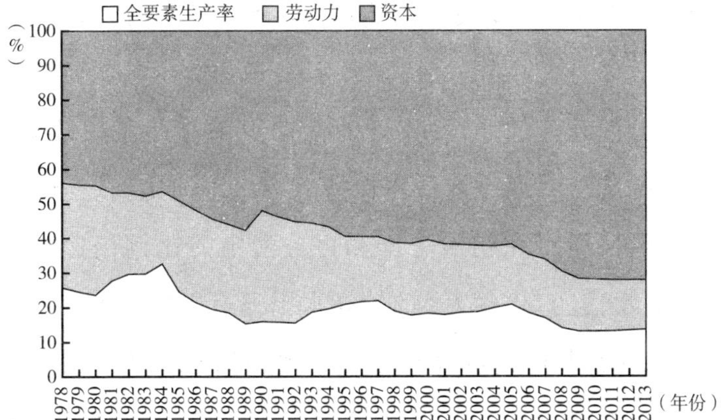

图 9　全要素生产率对经济增长贡献率的变化情况

资料来源：Cai 和 Lu（2014）文章计算数据。

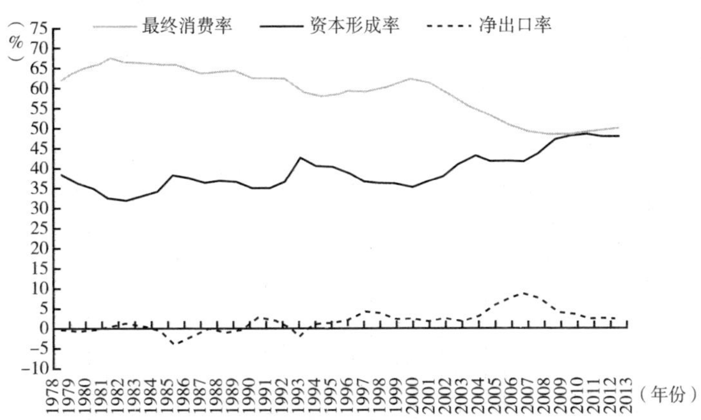

图 10　我国需求结构演变过程

资料来源：历年《中国统计年鉴》。

产能过剩。与此同时，投资、消费需求结构不合理，最终消费率持续下降，近年保持在 50% 以下的水平；投资率不断上升，但投资效率总体上不断下降，2008～2013 年，实际投资效率系数均值仅为 0.188，大大低于改革开放以来任一时段的水平。经济结构不合理，在一定程度上损害了经济发展的效率，其优化任务仍然艰巨。

第三，收入分配格局不容乐观。从分配结构看，不论初次分配比例还是再分配比例，居民所得比例近年出现了增加，政府所得比例呈现出下降趋势，而企业所得保持较为稳定的比例。但是，从历史趋势看，居民所得在初次分配和再分配中的比例仍然在55%左右，较之90年代初60%以上的较高水平还有差距，与主要发达国家60%左右的水平相比也存在差距；政府所得比例仍然较高，维持在20%左右的水平，与世界主要国家10%左右的水平相比偏高较多；而企业所得比例仍然偏低，在25%左右的水平，与主要发达国家30%左右的水平相比存在一定差距。收入分配格局失衡，抑制了经济发展的动力，同时将产生影响经济发展的诸多社会领域的问题与矛盾。

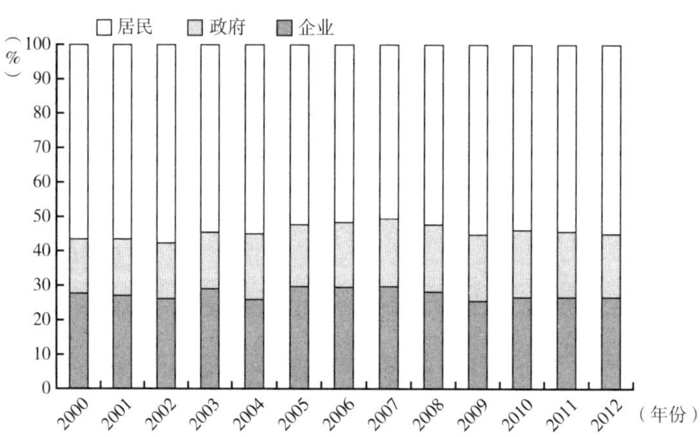

图11　我国初次分配构成情况

资料来源：根据历年《中国统计年鉴》资金流量表计算得出。

第四，金融债务风险显著强化。近年来，由于危机管理式的刺激性宏观经济政策和长期经济结构不合理等多方面的因素，我国金

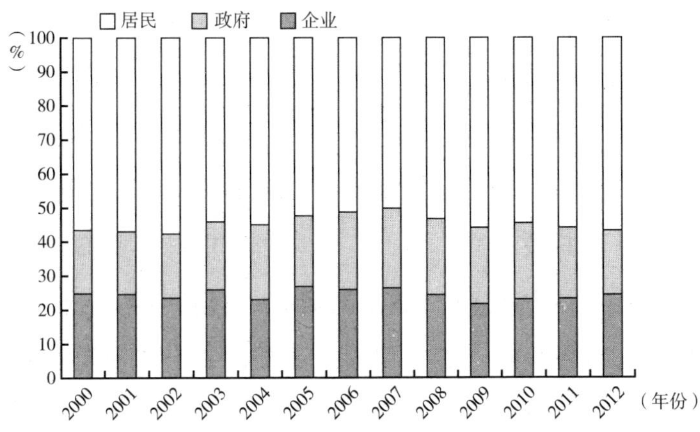

图 12　我国再分配构成情况

资料来源：根据历年《中国统计年鉴》、《中国财政年鉴》和《中国税务年鉴》相关数据计算得出。

融债务风险骤升，且其与房地产行业风险绑定在了一起。首先，审计署的调查结果显示，从 2010 年底至 2013 年 6 月，我国地方政府债务增长 67%，相当于 GDP 的 33%；如果将 2012 年和 2013 年中央财政赤字与地方政府新增债务相加后，所谓广义财政赤字占 GDP 的比重分别高达 8.8% 和 8.1%，超过了政府赤字警戒线。其次，过去几年中国金融体系逐渐积累了大量不平衡问题，自 2008 年以来，信贷增速大幅超过名义 GDP 增速，社会债务总规模占 GDP 的比例从 2008 年的 145% 升至 2013 年的 200% 以上，而企业债务（截至 2012 年底占 GDP 的 124%）远高于其他国家。此外，房地产泡沫通过信贷与金融风险绑定，通过土地财政与地方债绑定，形成了系统性的或有风险。这些财政金融风险，不仅可能对短期经济运行造成极大冲击，也可能影响经济长期健康发展。

第五，在更高层次上提升开放水平面临困难。金融危机后，全球治理格局正在酝酿新的变化。发达国家认为，现有国际贸易体系和全球治理格局不利于其在全球经济中继续发挥主导作用，因此以美国为首的发达国家加快推进 TPP、TIPP、TISA 和 BIT 等新贸易投资规则相关协议的谈判。而中国等新兴市场国家经济总量的全球占比不断上升以及对全球经济增长贡献率的不断提升，对参与主导全球治理的呼声日益高涨。由此，全球治理格局正面临着新一轮冲突与调整。但是，从我国内部体制而言，包括国有企业、知识产权、环境标准以及投资开放等层面，还难以适应新一轮全球规则调整。因此，体制问题在一定程度上抑制了我国在更高层次上提升开放水平，从而影响我国开放经济的持续发展。

（二）重提发展混合所有制经济的逻辑起点及其原则

从理论分析和国际经验可以看到，所有制改革的目的是要通过效率或公平程度提升，实现社会福利最大化。从改革开放以来我国所有制改革的历程来看，各阶段所有制改革在前期都大幅提升了经济效率，但在一定程度上也损害了公平；特别是，在各阶段后期，所有制改革红利释放完全后，在效率出现下降趋势的同时，公平程度却没有得到相应的调整（见图 13）。因此，从整体上看，过去我国的所有制改革属于理论分析中提升效率和损失公平的合意所有制改革。

2008 年以来，我国经济发展在效率上没有明显提升，但公平程度开始反转出现小幅改善，这一方面是库兹涅茨发展阶段假说的客观规律，另一方面也反映了我国经济发展新阶段的内在诉求。当前，我国经济发展亟须在传统优势消退的背景下加快寻求新动力，同时也需要在社会矛盾不断累积的背景下加快塑造社会公平与正义。因此，从未来所有制改革和发展混合所有制经济的角度出发，

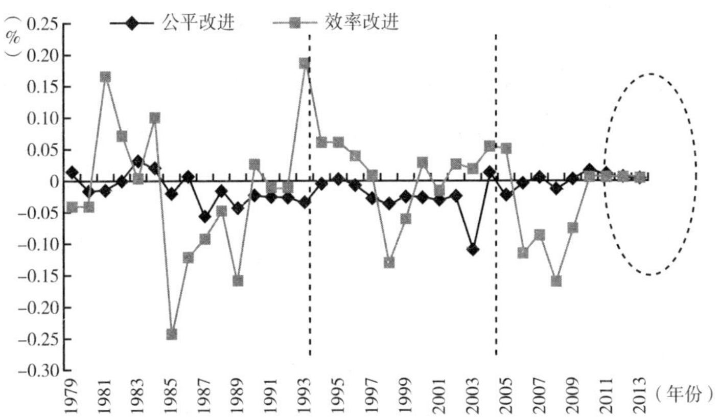

图 13　改革开放以来我国公平与效率改进的演进示意

注：公平改进和效率改进分别对应基尼系数倒数的增长率和全要素生产率对经济增长贡献率的增长率。

资料来源：基尼系数来自世界银行 WDI 数据库和国家统计局数据库，全要素生产率对经济增长的贡献率系笔者根据生产函数法计算得出。

公平与效率是同等重要的逻辑目标。具体而言，可以从以下三个方面来理解。

一是要实现存量调整与增量调整相结合。相对于前三次所有制改革的阶段而言，未来所有制改革是在经济规模全球第二的基础上展开的，经济规模、资产总量、所有制构成复杂程度都大大高于前几次的改革。与此同时，经过多年的股份制改造，国有企业大部分已经在形式上实现了股权多元化，调整的空间相对之前较小，此轮所有制改革很难仅仅局限于存量的调整，还应该在新的项目投资、新的技术转化和新的公司设立等方面实现国有资本与非公资本、外资的混合，在增量部分形成有效的混合所有制经济形式。因此，未来要实现存量调整与增量调整相结合，全方位地推进混合所有制经济发展。

二是要实现结构优化与激励相容相适应。此轮混合所有制改革面对的资产数量及其产权结构复杂程度，远远高于前几次所有制改革。在增量部分调整时，很容易实现结构设置合理和有效构建激励机制双重目标。但是，在存量部分调整，特别是垄断性国有企业部分环节产权改造和部分资产产权融合时，存在难以同时实现结构优化与激励相容。然而，未来我国所有制改革必须对存量资产及其产权进行结构优化调整，这是进一步厘清生产关系和提高生产力的内在要求。因此，在发展混合所有制经济，特别是实现国有资产战略性调整与构建国资监管体制时，必须实现所有制结构优化与现实激励相容相适应，有效推进混合所有制经济的发展。

三是要实现提升公平程度与效率相协调。未来一段时间，我国经济存在经济效率亟须提升和公平程度亟待改善的双重压力。如何加快市场机制构建和市场主体培育，真正实现市场在资源配置中的决定性作用，同时更好发挥政府作用，减少政府对市场的扭曲，完善政府对市场失灵的弥补，是解决现实效率与公平问题的关键所在。所有制改革是经济改革进程中的重要微观基础，我国历轮经济体制改革都是先从所有制结构调整入手的。由此，未来我国加快发展混合所有制经济，推进所有制结构优化调整，必须实现提升公平与提高效率相协调，践行同时提升效率和公平程度的合意所有制改革。

（三）新一轮所有制改革面临的战略举措

新一轮所有制改革必须适应我国经济发展进入新阶段以及国内外形势的变化，从破解经济发展中迫切需要解决的问题入手，在重点领域使所有制改革和国企改革有所突破。从这个角度出发，发展新一轮混合所有制经济需要以下战略举措。

表 8　发展混合所有制的逻辑起点及其对应目的

主要问题	效率与公平	改革导向
全要素生产率	长期效率	重新配置资源，激活各类所有制的活力
经济结构	长期效率	调整所有制结构
财政金融风险	短期效率	国有企业战略性调整、健全国资管理体制
收入分配	公平	国企分红调整
市场公正	效率、公平	健全市场机制
对外开放	长期效率	健全国资管理体制

资料来源：笔者根据相关文献整理。

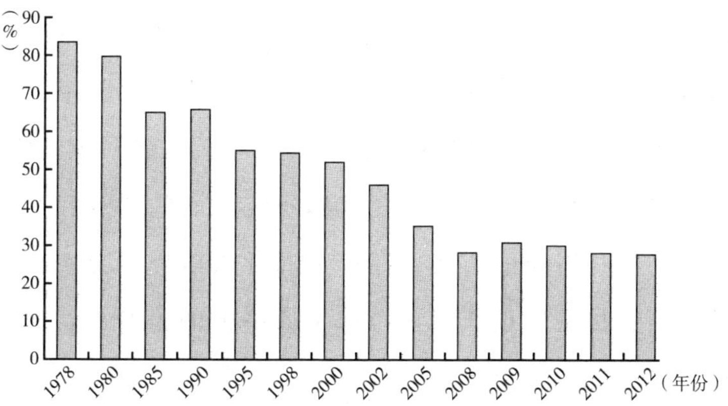

图 14　国有投资在全社会投资中的比例

资料来源：历年《中国统计年鉴》。

第一，通过调整所有制结构和释放体制红利，不断优化结构和提升效率。从结构优化看，金融危机以来，由于宽松的财政和货币政策环境，我国国有及其控股企业固定资产投资增长率仍然较高，维持在 15% 左右的高位，在全国固定资产投资中的占比也维持在 35% 左右。应该说，国有企业投资冲动是造成近年来我国投资率偏高和消费率偏低的重要原因。与此同时，国有企业在重化领域的投资一直高居不下，而央企近年来大量收购地方重化工业国企，在一定程度上造成了这些领域的产能过剩问题。因此，必须优化国有企业的投资结构，并在重化工等行业的竞争性领域加快引入民资和外资，形成混合所有制经济，通过市场机制提高投资有效性，优化产业结构，为经济结构调整奠定微观基础。从经济效率看，根据我们的计算，国有企业的规模效率明显高于私营企业与外资企业，但纯技术效率则低于私营企业与外资企业（见表9），而综合效率则略低于私营企业与外资企业。因此，在加快发展混合所有制经济时，一方面要继续发挥国有及其控股企业规模效率优势，引进民资和外资进行资本混合时继续保持国有资本的规模经济，通过混合后提升规模技术效率，提升我国企业在国际市场上的份额；另一方面，在一些创新性竞争领域，要加快民资和外资进入，避免国企垄断，积极运用国企在基础研究方面的优势和民资与外资在技术市场化方面的优势，在资本混合的前提下加快技术创新和管理创新，加快实现产业在全球价值链上的攀升，切实提升我国企业在全球的竞争力。

表9　不同所有制经济间的效率比较及其分解

年份	综合效率(TE)			纯技术效率(PE)			规模效率(SE)		
	国有企业	私营企业	外资企业	国有企业	私营企业	外资企业	国有企业	私营企业	外资企业
2005	0.944	0.978	0.959	0.936	0.989	0.965	1.009	0.989	0.994
2006	1.029	0.972	0.969	1.041	1.005	0.987	0.988	0.967	0.982
2007	0.989	0.920	1.022	0.935	0.935	0.988	1.058	0.984	1.034
2008	1.040	1.062	0.999	0.998	1.030	0.964	1.042	1.031	1.036
2009	0.963	1.008	1.045	0.93	1.041	1.012	1.036	0.968	1.033
2010	1.003	0.992	1.009	0.966	0.997	1.016	1.038	0.995	0.993
2011	1.007	1.047	1.005	0.967	1.045	1.021	1.041	1.002	0.984
2012	1.008	1.039	1.013	0.958	1.048	1.038	1.052	0.991	0.976

注：运用数据包络分析（DEA）与Malmquist指数效率法共同进行数据处理，运用DEAP软件进行数据计算。

资料来源：历年《中国统计年鉴》和《中国工业统计年鉴》。

第二，通过培育市场主体和健全市场机制，切实解决分配不均与竞争不公。我国现实社会不公问题主要存在于两个方面，一方面是收入差距较大，另一方面是不同市场主体之间在使用生产要素和进入市场领域时受到不公正的待遇。因此，从混合所有制发展出发，要从以下两个方面入手，切实解决公平与公正问题。一方面，要加快对国有企业的改造，取消国企领导的行政级别，有效遏制国企职工与企业绩效不相符的高工资现象，并通过资本混合引入先进的管理模式和制度，优化国有企业的治理结构，避免因国企特权而造成的群体性收入差距问题。另一方面，要公平对待各类所有制企业，消除非公有制经济发展的体制性障碍，坚持各种经济成分一视同仁、平等对待的原则，一方面允许民资和外资进入国有企业竞争性领域，另一方面在重大项目和投资中公平对待各类资本，允许它们通过资本混合进行运营。

第三，通过调整国有经济布局和健全国资管理体制，化解风险与推进深度国际化。从近几年的情况来看，中国的非金融企业负债率高，主要是因为国有企业负债率高；而地方政府投融资平台主要属于地方国有企业，不少地方政府性债务以企业债的形式存在。从数据看，国企负债率相对于全行业的工业企业来说明显要高得多，债务风险也更大（见图 15）；而地方国企与地方政府的关系，使得企业部门和政府部门之间缺乏有效隔离债务风险传导的防火墙，政府的干预可能加重企业的债务负担，而地方国企的债务风险造成的损失也往往导致政府来埋单。与此同时，近几年国有企业大举进入房地产行业，在房地产泡沫风险形成及其导致金融系统性风险的过程中起到了一定的作用（见图 16）。此外，在大规模经济刺激政策下，国有企业存在的预算软约束也使得金融系统风险增大。因此，

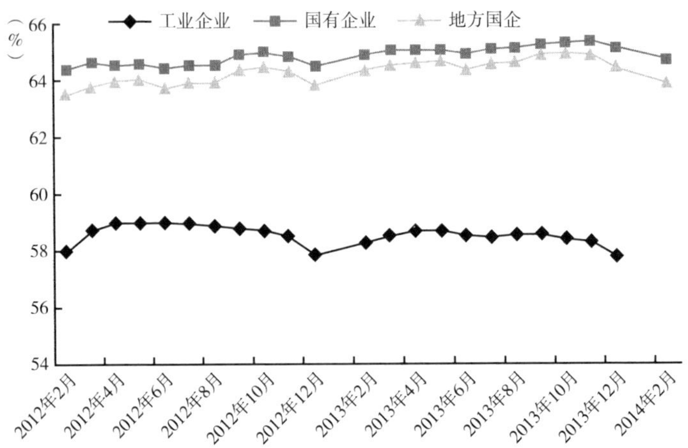

图 15　我国不同类型企业负债率（负债/资产）变化情况

资料来源：Wind 数据库。

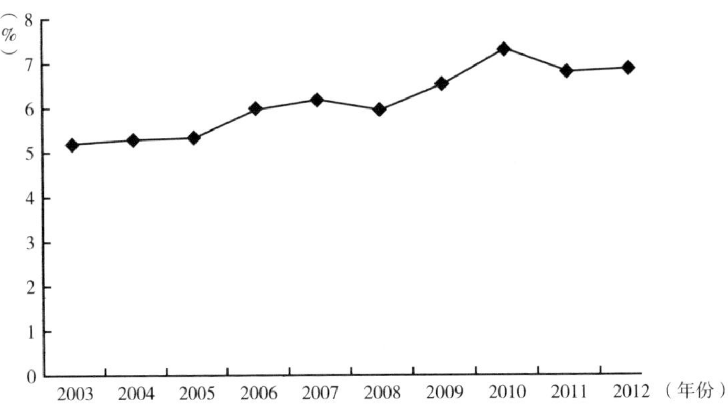

图 16　房地产行业国有及其控股企业资产占总国资的比例

一方面，要调整国有经济布局，通过混合所有制经济形式，使国企在竞争性领域退到参股地位，在自然垄断领域实现国有相对控股和非公参股，通过减少国资在一些领域的控制化解一部分债务风险；另一方面，要加快推进国有资产监督管理体制改革，由管“资产”

向管“资本”转变，有效破除政府干预企业经营决策的行为，让国有企业控股的混合所有制企业真正成为自主经营、自负盈亏、自担风险、自我约束的市场经济主体，减少软约束带来的风险问题。通过国有经济的合理布局和国资管理体制的逐步健全，减少和消除国家通过税制和补贴等给予国有企业特殊保护，促使国有企业和外资企业在平等条件下展开竞争，为我国加快融入新的全球经济规则创造基础条件。

（执笔：曾铮、张铭慎）

参考文献

［1］常修泽：《现代治理体系中的包容性改革——混合所有制价值再发现与实现途径》，《人民论坛·学术前沿》2014 年第 3 期。

［2］黄群慧：《国企发展进入“分类改革与监管”新时期》，《中国经济周刊》2013 年 11 月 4 日。

［3］黄群慧：《混合所有制改革要“上下结合”》，《人民日报》2014 年 4 月 8 日。

［4］金碚：《国有企业根本改革论》，北京出版社，2002。

［5］金碚：《论国有企业改革再定位》，《中国工业经济》2010 年第 4 期。

［6］李涛：《混合所有制公司中的国有股权——论国有股减持的理论基础》，《经济研究》2002 年第 8 期。

［7］厉以宁：《在调查混合所有制中发现的几个误解》，《当代社科视野》2014 年第 4 期。

［8］刘瑜、田广：《中国的混合所有制如何不同于西方——理论、实践与制度创新》，《人民论坛·学术前沿》2014 年第 3 期。

［9］邱海平：《论混合所有制若干原则性问题》，《人民论坛·学术前沿》2014 年第 3 期。

［10］王小鲁：《灰色收入与国民收入分配状况》，《比较》2010 年第 48 期。

［11］汪海波：《中国国有企业改革的实践进程（1979～2003 年）》，《中国经济

史研究》2005 年第 3 期。

[12] 谢军、黄建华：《混合所有制经济下我国企业国有产权管理模式》，《中国市场》2010 年第 12 期。

[13] 谢鲁江：《混合所有制经济：三重意义上的体制平台》，《人民论坛·学术前沿》2014 年第 3 期。

[14] 萧灼基：《关于改革经济管理体制的若干设想》，《北京大学学报》1981 年第 5 期。

[15] 徐传谌、郑贵廷：《国有经济资源优化配置系统论》，经济科学出版社，2006。

[16] 臧跃茹、刘泉红、郭春丽：《深化中央国有企业改革的对策建议》，《宏观经济研究》2008 年第 7 期。

[17] 张卓元：《新世纪国企改革面临的六大问题及深化改革设想》，《经济学动态》2002 年第 1 期。

[18] 张卓元：《30 年国有企业改革的回顾与展望》，《企业文明》2008 年第 1 期。

[19] 张文魁：《中国国企改革：近年的进展及其政策含义》，《改革》2002 年第 2 期。

[20] 周其仁：《公有制企业的性质》，《经济研究》2000 年第 11 期。

[21] 周新城：《怎样理解混合所有制》，《红旗文稿》2014 年第 4 期。

[22] Acemoglu, Daron and Johnson, Simon, "Unbundling Institutions", *The Journal of Political Economy*, 2005, 113 (5).

[23] Acemoglu, Daron, Johnson, Simon and Robinson, James A., "The Colonial Origins of Comparative Development: An Empirical Investigation", *The American Economic Review*, 2001, 91 (5).

[24] Bai, C. E., Q. Liu, J. Lu, F. M. Song and J. Zhang, Corporate Governance and Market Valuation in China, *Journal of Comparative Economics*, 2004 (32).

[25] Besley, Timothy, "Property Rights and Investment Incentives: Theory and Evidence from Ghana", *Journal of Political Economy*, 1995; 103 (5), 903 - 937.

[26] Che, J. and Y. Qian, "Insecure Property Rights and Government Ownership of Firms", *Quarterly Journal of Economics*, 1998 (113).

[27] Deng, J., J. Gan, and J. He, "The Dark Side of Concentrated Ownership in Privatization: Evidence from China", Working Paper, Hong Kong University of Science and Technology, 2008.

[28] Ghatak, Maitreesh and Tim Besley, "Property Rights and Economic Development", CEPR Discussion Paper, 2009.

[29] Goldsmith, Arthur Democracy, "Property Rights, and Economic Growth", *Journal of Development Studies*, 1995, 32 (2).

[30] Leblang, David A., "Property Rights, Democracy and Economic Growth",

Political Research Quarterly, 1996, 49 (1).

[31] Li, K., T. Wang, Y. Cheung and P. Jiang, "Privatization and Risk Sharing: Evidence from the Split Share Structure reform in China", *Review of Financial Studies*, 2017 (24).

[32] North, Douglass and Thomas, Robert, "An Economic Theory of the Growth of the Western World", *The Economic History Review*, 1970, 23 (1).

[33] Osvaldo Gómez Martínez and Lawrence King, "Property Rights Reform and Development: A Critique of the Cross-National Regression Literature", PERI Working Paper, 2010.

[34] Torstensson, Johan, "Property Rights and Economic Growth: An Empirical Study", Kyklos, 2007, 47 (2).

混合所有制经济发展的现状及经验研究

——基于案例分析视角

内容提要： 近年来，中央、地方各类企业在发展混合所有制经济方面进行了积极的探索，为深入推进新一轮混合所有制改革积累了经验。从发展混合所有制经济的基本情况看，目前，除了关系国家安全的国防军工、战略物资储备等少数特殊领域，几乎绝大部分领域都可以混合所有制企业形式存在。发展混合所有制企业的参与主体主要包括国有资本、非公企业资本、自然人资本及员工持股四类资本。在具体操作层面，主要采取改制、上市、并购交易及合资新建等方式建立混合所有制企业。目前，在发展混合所有制企业的实践中已积累了一定的成功经验。比如，选择具有先进经验和长期合作意向的战略投资者；操作中最好借助于资本市场和中介机构；构建现代企业制度和完善的公司治理结构；在管理、技术等人力资本作用明显的企业实施管理层持股或员工持股；基于国企改制动机而推进的混合所有制改革也要遵循市场规则；混合所有制经济的成功发展需要各方文化理念的融合。我国发展混合所有制企业取得了一定进展，但仍存在一些问题，如国企混合所有制改制与现代企业制度差距较大，混合所有制发展中存在对非公经济的歧视或不公正待遇案例，缺乏多层次、多功能的资本市场等交易平台，混合所有制改革相关的政策准备不足，政府职能缺位等。目前，发展混合所有制经济即将进入高度实践化的阶段，要实现混合所有制经济健康发展，下一步关注的重点势必集中在具体的方案和机制设计上。解决混合发展的动力、范围和路线图等问题，借力多层次、多功能资本市场，加快完善公司治理机制，加快改革国有资产管理体制，加快推进政府职能转变。

积极发展混合所有制经济，为各种所有制经济成分公平竞争和合作，建立符合社会主义市场经济要求的现代企业制度奠定了体制基础，同时也为有效解决国有经济与民营经济、垄断与竞争等方面的矛盾与问题提供了开放性的政策通道，有利于各种所有制资本取长补短、相互促进、共同发展。近年来，中央、地方各类企业在发展混合所有制经济方面进行了积极的探索，为深入推进新一轮混合所有制改革积累了经验。

一　发展混合所有制经济的基本情况

（一）行业分布：几乎绝大部分领域

从发展混合所有制企业的实践来看，在基础设施和公用事业领域，如地铁建设、运营和维修，自来水厂、污水处理厂和供排水管网的建设、运营维护，公共交通，燃气等领域，都存在混合所有制企业。在竞争性领域，钢铁、建材、医药等以制造业为主的工业领域，以及保险、文化、医院等服务业领域，存在大量的混合所有制企业。在垄断性行业，如电信、能源、金融等领域也存在发展混合所有制经济的典型案例。目前，除了关系国家安全的国防军工、战略物资储备等少数特殊领域，几乎绝大部分领域都存在混合所有制企业的形式。

（二）参与主体：国有资本、非公资本、自然人资本及员工持股四类资本

作为混合所有制经济的参与方，除了国有资本以外，主要有以下几种资本形态参与。一是引入民营资本或外资。民营企业或外资企业等非公企业按照自愿、平等、互利的原则，通过多种渠道和方式，参与现有国有企业的改制重组或国有企业新投资的项目。二是自然人资本。如通过公开上市改制的企业，购买股票的多数是自然人。三是内部员工持股。通常有企业高管持股、业务骨干持股和全员持股等员工持股形式，使企业的长远发展与企业员工的切身利益紧密相关。

（三）发展方式：采取改制、上市、并购交易及合资新建

在具体操作层面，混合所有制企业有以下几种实现方式。

一是国有存量资产股份制改造的方式。通过股份制改造，让非公有资本参与进来，引入战略投资者、各类基金等投资主体，把国有独资企业改造为混合所有制企业，实现投资主体多元化、经营机制市场化。

二是公开上市的方式。通过股票市场来实现，推动有条件的国有企业实现整体上市，成为公众公司，提高证券化水平。

三是产权流动交易的方式。改制或上市后的国有企业股权通过证券市场、产权市场等公开交易，以增资扩股、转让出售、发行可转让债等方式增加或减持部分或全部股权，优化股权结构，实现国有资本的有进有退、合理流动，促进各类资本的收购兼并、联合重组、双向进入、融合发展，鼓励发展非公有资本控股的混合所有制企业。

四是国有增量资本合资新建的方式。国有新建项目、增量资产通过战略联盟、合资合作组建新公司方式吸收社会资本，动员多方力量，提高项目效率。投资主体可用货币、知识产权、土地使用权等法律法规允许的方式出资。我国基础设施和公用事业领域，大部分是以特许经营方式在增量项目中新设立公私合资公司进而发展混合所有制企业，这种方式广泛分布于发电、高速公路、城市供水、燃气、地铁线路等领域。①

五是境外投资合作方式。通过绿地投资、并购投资等合资合作、参股控股方式，支持国内企业通过混合所有制形式联合“走出去”并成为境外公司的股东，以参与国际竞争，获取国际资源、市场和技术等要素，提升中国企业的国际化水平。

六是员工持股方式。人力资本贡献度高的知识密集型国有企业可探索通过员工持股的方式发展混合所有制，对重要的技术和经营管理人员实施股权激励，实现风险共担、利益共享，促使劳动、技术要素参与资本融合发展。

---

① 在基础设施和公用事业领域，一般采取 PPP 框架下的股权混合方式。首先，采取出售部分国有产权，引入民资、港资或外资的方式成立合资公司，或各方均按一定比例出资成立新的公司。考虑到公用事业领域的特殊性，大部分合资公司都由国资控股。然后，合资公司再与政府签订特许经营授权书，参与具体项目建设运营。为保障各方利益，成立合资公司的同时会签订一个特许经营合同，之后合资公司作为独立经营主体可以继续参与其他 PPP 项目的竞争。

二　构建混合所有制企业的动机及成功的经验

（一）构建混合所有制企业的动机

在新建项目或盘活存量方面，构建混合所有制企业的一般性动机主要是寻求战略投资者和财务投资者来实现双方或多方的协作动机，包括实现追求规模经济、范围经济、市场势力的动机，以及管理效率外溢、低价资产获得、财务能力互补、资源互补、股市的良好表现等动机。我国混合所有制企业的建立还有特殊的动机，即源于国有企业公司化改制、解决企业动力机制的需要。无论是一般性动机还是特殊的动机，混合所有制企业的建立及经营都要根据自身发展需要，遵循市场化、公司化要求，国有资本、非公资本结合各自优势，取长补短、相互促进、共同发展。

1. 做大企业规模，延长产业链

为了实现企业销售收入、利润等经济指标的快速增长，或是为了在自身的产业领域减少或消除已有和潜在的竞争对手，或是出于延长产业链和拓展业务的考虑，各类企业积极探索混合所有制经济。比如，出于做“全产业链”的目的，中粮通过并购等手段控股了蒙牛和五谷道场等企业。港铁作为上市公司，在港业务日趋饱和，通过构建混合所有制企业向外拓展业务。亿利资源集团通过与多家国有企业出资建立混合所有制企业，弥补了自身自由资金不足、人才短缺的缺陷，同时避免了国家对民营企业的审批管制，使得企业迅速做大规模，并延长了产业链。

2. 促进技术进步和效率提升

为了促进技术进步，各类企业积极探索混合所有制经济。比如，中国西电与通用电气的混合所有制案例，中国西电通过引进通用电气领先的控制保护等二次设备技术，实现中国西电在二次设备的技术突破；并且通过与通用电气后续的技术合作，中国西电的二次设备技术有望长期保持领先水平。在提升技术能力的同时，中国西电品牌影响力也大幅增强。

3. 获得企业发展长期动力和活力

非公有制经济的产权界定十分清晰，因而其所有者也会更为关注公司的运营，致力于公司的长远发展。在混合所有制企业中通过合理参与决策，可以有效减少因企业管理者短期行为倾向而对企业发展造成的不利影响。从这个意义上说，实行混合所有制无疑将有利于提升企业的可持续发展能力和竞争力，大幅提高企业运行效率，更能够实现资源的最佳配置，使经济运行更有活力。中兴通讯管理层及员工持股的案例就是在这方面的很好的尝试，为此，企业获得了不竭的发展动力。木偶剧院通过改制，提高了剧团的竞争力和演职人员的积极性。

4. 实现市场势力和资源互补目的

非公企业愿意入股国有企业发展混合所有制企业，还出于获得市场准入和资源互补的目的，尤其在金融、石油、电力、铁路、电信、资源开发、公用事业等领域，有利于破除民营经济的发展瓶颈，有效消除行业壁垒，拓展企业的发展空间。在难以获得与国有企业同等市场准入条件和发展资源的情况下，民企依靠“红帽子”，能够带来经营上的便利，使得其能够持续利用国有企业的资源优势，如市场准入、市场地位、政府支持和无形信誉等，以及经营活动能够受到的保护程度更高。

5. 规避企业倒闭风险

“国有而不倒”是民营企业发展混合所有制的重要的内在原因。在市场竞争或经济波动中，企业倒闭破产的现象时有发生。但是，国有企业由于可以获得国家资金注入和资源注入，有很大的可能性避免像民营企业那样轻易倒下。一般而言，合作伙伴、客户也会因国有企业的无形信誉而增强信心，企业不会因危机而倒闭。比如，新华航空控股公司在危急时刻得到了海南省和天津市政府的资金注入及优惠政策，避免了资金链断裂、停飞、转售的风险；2004年我国对钢铁行业进行了全面的整顿，大部分民营企业被勒令关闭，而另一家处于同样状况的民营企业宁波钢铁公司，借助于国有企业杭州钢铁公司的入股，变为混合所有制企业，从而避免了被关闭的命运。

6. 源于行政干预的企业重组

有些政府官员出于自身政绩的考虑，会存在违背企业发展规律，要求企业并购重组发展混合所有制企业的情况，这类行政干预有时甚至是纯粹的“拉郎配”。如政府有时要求国有企业并购效益较差的企业；或者为了减轻财政负担，要求当地规模较大的民营企业并购重组效益较差的国有企业，负责解决和安排职工就业等。经验表明，靠行政手段建立的混合所有制企业运营多不成功。

（二）发展混合所有制企业的成功经验

1. 选择具有先进经验和长期合作意向的战略投资者是成功的先决条件

如在基础设施和公用事业领域，由于项目周期长达数十年，首要考虑的是选择可靠的、具有先进的管理经验和技术水平、在行业内处于领先地位的战略合作者。比如，泰康人寿非常重视吸引在金融领域具有先进经验的跨国公司作为战略投资者，通过学习其先进的管理模式、市场运作经验和专业技术，调整优化企业的业务结构和组织结构，提高企业的经营管理水平，增强企业竞争力。又如，峪口禽业在选择外部投资者方面，没有选择以短期获利为目的的财务投资者，而是吸收了与企业具有共同价值观、以长期发展为目的的原有合作伙伴，自 1999 年企业改制至今，该股东从未套现，始终支持企业的发展。

值得强调的是，要区别投机性动机，包括金融资本投机性投资和变相物业投机性投资。金融资本投机性投资，即通常所说的"炒产权""炒企业"，在控股或参股国有企业后，经包装转让或上市，获得高额投机性收益。变相物业投机性投资是投资地段较好的国有企业后实施搬迁，在原厂址搞房地产开发，获得高额利润。当然这些区分是概念化的，伴随着战略性投资，相应的金融性投资和物业投资也时有发生，关键是看对企业长远发展是否有利。

2. 操作中最好借助于资本市场和中介机构，过程规范、公开、透明

通过企业上市以及在资本市场进行股权转让，是发展混合所有制企业较为成功的经验。同时，借助中介机构也是必需的。发展混合所有制企业之前必须对国有资产进行审核和评估，如木偶剧院在被批准重组转制后，由两家专业会计师事务所进行了审计和资产评估。上市公司的股权转让相对于其他交易方式，更加规范。只有规范、有效、透明地解决国有资产评估、定价、产权交易等问题，才能够促进混合所有制企业的形成，否则易背上"国有资产流失"

的包袱。

3. 构建现代企业制度和完善的公司治理结构是发展混合所有制企业的关键

现代企业制度的建立和完善的公司治理结构，能够规范产权主体尤其是大股东的经营行为，防止道德风险的发生。首先，合理的股权结构是企业发展混合所有制企业的关键。如果在股权设置中，合作各方实力悬殊，一股独大，优势一方企业容易凭借着股权优势任意进行企业投资、生产、经营和分配决策。从已有的案例来看，为了使得各利益主体可以相互制衡、相互监督，合作各方通过深入磋商采取了比较均衡的股权结构以实现彼此利益的协调。其次，构建完善的公司治理结构是发展混合所有制企业的关键。以泰康人寿为例，在公司章程中更加全面具体地规定了公司股东、董事会、监事会和管理层的责、权、利，在董事会层面，参照公司最优治理结构，建立了执行、审计、薪酬三个委员会，强化了董事会职能；在公司治理机制方面，在公司章程中明确了公司治理在程序方面的规范性，如在股权的转让和流动、董事和高管人员的提名和任免、外部审计师的聘用等方面都有明确的程序方面的规定，同时高度重视信息披露和透明化建设。

专栏 1　均衡的股权结构有利于发展混合所有制企业

一些混合所有制企业更愿意采取比较均衡的股权结构来实现彼此利益的协调。中国平安保险集团股份有限公司是我国最大的混合所有制企业之一，该公司的股权结构非常独特。2008 年底，英国的汇丰控股有限公司合计持有 16.7% 的股份，但是其分别通过两个不同的主体来持股，一个是汇丰保险控股有限公司，持有

8.3%的股份，另一个是上海汇丰银行有限公司，持有8.4%的股份；中国平安保险集团有限公司的管理层和员工合计持有9.8%的股份，不过也是分别通过两个不同的主体来持股，一个是深圳新豪时投资公司，持有5.3%的股份，另一个是深圳景傲实业有限公司，持有4.5%的股份；而深圳市国有资产监督管理委员会则通过深圳市投资管理公司持有7.7%的股份；另外有一家民营企业源信行投资公司持有5.2%的股份；其他股份为证券市场上的投资者持有。形成这样的股权结构，是混合所有制企业中各方深入磋商、有意设计的结果，这样均衡的股权结构照顾了各位股东的利益、打消了各位股东的疑虑，使得各位股东可以相互制衡、相互监督。

4. 在管理、技术等人力资本作用明显的企业，管理层持股或员工持股形成的混合所有制企业成长性巨大

联想、万科、中兴通讯等知名企业皆是成功案例的典范。以万科为例，万科的前身虽然名义上是国有企业深圳特区发展公司的一个部门，但特区发展公司并不提供资金，只是提供营业许可、银行账号等，王石等人的资金积累也主要是通过从政府部门获得进出口批文进行经营而形成的。像万科这样的企业，其设立和发展过程中，政府并没有资金投入或者资金投入很少，企业资产的形成在很大程度上并不是政府资金投入的结果，而是管理层经营有方。但是管理层经营有方又离不开国有单位的支持，特别是软资产的支持。因此，在进行产权多元化改革时，促成这类企业成功的重要因素是允许管理层对资产形成的贡献实行股份化，实现风险共担和利益共享。

5. 民营企业与国有企业之间适当的约定条款能够促进混合所有制的发展

混合所有制企业并不是完全根据各股东的持股比例和按照《公司法》规定的条款进行公司治理。许多混合所有制企业建立之前，各股东之间就对某些共同关心的问题进行了专门的约定，这种约定主要体现在公司章程中。各股东专门约定的内容不仅限于入股、退股和分红等事宜，约定覆盖的内容还会相当广泛，包括初始持股比重和后续股权结构、控制权分配、管理层留任与激励、企业对政府的承诺等。适当的约定条款能够促进混合所有制经济的发展。比如，英利集团和国有企业天威保变共同约定，国有股东作为第一大股东，并不能干预企业的经营；同时，为了实现某种意图，可以改变以前形成的股权结构。复星集团将南京钢铁公司改造为混合所有制的南京钢铁联合公司时，就与原管理层达成了约定，原管理层不仅获得留任，而且能以优惠条件购买企业股份，以建立股权激励制度。股权激励制度对于企业日后的发展起到了良好的作用。

6. 混合所有制经济的发展需要各方文化理念的融合，并通过企业制度进行约束和保障

企业的文化实际上是企业的灵魂，在国有企业与民营企业、外资企业的合作过程中，文化的碰撞是必然的。文化的融合相当于市场的融合，意味着合作的成功，反之会产生分歧、矛盾，甚至分道扬镳。通过多元化的重组，形成企业文化理念，使企业的管理和经营符合新企业发展的要求和规律。比如，虽然不同所有制性质的股东在管理规定和理念方面存在差异，但是股东之间也必须严格按照公司章程办事，互相配合。又如，国有企业、事业单位和民营企业的人事制度不同，因此混合后必须建立公司化的薪酬制度、招聘制度、绩效考核制度等，对原国有企业或事业体制的人员置换身份，与公司签订劳动合同，对新进人员实行人才招聘制度，录用试用考核后的合格者并签订劳动合同。

7. 基于国企改制动机而推进的混合所有制改革也要遵循市场规则，而非政府行政干预

发展混合所有制企业最直接的意义在于，有利于微观企业组织自身发展，溢出效应包括转变体制机制、盘活资产存量、提升创新能力等。过去我国大多数国企产权关系不清，效率低下，资本金不足，负债率较高，社会负担沉重，市场竞争力缺乏。基于改制需要建立混合所有制企业，是为引入社会资本建立规范的法人治理结构和市场机制，借助体制外的力量解决国企独资体制发展动力问题。民资注入后，有利于民资的经营理念、管理、营销技巧等“软”资源也注入企业，有利于提升企业的经营管理能力，为企业的长期稳定发展奠定良好的基础。因此，混合所有制改革必须首先明确目标，不是为了混合而混合，而是为了进一步解放生产力，给企业带来更规范、更高效的市场化运作机制和活力。如果靠政府行政手段撮合，没有实现体制机制的转变和效率的提升，混合所有制就是形式大于内容的混合，社会资本也很难有动力实施“混合”。

三 存在的问题

（一）某些地区国有企业改制进展缓慢，国企混合所有制改革与现代企业制度要求差距较大

某些地区国有企业改制进展缓慢，国有企业改革初期需要解决

的主辅业改制、主辅业分流等问题仍未得到解决，遗留至今，使得改制难度和成本进一步加大。尤其是表现为人员安置成本越来越高，剥离过程中矛盾越来越多。

国企改革案例表明，确实有很多国有企业是事实上的混合所有制了，尤其是那些已经上市的国有企业。改制后混合所有制企业的数量不少，但质量普遍不高，存在具有产权多元化形式但无现代企业制度实质的缺点，由于多在母公司以下层面搞混合，改制后获得的活力和效率等均被大股东所消耗或侵占，国有股一股独大、内部人控制或政府过多干预等问题没有解决，公司治理相互制衡的机制不健全，与现代企业制度要求差距很大。即使是公认的在产权多元化改革中走在前面的银行体制改革，大型国有商业银行均已成为公众公司，股权形式上均为由国有股、外资股、民营资本组成的混合所有制，但国有股份一股独大等问题仍较突出，银行的运行机制尚待做实。交行在股权结构上已实现均衡化与多元化，具有混合所有制经济的特征，但据交通银行董事长所言，“目前银行虽已有混合所有制之名，但尚未达到混合所有制之实，离充分市场化、商业化的现代商业银行运行机制尚有差距”。

（二）混合所有制发展中存在对非公经济的歧视或不公正待遇案例

一是参与方对话权不平等。由于某些行业的特殊性、企业的规模差异较大以及缺乏完善的公司治理结构，出现了混合所有制经济的参与方在混合后的企业中没有与其出资额相对应的话语权，甚至难于参与项目的经营管理和对大股东投资经营行为进行有效监督。一直以来不少参与国有企业改革的民营投资者没有得到公正的对待，它们的利益常常被国有股东所侵占。一些大型国有企业特别是垄断企业凭借强大的资金实力和行政权力，在引进了其他所有制资本以后，又通过非正常手段侵吞这些资本带来的利益，导致这些资本不得不选择退出，使得混合所有制企业又再度“纯国有化”。二是合作过程不稳定。因为国资委等国有持股机构的要求，存在调整已经签订合约的情况，甚至强行要求民营资本退出。三是混合后待遇差别化。混合所有制企业难以享受与其行业内国有企业同等的待遇。如中国木偶艺术剧院股份有限公司转企改制后，因是混合所有制，在得到的上级扶持方面与其他院团一直存在差异。

在这一轮改革过程中，民企对未来参股控股国企信心或动力不足。民营企业对发展混合所有制是“陷阱”还是“馅饼”存在困惑。政府是否会拿出国企的优质资产与社会资本重组，即政府是“分蛋糕”还是“甩包袱”？即便混合，一旦发生纷争之后，“黑头”法规能否抵得住“红头”文件？民营企业对于政策的稳定性也充满担忧。国有企业发展混合所有制经济还担心背上“国有资产流失”的包袱。

（三）缺乏多层次、多功能的资本市场等交易平台

在过去国有企业改制中，民营企业购买或交换国有企业股权，均涉及国有资产作价问题。对于资产定价，不同的评估方法决定了资产的不同价格，过去随意性较强。由于缺乏多层次的产权交易市场，只能通过“招拍挂”方式获得资产交易价格，但这无法全面反映资产的价值，往往也达不到通用资产“招拍挂”

应取得的效果。这样使得国有资产当事人也面临“贱卖”的风险。

（四）混合所有制改革相关的政策准备不足，政府职能缺位

一是国有经济布局产业开放和产权开放的具体政策导向还不明确。虽然基础设施、金融等重要领域已经对民营资本开放，但产业开放中国企、民企地位如何？能否保证公平竞争和效率提升？产权开放中对非公资本股比如何限制？针对这些问题仍然还没有整体规划。比如，国家政策要求国有大中型银行保持控股地位，并对外资股东持股比例设置了20%上限，非公资本想要话语权甚至分庭抗礼的话，则需要在顶层设计上予以突破。二是部分地方政府缺乏契约精神，政府提供基本公共服务的责任缺失。比如，在汇津长春污水公司案例中，政府一直不按合同约定支付污水处理费，最后导致项目失败，政府回购合作方的股权。实践中，政府或国有大股东违约、不执行合同的情况时有发生，导致项目最终失败。有些政府对准公共品属性的混合所有制企业或引入混合所有制和PPP模式后的项目缺少应有的支持，往往一改了之或一卖了之，不再承担任何责任。但是，在一些公共品属性和正外部性较强的领域，如市政公共交通，存在市场失灵，追求利润最大化的企业在收入不能补偿成本时，会选择取消客流量较少的线路，甚至因过度压缩成本而造成安全事故频发，而政府未承担提供基本公共服务的相应责任，如低票价补贴、亏损线路补贴等。又如，木偶剧院经营的是传承型文化艺术，具有较强的公共品属性。但是，剧院在转制后，因缺乏政府支持而面临表演人才断档、市场化宣传费用太高企业难以负担等问题。因此，在基础设施和公用

事业领域，关键是完善相关领域特许经营条例。完善价格机制、增强财政补贴的透明度也很重要，只有事先明确收益成本机制并形成长期合理稳定预期，才能吸引非公资本进入这一领域。三是已有政策不支持非公经济控股的混合所有制企业建立，相关配套不足。根据国企兼并重组的指导意见，没有职工代表大会同意，即使是一般竞争性领域的国企，让民营资本控股也很难实现。同样，现有的国有资产管理体制也不允许非公经济控股。政府对具有垄断属性的行业监管还没有到位，过去是政府职能不到位可以依靠国企来实现部分职能，引入非公资本后，需要政府加强对其提供的产品或服务质量的监管。但是从国内发生的一些事件看，政府监管远不到位。

（五）发展混合所有制经济过程中也存在不正当行为

这主要表现为混合操作中造成国有资产流失或利益的输送。由于股东对其代理人激励机制的不一致，加之对国企领导的权力缺乏有效监督，在利益的驱使下，常常导致国有股权的代理人与其他股东串谋起来，将国有资产或者国有股权收益转移到其他股东和代理人的手上。华润等央企的腐败案就是典型的例子。另外，操作中不规范行为导致职工利益受损。有的企业不按规定计算和发放职工身份转换经济补偿金，有的改制只为能够大批裁员，严重损害了职工的合法权益。

四　相关建议

发展混合所有制经济即将进入高度实践化的阶段，要实现混合所有制经济健康发展，下一步关注的重点势必集中在具体的方案和机制设计上。解决混合发展的动力、范围和路线图等问题，借力多层次、多功能资本市场，加快完善公司治理机制，加快改革国有资产管理体制，加快推进政府职能转变。

（一）建立资本混合的动力机制，解决激励相容问题

当前，不管是国有企业还是民营企业，对于发展混合所有制经济均有各自的顾虑。理论上，混合所有制企业存在出资方（国有资本管理者、民间资本所有者）、资本方代表（董事会）以及运营者（企业管理层），应通过制度设计消除这些群体的忧虑，优化针对这些利益群体的激励机制，从而使得公有资本和非公有资本同时具有混合的动力。

（二）明确国有经济战略布局，即明确资本混合的范围

当前影响混合所有制经济发展的最大不确定性源于中央缺乏明确的政策细则。其中，有两个领域需要重点关注：一个是产业开放，明确不同行业的分类混合政策细则，明确要放开哪些领域、哪些行业，开放到何等程度；另一个是产权开放，明确不同类型和层级的国有企业混合政策细则，如国有企业混合到几级，控股或参股的持股比例如何安排。

（三）制定实施细则，明确发展混合所有制经济的路线图

发展混合所有制经济，在基本方向和范围已经明确的基础上，关键是细化的方案和明确的实施细则。分行业制定让其他所有制经

济成分看得见、进得去、混得好的“线路图”，使非公有制经济能找到进入的结合点和切入点。

（四）加快完善公司治理机制，促进混合所有制经济规范化发展

为促进混合所有制经济规范化发展，要推动绝大多数混合所有制企业包括其母公司层面进一步健全现代企业制度，形成权责统一、运转协调、有效制衡的法人治理结构。要吸收一定比例的专业化人士进入董事会，董事会下设立若干专业委员会并切实履行职责。加大引进独立董事和外部监事的力度，进一步完善董事会、监事会议事制度，使包括独立董事在内的每一位董事、监事都能够发挥其应有的作用，而不是充当“花瓶”。在公司治理机制层面，有必要建立强制性的小股东累计投票权制度，使混合所有制企业中的小股东有充分的利益诉求和顺畅可靠的表达渠道。同时，加强制度创新，建议引入“金股”、优先股或特殊管理股等创新手段，有选择地进行员工持股试点，以此丰富混合所有制经济的途径与方式。建议在关系国家安全和国民经济命脉的少数行业，对实行混合所有制经济的企业，国有股权可实行具有否决权的“金股”制度，以维护国家和全社会的公共利益。也可以将国资以优先股的形式部分留存于改制后的企业中，既满足了国有资产保值增值的现实要求，同时又保证了民资拥有企业经营的话语权，还可以发挥优先股要求稳定回报的特点，使之成为企业经营者不断提升运营效率和盈利水平的硬性约束。还可以在重要的国有传媒企业转制、股份制改造过程中探索实行特殊管理股制度。另外，可以在竞争性行业、国有企业辅业改制分离过程中或知识密集型国企中考虑员工持股试点。

（五）发展多层次产权交易市场，为混合所有制经济的发展提供有效运转的平台

发展混合所有制经济，要求产权清晰和流转顺畅，只有建立起产权自由流动的机制，才能实现资本、股权的优化配置。目前要建立和完善多层次的产权交易市场体系，建立合理的定价机制，加快信息披露建设，促进国有企业和各类企业产权的规范、有序、高效流转。另外，要重视发挥资产评估、审计等各类中介组织的独立作用，使其服务方式、程序、标准等进一步规范化和科学化，为混合所有制经济可持续发展创造良好的市场环境。

（六）推进国有资产监督管理体制改革，由“管人、管事、管资产”向“以管资本为主”转变

在大多数国有企业成为混合所有制的公司后，国资委作为国有资产监管机构，要由“管人、管事、管资产”向“以管资本为主”转变，并进一步简政放权，以监管模式的转变提升国有资本的市场活力。建议实施“权力清单”管理模式，研究涉及监管清单、报告清单和问责清单的权力清单管理机制，让政府和监管机构在不该伸手的时候绝不伸手，有效消除政府干预企业经营决策的行为，最大幅度减少涉及企业的行政审批事项，让混合所有制企业真正成为自主经营、自负盈亏、自担风险、自我约束的市场经济主体。彻底取消企业的行政级别，使混合所有制企业去行政化、去部门利益化，切断企业和主管部门之间的利益输送链条。

（七）弥补政府职能缺位，构建促进混合所有制经济发展的健康环境

一是加强政府的信用和公信力。政府应该严格执行特许合同的

条款，如及时足额向项目运营方支付费用，补偿企业的政策性亏损，从而为这些领域引入社会资本提供良好的环境，这也有利于降低投资成本。二是在一些公共品属性和正外部性较强的领域，政府应继续承担保障公共服务供给的职责，增强财政补贴的透明度。比如，市政公共交通在引入混合所有制模式后，政府对企业因政策性低票价或维持客流量较少的线路而造成的亏损，进行补贴。三是建立合理的风险分担机制。最优的风险分担机制是 PPP 项目的经济活力所在。因此，需要在特许经营协议中明确界定各方的风险，如项目公司应承担融资风险、建设风险、运营风险，而市场风险、通货膨胀风险、汇率风险和政策变化风险应由政府承担。四是加强对服务质量和成本的监管。公用事业的提供方由国有企业变为混合所有制企业后，政府必须加强监管，在特许经营协议中完善与监管相关的条款，建立定期监管和不定期检查相结合的制度。五是消除非公有制经济发展的体制性障碍，坚持各种经济成分一视同仁、平等对待的原则，最终让多种所有制企业之间相互投资和相互融合。

（八）做好统计数据监测、信用体系建设等基础工作，为制定相关政策提供决策参考

加强相关数据统计，设立专门的统计口径，及时公布各类混合所有制经济的企业户数、投资、就业、税收、对国内生产总值贡献等方面的数据，以更好地监测与分析混合所有制经济发展的基本情况和面临的问题，加快信用体系建设，为制定相关政策提供决策参考。

（执笔：臧跃茹、刘泉红、杨娟、刘方）

附 表

附表1 基础设施和公用事业领域混合方式

公司名称	形成方式与股权结构	参与项目及模式
京港地铁	京投公司(国有独资)、首创集团(国有独资)、港铁分别出资2%、49%、49%	①北京地铁4号线:京投公司负责基建部分,股权70%;京港地铁负责车辆等设备,股权30%,期满后向京投公司无偿移交 ②大兴线:京港地铁负责资产运营管理和养护维修,并提供客运服务 ③北京地铁14号线:京港地铁以BOT方式参与建设、投资、运营
深圳水务	通过出售部分国有股权引入混合股权,目前深投公司占55%、首创威水(首创股份和法国威立雅各50%)占40%、法国威立雅占5%	①深圳市特许经营区内存量自来水厂、污水处理厂和供排水管网的运营维护,合同期为30年,可续签20年,期满后股权无偿移交政府 ②整合深圳市其他区域内的水务资源 ③全国其他地区10个水厂、9个污水处理厂
汇津长春污水公司	国有独资长春排水公司占15.6%(土地使用权5000万元人民币作价出资)、汇津公司(民资)占84.4%(出资2.7亿元人民币)	汇津长春污水公司续建污水处理厂并负责建成后的运营、管理和维护,政府向其支付污水处理费,经营期为21年,期满无偿移交(由于政府未支付污水处理费,该项目已被政府回购)
无锡九龙公共交通公司	通过出售国有股权引入混合股权,无锡公共交通集团占40%、香港九龙巴士公司占40%、无锡国联发展占10%、无锡广播电视集团占5%、香港卓力集团占5%	无锡市公共交通特许经营权 2008年底港方撤资,无锡市政府回购,该公司回归国有,更名为"无锡市公共交通股份有限公司"
南京江宁燃气	江宁煤气通过公开市场引入战略合作公司,以经评估的有效资产出资,占合资公司51%的股权;华润燃气以现金出资,占49%的股权	南京市江宁区燃气特许经营,项目经营期为50年

附表 2　国有资本控股的混合方式

企业	形成方式与股权结构	发展模式
中国通信服务有限公司	中国通信服务有限公司是中国电信集团的二级子公司，目前中国电信集团公司控股 51.39%，中国移动通信集团公司持股 8.78%，中国联合网络通信集团持股 3.41%，中国邮电器材集团公司持股 1.89%，Commonwealth Bank of Australia 持股 6.53%，其他公众股东持股 28%	中国通信服务有限公司通过上市成为我国通信行业第一家在香港上市的生产性服务类混合所有制企业，主要在主营业务范围实施混合所有制
中国建材股份有限公司	中国建材股份有限公司是中国建筑材料集团有限公司二级企业。中国建材股份有限公司在香港联交所挂牌上市。同时通过在香港上市募集的资金与非公资本合资建立混合所有制企业。目前中国建材股份有限公司国有股占比 46.67%，公众投资者持股占比 53.33%	中国建材股份有限公司通过上市发展为混合所有制公众公司，又通过合资方式与民营企业共同出资建立新的混合所有制企业
中兴通讯股份有限公司	通过在深圳交易所、香港联交所上市，以及鼓励管理层、职工持股等方式在母公司层面实行混合所有制，实现了国有控股、授权经营的国有民营发展模式	分别在深圳交易所和香港联交所上市，成为中国“A + H”第一股 2007 年和 2013 年通过股权激励计划，向公司董事、高管及关键岗位人员分别分配公司总股本 5% 和 3% 的股票期权
亿利资源集团	亿利资源集团（民资）与中国神华集团共同出资组建了神华亿利能源有限责任公司，神华集团占 51% 的股份，亿利资源集团占 49% 的股份 亿利资源集团与神华集团、上海华谊集团共同出资组建亿利化学工业公司，亿利资源集团、上海华谊集团和神华集团分别占 41%、34%、25% 的股份 亿利资源集团与冀东水泥有限公司共同出资组建亿利冀东水泥有限责任公司，亿利资源集团占有 49% 的股份，冀东水泥有限责任公司占 51% 的股份	亿利资源集团通过合资方式与国有企业共同出资组建混合所有制企业，这类企业基本是由国有资本控股

续表

企业	形成方式与股权结构	发展模式
联想控股公司	通过引入民资和员工持股的方式发展混合所有制，国科控股持股比例为36.0%，联持志远（老员工持股）持股比例为24.0%，泛海集团持股比例为20.0%，联恒永信（新员工股权激励）持股比例为8.9%，管理层持股比例为9.6%，其他外部股东持股比例为1.5%	①当初性质是国有全资企业，隶属于中国科学院 ②通过员工持股的方式成为国有控股的混合所有制企业，国科控股65%，职工持股35% ③联想控股通过资产重组的方式引入民营资本，实现股权结构的多元化。国科控股将其持有的联想控股29%的股权，通过在北京市产权交易所挂牌出售的方式转让给中国泛海控股集团有限公司（民企） ④泛海集团以协议方式将其所持有联想控股9.6%的股权转让给柳传志等五位最高管理层，8.9%的股权转让给北京联恒永信投资中心

附表3　民营资本控股的混合方式

企业	形成方式与股权结构	发展模式
泰康人寿	泰康人寿在母公司层面实行混合所有制。公司共有股东19家，其中民营股东11家，民营股东持股比例约为56.7%；国有股东5家，国有股东持股比例约为19.4%；外资股东3家，外资股东持股比例约为23.9%	公司成立之初的股权结构以国有股东为主，通过引入外资及采用股权转让等资产重组模式，逐步形成了以民营股东为主、国有股东和外资股东共同参与的混合所有制股权结构
复星集团	2003年，复星集团（民企）与南京钢铁集团公司共同出资设立南京钢铁联合公司 复星集团持股60%，南京钢铁集团公司持股40% 2003年，复星集团与中国医药集团合资成立国药控股，复星集团持股49%	复星集团通过合资方式与国有企业共同出资组建混合所有制企业，这类企业由民营资本控股
健宫医院	凤凰医疗集团（民资）与建工集团共同出资设立健宫医院。目前建工集团持股20%、凤凰持股80%	通过合资方式组建健宫医院。凤凰医疗集团以现金出资入股，占66%；建工集团以评估后的固定资产（不含土地）入股，占34%，注册资本8000万元；后来又通过增资使得股权结构发生变化，实现凤凰控股53%，建工集团参股47% 2012年凤凰通过产权交易所挂牌交易收购建工集团持有的27%股份

续表

企业	形成方式与股权结构	发展模式
峪口禽业	峪口禽业是首农集团的三级公司，峪口禽业通过职工持股、自然人持股的方式发展混合所有制，40%以上员工成为股东，占有45%的股份	1999年被确定为北京市190家国有企业改制试点企业，建立了国有、职工持股、社会自然人持股的多元投资体制
中国木偶艺术剧院	中国木偶艺术剧院是北京演艺集团的二级企业，民营资本占51%，国有资本占49%	2006年9月15日挂牌成立，由国有股东以评估后土地和房产出资，占注册资本的49%；民营股东以货币出资，占注册资本的51%，是我国第一家民营企业控股的文化企业
杭州锅炉集团股份有限公司	杭州锅炉集团股份有限公司是由传统国有企业通过职工和管理层持股以及引入民间资本等方式逐步形成的以民营企业控股、国有企业参股、管理层持股的混合所有制企业。目前，西子电梯集团有限公司（民资）持股占比75.12%，国资（工业资产投资经营有限公司）占比16.67%，管理层占比8.21%	①公司于2001年正式挂牌改制为以职工持股会控股、28个管理层团队持股、国资参股（25%），注册资金8000万元的有限责任公司 2002年公司职工所持股份转让给西子电梯集团有限公司，国有股份仍然保留
袁隆平农业高科技股份有限公司	通过上市及资产重组不断将股权转让给民营企业，使得隆平高科成为民营资本控股的混合所有制上市企业。目前湖南新大新股份有限公司（民资）持股占比为14.40%；湖南杂交水稻研究中心持股占比为6.71%；袁隆平院士持有6685715股，占股本总额比例为1.34%；其余股份为境内基金管理公司等机构或个人投资者以及合格境外投资者（QFII）持有	① 1999年，湖南省农业科学研究院联合湖南杂交水稻研究中心、湖南东方农业产业有限公司、中国科学院长沙农业现代化研究所、湖南省郴州市种子公司以及袁隆平院士共同出资设立了隆平高科 ② 2000年6月，隆平高科在深圳证券交易所上市交易，成为全国第一个上市种业企业 ③ 2004年，湖南省农业科学研究院通过资产重组将其控股权转让给民营企业湖南新大新集团有限公司，使隆平高科成为民营资本控股的混合所有制上市公司
龙珠医院	大连实德集团有限公司持有76%的股份，深圳红十字会持有24%股份。龙珠医院性质为公私合作民营股份制医院	①由香港吉里医疗投资管理有限公司和北京亿仁集团出资，与深圳市政府以土地折价入股的方式合作兴建而成 ② 2008年3月，大连实德集团有限公司收购北京亿仁集团，并控股香港吉里医疗投资管理有限公司

股权混合如何提高企业绩效?

——基于竞争性行业上市企业的经验研究

内容提要: 以混合所有制企业绩效为分析对象,考察了不同性质资本的交互作用对企业绩效的影响机制。与以往研究不同,本研究不仅从数量角度考察国有股占比与企业绩效的关系,还基于完善企业治理结构的角度从国有股控制力、国有股之间的制衡以及国有股与其他性质股份的制衡、最终控制人性质三方面剖析国有股"一股独大"对企业绩效的影响机制。选取竞争性行业在 1997~2001 年首次公开募股的 487 家样本企业,从财务效益和技术效率两个维度考察其 2005~2013 年的绩效变化。研究表明,国有股占比过高会降低企业绩效,但具有较低国有股占比企业的劳动生产率和技术效率较高;国有股占比较高时,国有股控制力的增强会降低企业的技术效率;不同性质股权的制衡组合对企业绩效具有显著差异;国有最终控制人能提升企业技术效率,但在国有股占比较低情况下提升非国有股占比会降低技术效率。这说明发展混合所有制对于提升企业绩效有促进作用;而发展混合所有制企业,不仅应适当降低国有股占比,更要解决国有股"一股独大"的问题。

一　问题的提出

（一）研究背景

混合所有制经济的微观主体基础是混合所有制企业。伴随着以股权多元化为主要内容的国有企业改革，混合所有制企业在数量和分布上都呈现明显扩张趋势。从企业占比来讲，中央企业50%以上已经混合，金融企业57%以上已经混合，相信未来占比还会进一步提高[①]。从领域来看，工业、金融、医疗、服务、地方城市基础设施等领域都存在混合所有制形式，即便是垄断型电信、能源行业中也有发展混合所有制成功的案例。

根据企业治理理论，发展混合所有制经济的主要目的是通过股份制形式实现企业股权多元化，优化企业治理结构，最终提高企业绩效。因此，从统计上判定股权多元化对微观企业效益改善产生的影响，有助于检验企业治理理论在中国的实践成效，为科学评价混合所有制经济改革提供重要依据，具有重大的理论意义和现实意义。

（二）文献综述

已有研究中，对企业绩效的度量主要包括效益与效率两个方面。其中，效益主要侧重于经济效益的比较与分析，如销售利润率、净资产回报率、托宾Q值等，而社会效益则因度量困难而未

① 《混改在行业上没有禁区》，《经济参考报》2014年11月14日。

有更多论述[①]；效率主要包括技术效率、全要素生产率、治理效率、动态效率等。由于上市公司数据的可获性和一致性相对较强，现有权威研究基本上都以上市公司数据作为研究样本；而分析方法则以参数分析、非参数分析以及指标分析等为主。根据研究层次，已有定量研究可以分为宏观分析和微观分析两类[②]。

1. 宏观层面的研究

宏观层面的研究主要从整个宏观经济出发，考察国家或产业层面不同所有制经济类型的占比对宏观经济效益或效率的影响。已有研究多用不同所有制股权在整个经济中的占比来体现宏观层面的混合程度，或者直接使用不同所有制企业的宏观统计口径进行比较，并考察整体经济表现或产业绩效。

大量研究证实，国有企业资本在总体经济中的增加对提升宏观绩效不利。刘小玄以不同所有制股权在整个经济中所占比例为变量对整个经济的产量进行回归，发现国有企业对于产业效率具有明显的负作用，并利用第二次全国基本单位普查数据和生产函数模型，估算出国有企业的资本每增加 1 个百分点，会导致产出降低 0.555 个百分点。[③] 贺聪和尤瑞章测算并分解了全要素生产率，从多个维度比较不同所有制企业的效率。[④] 研究发现，私营工业企业的技术

---

① 仅有郝书辰（2011）在度量运行效率与功能效率时根据测算结果判断国有企业承担较多社会功能和白重恩等（2006）考察了改制对企业社会效益指标的影响。郝书辰：《不同股权结构的国有企业治理效率比较研究——以山东省为例》，《中国工业经济》2011 年第 9 期；白重恩、路江涌、陶志刚：《国有企业改制效果的实证研究》，《经济研究》2006 年第 8 期。

② 为了体现论述的全面性，我们将产业等较为宏观层面的分析也纳入进来。

③ 刘小玄：《民营化改制对中国产业效率的效果分析——2001 年全国普查工业数据的分析》，《经济研究》2004 年第 8 期。

④ 贺聪、尤瑞章：《中国不同所有制工业企业生产效率比较研究》，《数量经济技术经济研究》2008 年第 8 期。

效率要优于国有和外资工业企业，但有逐步下降的趋势。还有研究基于行业数据发现国有企业的资本配置效率显著弱于非国有企业。[①]

2. 微观层面的研究

微观层面的研究主要从企业个体出发，考察微观主体企业的股权结构对企业经济效益或效率指标的影响。已有研究多用不同所有制资本股权在整个企业的占比来体现微观层面的混合程度。根据样本所选择的范围，可将微观层面的研究分为全样本分析和部分行业样本分析[②]。分析思路有两种：一种是选取某一时点或时段，比较不同所有制企业绩效，如 Chen 等分析不同类型股权占比对企业盈利能力的影响；[③] 另一种是选取某一时段，比较同一批企业在改制前后的绩效变化。后一种研究因数据可得性原因而较少。

微观研究的主要结论如下。第一，与其他性质股份相比，国有股具有低效率特征。研究证实公司盈利能力与法人股比例正相关，与国家股比例负相关或不相关，劳动生产率随着国有股比重上升而下降；[④] 国家资本股权与企业效率显著负相关，而个人资本股权变

---

① 方军雄：《所有制、市场化进程与资本配置效率》，《管理世界》2007 年第 11 期。

② 前者指样本选择没有任何行业限制，通常是采用抽样方法或直接选取所有上市企业，这种研究也更为常见。后者则专指将样本限定在某一个或几个行业之内的研究，比如，陈晓、江东：《股权多元化、公司业绩与行业竞争性》，《经济研究》2000 年第 8 期；孙兆斌：《股权集中、股权制衡与上市公司的技术效率》，《管理世界》2006 年第 7 期；黄建山、李春米：《股权结构、技术效率与公司绩效：基于中国上市公司的实证研究》，《经济评论》2009 年第 3 期；魏志华、王毅辉、李常青：《股权结构、行业竞争性与公司绩效——基于产出效率角度的经验证据》，《上海立信会计学院学报》2009 年第 3 期。

③ Chen G. , Firth M. and Xu L. et al. , "Does the Type of Ownership Control Matter? Evidence from China's Listed Companies", *Journal of Banking and Finance*, 2009 (33).

④ Xu X. and Wang Y. , "Ownership Structure and Corporate Governance in Chinese Stock Companies", *China Economic Review*, 1999 (10)；陈小悦、徐晓东：《股权结构、企业绩效与投资者利益保护》，《经济研究》2001 年第 11 期；杜莹、刘立国：《股权结构与公司治理效率：中国上市公司的实证分析》，《管理世界》2002 年第 11 期。

化与企业效率水平呈现显著的正相关，法人股权的变化也具有较为显著的正相关性。[①] Lin 和 Su 发现产业多元化经营战略对企业绩效会有促进效应，但这种促进效应在不同所有制企业之间差异显著，受国家控制的企业远比其他企业获益更低。[②] 郝书辰运用效率分析技术，发现私营企业在市场中的活力和竞争力最强。[③] 第二，企业改制、改革显著改善了企业绩效。陆挺和刘小玄发现政府在私有化企业中保留一部分股权能提升企业的托宾 Q 值；[④] 第一大股东为非国家股股东的公司有着更高的企业价值和更强的盈利能力；[⑤] Driffield 和 Du 证实国有企业将股份转移至私有部门会提升企业的全要素生产率[⑥]；Liao 和 Young 证明市场化改革后的国有企业比完全被政府控制的国有企业绩效更好；[⑦] Vong 和 Trigueiros 的研究进一步表明在改革期，[⑧] 被政府直接持有企业的绩效比被政府间接持有的企业更高。这些都从特定角度说明改制后企业的效率和效益有了明显的提高。除改制外，李楠和乔榛、Kang 和 Kim 的研究为改

---

① 刘小玄、李利英：《改制对企业绩效影响的实证分析》，《中国工业经济》2005 年第 3 期。

② Lin C. and Su W., "Industrial Diversification, Partical Privatization and Firm Valuation: Evidence from Publicly Listed Firms in China", *Journal of Corporate Finance*, 2008 (4).

③ 郝书辰：《不同股权结构的国有企业治理效率比较研究——以山东省为例》，《中国工业经济》2011 年第 9 期。

④ 陆挺、刘小玄：《企业改制模式和改制绩效》，《经济研究》2005 年第 6 期。

⑤ 张文魁：《中国国有企业产权改革与公司治理转型》，中国发展出版社，2007。

⑥ Driffield N. and Du J., "Privatisation, State Ownership and Productivity: Evidence from China", *International Journal of the Economics of Business*, 2007 (2).

⑦ Liao J. and Young M., "The Impact of Residual Government Ownership in Privatized Firms: New Evidence from China", *Emerging Markets Review*, 2012 (13).

⑧ Vong P. I. and Trigueiros D., "Reversal in the Relative Performance of State-and Legal Person-owned Companies during the Chinese Split Share Structure Reform", *Applied Economics*. 2014 (15).

革提升企业绩效提供了经验支持。[①]

3. 总体性评论

总体上看，已有研究可以部分支撑混合所有制卓有成效的结论。大量研究从不同层面、利用不同策略提供了经验证据。尤其是Kang和Kim、Liao和Young的研究部分支撑了混合所有制改革提升企业效益与效率的结论。[②] 但已有研究也存在若干不足。例如，较少研究涉及国有股"一股独大"等问题，部分研究未将行业竞争性、地区市场化水平等因素纳入分析框架，这使得研究结论可能受到了行业垄断、市场化程度不高的影响。另外，一些实证方法在技术上仍需予以改进[③]。

为此，本文从如下两个方面予以改进。一方面是仅涵盖所有竞争性行业，这增加了企业绩效的可比性。以往研究对此考虑得不够，个别研究虽予以考虑但仅选取了若干行业进行分析。另一方面是深入剖析国有股一股独大对企业绩效的影响，从国有股控制力、国有股之间的制衡以及国有股与其他性质股份的制衡、最终控制人

---

① 李楠、乔榛：《国有企业改制政策效果的实证分析——基于双重差分模型的估计》，《数量经济技术经济研究》2010年第2期；Kang Y. and Kim B., "Ownership Structure and Firm Performance: Evidence from the Chinese Corporate Reform", *China Economic Review*, 2012 (23).

② Kang Y. and Kim B., "Ownership Structure and Firm Performance: Evidence from the Chinese Corporate Reform", *China Economic Review*, 2012 (23); Liao J. and Young M., "The Impact of Residual Government Ownership in Privatized Firms: New Evidence from China", *Emerging Markets Review*, 2012 (13).

③ 例如，已有的一些效率分析文献仍采取两步法，忽视异方差性。而已有研究表明，两步法估计会带来严重的有偏估计，同方差假设也并不符合现实。Kumbhakar S. and Lovell C., *Stochastic Frontier Analysis*, Cambridge: Cambridge University Press, 2000; Wang H., "Heteroskedasticity and Non-monotonic Efficiency Effects of a Stochastic Frontier Model", *Journal of Productivity Analysis*, 2002 (18); Kumbhakar S. Lien G. and Hardaker J., "Technical Efficiency in Competing Panel Data Models: A Study of Norwegian Grain Farming", *Journal of Productivity Analysis*, 2014 (2).

性质三个角度予以考察。对国有股与企业绩效关系的考察并未停留在简单的相关分析上，而是给出了内在逻辑阐释和计量分析结果。

二　实证方法与数据

（一）基本思路

混合所有制企业的本质特征是国有资本、集体资本和非公有资本等交叉持股、相互融合。因此，分析混合所有制企业的绩效需要关注不同性质资本的交互作用对企业绩效的影响机制。其中，国有资本在各种资本中理应优先予以关注。一方面，国有资本长期在我国企业中具有绝对的主导地位，仅在国有企业改革的不断深入、民营资本的逐渐成长和外资进入门槛的降低的情况下，国有资本的强势地位才有所削弱；另一方面，当前混合所有制经济发展的主要内容还是基于国有企业的混合所有制改革，因此十分强调在国有企业内部引入不同性质资本与国有资本进行混合，通过实现不同性质资本的取长补短来提升企业效益。

但股权多元化并不是混合所有制企业的全部，发展混合所有制企业的最终落脚点是优化企业治理结构，提升企业绩效。在国有企业改革进程中，股权多元化的实施实际上早于混合所有制的提出。但事实表明，仅仅多元化股权结构，而不优化企业治理结构，不仅无法真正改进企业内部管理、促进资本相互融合，而且会降低企业绩效、严重损害其他性质资本的权益。这突出表现为长期存在的国有股“一股独大”和“内部人控制”等问题没有得到根本解决。这些问题直接导致企业治理机制无法发挥作用，激励机制也被严重扭曲。

基于上述考虑，本文从两个角度分析不同性质资本的交互作用对企业效益的影响机制，并突出对国有资本的考察。一个角度是从数量占比出发，考察国有股占比与企业效益的关系。这一分析视角虽较为传统，却是股权多元化的直接反映，同时提供了洞察其他性质股权占比改变企业绩效的机会。但是这种基于占比的统计分析还无法刻画企业治理结构的改进程度，而后者是发展混合所有制企业的真正目的所在。因此，有必要从考察国有股“一股独大”入手，分析混合所有制企业中企业治理结构完善对企业效益的影响。为此，另一个角度着眼企业治理结构，从国有股控制力、国有股之间的制衡以及国有股与其他性质股份的制衡、最终控制人性质三个方面剖析国有股“一股独大”对企业绩效的影响机制。其中，国有股控制力分析主要关注当第一大股东为国有股时，因股权结构分散程度不同而导致的第一大国有股东控制力差异；国有股之间的制衡以及国有股与其他性质股份的制衡主要关注当第一大股东为国有股且第二大股东能对其形成一定制衡时，第二大股东的不同性质是否带来了制衡效果的差异；最终控制人性质则主要关注最终控制人的性质差异，以及相应情形下国有股不同占比对企业效益带来的差异。

（二）样本选取与绩效测度

1. 样本选取

样本选取注意了如下两个问题。一个是样本之间的可比性。尽管国有经济布局具有向关键领域集中的趋势，但现阶段国有经济仍广泛存在于竞争性、垄断性和公益性行业。因此企业绩效一方面可能受到行业垄断性的影响，另一方面其目标函数可能差异巨大，比如，竞争性企业的目标是利润最大化，而公益性企业的目标则可能是社会福利最大化。因此，囊括全部行业的混合所有制企业样本显然会造成其绩效指标的不可比。另一个是样本数据的可得性。虽然股份制改造并上市是形成混合所有制企业的直接途径，但我国仍有相当比例的国有企业并未通过上市途径，而是通过地方产权交易平台实现产权多元化。另外，还有一部分国有独资企业也未向市场公开其财务和公司治理方面的数据。对于这些企业，因数据不可得而不得不将其排除在样本之外。

基于上述考虑，本研究将样本限定于竞争性行业中的上市企业。考虑到国有企业改制上市的高峰期处于 1997 ~ 2000 年，利用 RESSET 数据库，选取 1997 年初至 2001 年末沪深两市 A 股竞争性行业领域[①]的新上市企业。为了避免上市企业在首次公开募股存在“人为”优化财务报表的问题，以及上市企业降级、退市等变动可能造成面板的非平衡性的问题，同时兼顾时间长度，选择在 2014 年仍在主板正常上市企业，并将时间区间确定为 2005 ~ 2013 年。删除部分数据连续缺失或异常的样本，最终确定为 487 家企业，共 4383 个观测值。

2. 绩效测度

企业绩效多从财务效益和技术效率两个维度予以测度。这两类指标的理论基础不同，因此对企业绩效的分析侧重点也有所差异。财务效益是根据企业会计和财务相关理论，计算已经实现的最终产

---

① 竞争性行业的界定依据《财政部关于印发会计信息分类具体规定的通知》。在样本选择过程中参考了《国民经济行业分类与代码》（GB/T4754 - 2002）和《中证指数——证监会行业分类》（2012 年版）。

出或产出效率，它着重考察企业的实际产出，主要是通过各类财务指标直接或间接获得。具体而言，它包括主营业务收入、净利润、企业增加值等绝对指标和资产净利率、净资产回报率、劳动生产率等相对指标。技术效率是根据投入产出理论，计算已经实现的最终产出或产出效率与企业潜在最大产出的差距，它侧重比较企业的实际产出和潜在产出，反映的是在给定投入的情况下企业实际产出距离实现潜在最大产出的程度，主要是通过估计企业生产函数来进行估算。与财务效益指标相比，它能更全面地反映企业在投入—产出上的效率，尤其是在企业投入和产出多元化的情况下这一优势更为突出①。

为了更全面地度量企业绩效，本文同时采用财务效益和技术效率指标。其中，财务效益选取了资产净利率和劳动生产率，分别从资本和劳动两个维度反映企业的财务效益。技术效率利用随机前沿分析（SFA）技术予以测度②。随机前沿分析是以标准的生产函数出发的。式（1）给出了横截面情况下一个生产单位（企业）的生产函数（即生产可能性边界③）：

$$Y_i^* = F(X_i;\beta) \tag{1}$$

① 虽然部分相对值型的财务效益指标也考虑了产出—投入的关系，但它们均只考虑了投入的某一维度，如资产净利率和净资产回报率考虑的是资产维度，劳动生产率仅考虑劳动力维度。

② 计算效率通常有两种方法，即数据包络分析法和随机前沿分析法。前者为非参数分析，主要好处是直接将最有效率的分析单位作为生产前沿面，只需通过观察产出端和投入端的比较，避免了生产函数可能的误设所带来的偏差；后者为参数分析，主要好处是立足于估计生产函数来考察企业的生产可能性边界，通过无效率的单边误差假设可以详细分析外生因素对技术无效率的影响。本文选取后者进行估计，以考察外生因素（即国有股占比）对企业绩效的影响。

③ 生产可能性边界为在特定技术下企业利用已有的一定投入所能实现的最大产出。生产函数所包含的区域为生产可能性区域。

其中，Y^* 为潜在产出，X 为投入要素，β 为投入要素的系数[①]。但现实中企业往往不能实现潜在最大产出。假设实现产出仅是潜在产出的一个比例值 TE（Technical Efficiency），因此有式（2）：

$$Y_i = F(X_i;\beta) \times TE_i \tag{2}$$

（2）中的 Y 为实际产出，TE 即技术效率。当且仅当 $TE=1$ 时，企业实现了潜在产出。但（1）式与（2）式均忽略了潜在和实际产出均可能受到一些不可控的随机因素影响，因此，需要引入服从于 iid 分布的随机误差项，由此得到随机生产可能性边界（3）：

$$Y_i = F(X_i;\beta) \times TE_i \times \exp(v_i) \tag{3}$$

为了进一步分析技术效率 TE，可以假设（4）式：

$$TE_i = \exp(-u_i) \tag{4}$$

其中，u 为服从单边分布的非负项（例如，一些研究假设其服从非零均值的半正态分布），表示技术无效率。通过取对数后，估计式可整理为（5）式：

$$Y_i = F(X_i;\beta) - U_i + V_i \tag{5}$$

把（5）式扩展为面板情形下的估计，并假设所有企业均有共同的截距项，得到了早前大量研究中使用的随机前沿分析模型，即式（6）：

$$Y_{it} = \beta_0 + F(X_{it};\beta) - U_{it} + V_{it} \tag{6}$$

式（6）也是许多研究的基础模型[②]。但上述模型也存在若干

---

① 根据生产函数的设置不同，系数的经济含义也不一样。以 C－D 生产函数为例，β 为对应要素在收入中所占的分配份额。

② 如 Pitt 和 Lee（1981），Schmidt 和 Sickles（1984），Kumbkahar（1987），Battese 和 Coelli（1988）。

值得进一步扩展之处。第一，考虑在单边的技术无效率项中包含异方差。忽略异方差可能导致参数的非一致估计。[①] 第二，考虑在生产函数中包含时间的变化。忽略时间效应意味着对模型施加了生产函数不随时间变化而变化的过强假定。第三，考虑外生因素对技术无效率的影响时采取一步估计。以往的大量研究采用的是两步估计，即先估计出技术无效率项，再将技术效率与外生变量进行回归。但已有研究表明，两步回归的估计偏误非常明显，应该通过一步估计完成。[②] 另外，本研究未采取传统的 C－D 生产函数，而是采用超越对数（Trans-log）的生产函数形式予以估计。

具体而言，在 Battese 和 Coelli[③] 的模型基础上设定（7）～（10）式[④]。

$$Y_{it} = \beta_0 + F(t, X_{it};\beta) - U_{it} + V_{it} \tag{7}$$

$$U_{it} \sim N^{+}[\alpha_0 + Z_{it}{}'\alpha, exp(W_{u0} + Z_{uit}{}'W_u)] \tag{8}$$

$$V_{it} \sim \mathrm{N}^{+}(0, \delta_v{}^2) \tag{9}$$

---

① Kumbhakar S. Lien G. and Hardaker J.， “Technical Efficiency in Competing Panel Data Models：A Study of Norwegian Grain Farming”，*Journal of Productivity Analysis*，2014（2）.

② Battese G. and Coelli T.，“A model for Technical Inefficiency Effects in a Stochastic frontier Production Function for Panel Data”，*Empirical Economics*，1995（20）.

③ Battese G. and Coelli T.，“A model for Technical Inefficiency Effects in a Stochastic frontier Production Function for Panel Data”，*Empirical Economics*，1995（20）.

④ 对模型的设置需要作出如下两点补充说明：一是技术无效率项中并未加入时间项，其原因是无效率项的估计是高度非线性的，变量之间的过大方差差距导致估计出现非连续的情形，这与 Battese and Coelli 的情形并不相同，因此本研究假设了技术无效率并不随时间改变；二是未考虑残差项的异方差问题，Wang 的研究表明在已经考虑无效率项异方差的情形下，是否考虑残差项的异方差对估计结果不会有明显影响，两者的估计结果是高度一致的，因此为了尽量简化模型和估计，对残差项的异方差问题予以忽略。Battese G. and Coelli T.，“A model for Technical Inefficiency Effects in a Stochastic frontier Production Function for Panel Data”，*Empirical Economics*，1995（20）；Wang H. and Schmidt P.，“One-Step and Two-Step Estimation of the Effects of Exogenous Variables on Technical Efficiency Levels”，*Journal of Productivity Analysis*，2002（18）.

$$F(T,X_{it};\beta) = \beta_1 \ln K + \beta_2 \ln L + \beta_3 (\ln K)^2 + \beta_4 (\ln L)^2 + \beta_5 (\ln K \times \ln L) + \beta_6 t \quad (10)$$

其中，K 为资本存量，L 为劳动力数量，t 为时间虚拟变量向量①，Z 为影响因素变量。

三　国有股权占比对企业绩效的影响

（一）变量与模型

从数量占比出发，考察国有股占比与企业效益的关系。其中，企业效益分为财务效益和技术效率两个维度。在已有样本的基础上，根据不同维度设计相应模型和变量。

1. 基于财务效益的分析模型

因变量：财务效益，包括资产净利率和劳动生产率。其中，资产净利率直接来自企业财务年报，并采用经过 TTM 调整的资产净利率②；财务报表中并未直接提供劳动生产率的数据。劳动生产率为企业增加值与劳动力人数的比值，因此需要先计算企业增加值。③ 本研究采用分配法计算企业当年的增加值，即固定资产折旧、劳动者报酬、生产税净额与营业盈余之和。根据企业年报提供的数据，分别从资产负债表、利润表和现金流量表中找出对应项进行核算。劳动力人数选取企业当年的在职职工人数。

自变量：国有股占比。用国有股数量与企业总股本数量的比

① 时间进入模型有两种方式，即多个虚拟变量和一个离散变量。在（9）式中是按照前一种方式进入的，后文检验发现两种方式对估计结果没有影响。

② TTM 即 Trailing Twelve Months，包含连续 12 个月的统计数据。

③ 通常有两种计算方法，即生产法和分配法。

值表示，反映公司股权结构特征。另外，还通过设置虚拟变量的方法，对国有股占比进行离散型刻画，即根据国有股占比的不同，将企业分为国有股占比大于50%、国有股占比为0~50%和国有股占比等于0三类。同时选取如下控制变量：企业规模，用企业当年总资产的自然对数值表示；企业年龄，自企业成立时算起。为了适当控制企业在股权结构其他方面的异质性特征，利用Z指数和股权集中度两项指标予以刻画，其中Z指数即公司第一大股东与第二大股东持股比例的比值，用来反映企业股权力量差异；股权集中度，用前十大股东持股数量占企业总股本数量的比值表示。考虑到企业财务效益与其盈利能力、偿债能力和周转能力密切相关，参考已有相关研究，选取了速动比率、产权比率和存货周转率三项指标进入控制变量。另外，考虑到在竞争性行业中仍存在显著的行业差异，设置了行业虚拟变量。由于房地产、建筑、批发零售、化学原料、运输设备等20个行业已经占总样本的85%以上，主要对这些行业进行了控制。模型中还添加了时间变量控制时间效应。表1给出了所有变量的名称、计算方法和英文字符。

表1　主要变量定义一览

变量名称	计算方法	英文字符
财务效益	资产净利率(%)=净利润/平均总资产×100%	ROA
	劳动生产率=企业增加值/劳动力人数	PROD
国有股占比	国有股数/总股数	STATE_S
企业类型	虚拟变量,分别表示国有股占比大于50%、国有股占比为0~50%两类	OWN1;OWN2

续表

变量名称	计算方法	英文字符
企业规模	总资产的对数	CONTROL
企业年龄	自成立年份算起	
股权力量差异系数	前两大股东持股数之比的对数	
股权集中度	前十大股东持股占比	
速动比率	（流动资产－存货）/流动负债	
产权比率	负债总额/流动负债	
存货周转率	主营业务成本/平均存货	
年份虚拟变量	对应实际年份	
行业虚拟变量	控制 20 个行业	

根据相关理论和具体变量的定义，设计如下回归模型。

$$\mathrm{PERFORMANCE}_{it} = \alpha_0 + \alpha_1 STATE\_S_{it} + \Theta\Sigma CONTROL_{it} + \mu_{it} \tag{11}$$

$$\mathrm{PERFORMANCE}_{it} = \beta_0 + \beta_1 OWN1_{it} + \beta_2 OWN2_{it} + \Phi\Sigma CONTROL_{it} + v_{it} \tag{12}$$

其中，PERFORMANCE 为因变量，可以分别表示 ROA 和 PROD 两项指标。CONTROL 为表 1 中所列控制变量构成的列向量，Θ 和 Φ 分别为列向量前的系数行向量，其余字母代表系数和误差项。

2. 基于技术效率的分析模型

在生产函数中，实际产出用主营业务收入度量，投入包括资本与劳动两类要素，其中资本、劳动分别用企业年报中的总资产额和在职职工人数度量。三项均以对数形式进入超越对数形式的生产函数，同时纳入时间项。另外，假设单边误差项的异方差与均值均与国有股权占比相关。由于估计存在显著的非线性特征，仅根据式（11）与式（12）的估计结果选择若干变量予以适当控制。

（二）估计结果

1. 基于财务效益的分析结果

表 2 和表 3 分别给出了所有变量的描述性统计和相关系数矩阵。从表 2 的国有股占比可以看出，样本中的企业并不存在国有独资的情形，但存在国有股占比为 0 的情况。其中，国有股占比为 0 的企业存在四种可能的原因：一是这些企业自始至终是国有股占比为 0；二是国有股的进出幅度在若干连续年份较大，进出反复的频次较高；三是在上市初期国有股占比较大，但在企业发展过程中国有股比例不断下降直至为 0；四是仅在最后几年中国有资本进入企业。

表 2　变量的描述性统计

变量	观测值数	均值	标准差	最小值	最大值
1. 资产净利率	4383	2.7351	24.7342	-367.2979	1276.3390
2. 劳动生产率	4383	363088	1472772	-9843601	7.28E+07
3. 国有股占比	4383	0.1646	0.2255	0	0.8211
4. 企业类型 1	4383	0.4604	0.4985	0	1
5. 企业类型 2	4383	0.0116	0.1073	0	1
6. 企业规模	4383	21.8700	1.2292	17.2725	26.6466
7. 企业年龄	4383	13.6037	5.7670	5	70
8. 股权力量差异系数	4383	2.1402	1.4699	1	6.6628
9. 股权集中度	4383	0.5357	0.1504	0.0883	1
10. 速动比率	4383	0.0105	0.0164	0.0000	0.4992
11. 产权比率	4285	3.0292	28.5128	0.0017	1302.3610
12. 存货周转率	4341	23.6781	698.0332	0.0005	45256.3900

从表 3 可以看出，资产净利率与劳动生产率具有正相关关系，但相关系数并不高。这说明两者之间对企业绩效的反映具有较好的

表 3 变量相关系数矩阵

	1	2	3	4	5	6	7	8	9	10	11
1	1.0000										
2	0.2216	1.0000									
3	-0.0058	-0.0269	1.0000								
4	-0.0490	-0.0599	0.7928	1.0000							
5	0.0057	0.0539	-0.0771	-0.0985	1.0000						
6	0.143	0.1587	0.0846	0.0242	0.0042	1.0000					
7	-0.0021	0.0255	-0.2560	-0.1931	0.0272	0.0070	1.0000				
8	0.0078	0.0089	0.1203	-0.0565	0.0025	0.1166	-0.0885	1.0000			
9	0.1218	0.1223	0.3662	0.2043	-0.0324	0.2473	-0.1925	0.0476	1.0000		
10	0.1035	0.0116	0.0223	0.0228	-0.0096	-0.1074	-0.0406	-0.0387	0.0248	1.0000	
11	-0.0531	-0.0136	0.0035	0.0030	-0.003	-0.0355	0.0848	-0.0106	0.0023	-0.0369	1.0000
12	-0.0101	-0.0013	-0.0074	-0.0122	-0.0025	0.0096	0.0060	-0.0139	0.0152	0.0136	-0.0014

内在一致性，同时也测度了企业绩效的不同侧面。另外，国有股占比、企业类型 1 与资产净利率和劳动生产率存在负的相关关系，而企业类型 2 与资产净利率与劳动生产率存在正的相关关系。这为国有股权占比对企业绩效的影响提供了一个初步的统计性判断，即国有股权占比过高可能会降低企业绩效。而更严格的计量经济学检验需要通过估计式（7）和式（8）实现，表 4 给出了估计结果。

表 4 财务效益回归结果

因变量	ROA		PROD	
国有股占比	-1.4105* (0.7702)		-83960.66 (67202.21)	
国有股占比大于50%的企业		-1.2516*** (0.3348)		-45835.3 (29487.9)
国有股占比为 0 ~ 50%的企业		0.2505 (1.3373)		349830.3*** (115465)

续表

因变量	ROA		PROD	
企业规模	1.1523 *** (0.1693)	1.1686 *** (0.1697)	86911.81 *** (19694.23)	87210.05 *** (19682.93)
企业年龄	0.0196 (0.0364)	0.0224 (0.0365)	-521.336 (5391.306)	-529.7063 (5389.385)
股权力量差异系数	0.0713 (0.1118)	0.0211 (0.1116)	11345.87 (11489.66)	7502.848 (11459.51)
股权集中度	7.8166 *** (1.2202)	7.8337 *** (1.1984)	596854.4 *** (126980.9)	588986.8 *** (126018.1)
速动比率	58.0889 *** (10.0194)	59.0387 *** (10.0173)	846481.7 (901613.7)	877197.8 (900243)
产权比率	-0.0123 ** (0.0050)	-0.0124 ** (0.0050)	-57.5044 (408.5825)	-54.2564 (408.0173)
存货周转率	0.0002 (0.0002)	0.0002 (0.0002)	0.6766 (15.2234)	0.2239 (15.2078)
行业虚拟变量	Yes	Yes	Yes	Yes
时间虚拟变量	Yes	Yes	Yes	Yes
Wald 检验	285.97 ***	296.50 ***	216.54 ***	228.02 ***
R^2	0.086	0.089	0.119	0.121

注：括号内为对应系数的标准差；“ *** ”、“ ** ” 和 “ * ” 分别代表在 10%、5% 和 1% 水平上显著。模型通过了相关检验。限于篇幅，其他技术参数和虚拟变量、常数项均从略。下同。

通过回归结果可以得出如下结论。

一是国有股占比过高会降低企业的财务效益，但具有较低国有股占比的企业的劳动生产率较高。从以财务效益为因变量的式（11）来看，竞争性行业企业中国有股占比每提升 1 个百分点，会导致其资产净利率下降 0.0141 个百分点。从式（12）来看，国有股占比超过 50% 的企业的资产净利率比国有股占比为 0 的企业的资产净利率低 1.2516 个百分点。从以劳动生产率为因变量的式（12）来看，国有股占比为 0 ~ 50% 的企业的劳动生产率比其他两类企业都要高。

二是企业规模、股权集中度和企业偿债能力与企业效益正相关。综合式（11）和（12）的结果，企业规模每增长1个百分点，会提升企业资产净利率1.1523个或1.1686个百分点；企业股权集中度每提升1个百分点，会提升企业资产净利率0.0782个或0.0783个百分点；速动比率每提升1个百分点，会提升企业资产净利率0.5809个或0.5904个百分点；产权比率每降低1个单位，会提升企业资产净利率0.0123个或0.0124个百分点。

为了印证上述结论的稳健性，可以将企业主营收入（INCOME）作为因变量。表5给出了回归的具体结果。结果仍然支持了国有股占比过高降低企业财务效益，但具有相对较低国有股占比的企业的财务效益更好的结论。

表5　稳健性检验

因变量	INCOME	
国有股占比	-0.1490*** (0.0503)	
国有股占比大于50%的企业		-0.0605*** (0.0224)
国有股占比为0～50%的企业		0.1444* (0.0750)
企业规模	0.9140*** (0.0357)	1.1686*** (0.1697)
企业年龄	-0.0043 (0.0047)	-0.0042 (0.0046)
股权力量差异系数	0.0100 (0.0091)	0.0058 (0.0091)
股权集中度	0.2617*** (0.1130)	0.2479** (0.1131)
速动比率	-1.1880* (0.7028)	-1.2049*** (0.7172)

续表

因变量	INCOME	
产权比率	0.0001 (0.0002)	0.0001 (0.0002)
存货周转率	0.0000 *** (0.0000)	0.0000 *** (0.0000)
行业虚拟变量	Yes	Yes
时间虚拟变量	Yes	Yes
Wald 检验	7923.51 ***	8167.39 ***
R^2	0.805	0.805
观测值	4249	4249

注：括号内为对应系数的稳健标准差。第一列模型的 VIF 均值为 1.45，最大 VIF 值为 2.27；第二列模型的 VIF 均值为 1.43，最大 VIF 值为 2.25。

2. 基于技术效率的回归结果

表 6 给出了基于式（7）～（10）的技术效率估计结果。为了突出结论的稳健性和边际效应估计的可操作性，对 Z 列出了两种情况：第一种情况是 Z 仅包括国有股占比①；第二种情况是 Z 包括控制变量②。

表 6　技术效率回归结果

因变量	Y(主营业务收入)	
生产函数估计		
劳动力数量	-0.0153 (0.1803)	-0.8251 *** (0.1757)
资本存量	2.1524 *** (0.2671)	4.0304 *** (0.2620)

① 在模型中，若要在一步估计中计算外生变量对技术无效率的边际影响，需要保证进入单边无效率项均值的外生变量全部进入残差项。本研究仅将国有股占比变量进入残差项，因此仅在第一种情况下可以计算外生因素对技术无效率的无条件期望。

② 从表 4 和表 5 的估计结果可以看出，企业规模和股权集中度一直较为显著，且股权集中度与国有股占比具有更高的相关性，故将股权集中度纳入控制变量。

续表

因变量	Y（主营业务收入）	
劳动力数量（平方）	0.0129** （0.0050）	-0.0039 （0.0049）
资本存量（平方）	-0.0292*** （0.0072）	-0.0807*** （0.0070）
劳动力数量×资本存量	0.0037 （0.0101）	0.0511*** （0.0098）
技术无效率估计①		
国有股占比	30.0012*** （0.1107）	8.9805*** （0.5940）
股权集中度②	—	0.7401*** （0.0502）
Wald 统计量	15905.64***	15159.00***
观测值	4380	4380

注：限于篇幅，生产函数中包括的时间虚拟变量，有关技术参数和常数项均从略。下同。“①”限于篇幅，仅报告技术无效率 u 在截取前的均值估计，时间项、常数项和方差估计均予省略。下同。“②”为了使非线性估计下的极大似然估计可行，此处对该变量放大十倍。

表 6 显示国有股占比与股权集中度仍是显著的。但由于假设外生的影响变量因素也会影响技术无效率的方差项，且技术无效率的估计是非线性的，因此其系数不再代表边际效应，其符号也可能发生改变。① 为此，表 7 给出了其边际效应的估计值。

表 7　影响因素对技术无效率的边际效应

项目	AVERAGE		STATE_S < 0.3		STATE_S > 0.5	
国有股占比	-3.5602 （2.6330）	-2.2090 （3.1853）	-4.9111*** （1.7461）	-3.0584 （3.2964）	0.0059 （0.6085）	0.3516 （1.7391）
股权集中度①	—	-0.4367 （0.5859）	—	-0.5928 （0.6194）	—	0.0154 （0.1463）

注：“①”为了使非线性估计下的极大似然估计可行，此处仅对该变量放大十倍。

① Wang H.，“Heteroskedasticity and Non-monotonic Efficiency Effects of a Stochastic Frontier Model”，*Journal of Productivity Analysis*，2002（18）.

表 7 说明在全样本的情况下，国有股占比对技术无效率具有负效应，但并不显著。这表明样本内的确存在非单调效应的情形，进一步将国有股占比划分为小于 0.3 和大于 0.5 两个区间[①]，可以看出仅在国有股占比较低的情形下，国有股占比对技术效率才有显著的正效应。但在加入控制变量后这一效应也有所减弱，但系数符号未发生方向性变化。所有模型通过了相关检验（稳健标准差、信息准则和似然比检验等）。

通过上述分析可以得出如下结论。

一是资本存量对产出具有非线性影响。从生产函数的估计可以看出，资本存量对企业产出具有显著的倒“U”形关系。而劳动力数量对产出也有明显贡献，但对于其贡献是通过独立渠道还是通过与资本结合的渠道形成尚不明确。

二是过高的国有股占比会降低企业的技术性效率。从影响因素对技术无效率的边际效应估计可以看出，国有股占比对技术无效率呈现非单调性特征，导致全样本估计下国有股占比仅体现出方向性影响。即当国有股占比较低时（例如小于 0.3），国有股占比对技术效率具有显著的促进作用。此时国有股占比每提高 1 个百分点，会使技术无效率的期望值下降 0.0491 个百分点。而当国有股占比较高时（例如大于 0.5），国有股占比对技术效率仅呈现方向性的制约作用。

四　国有股“一股独大”对企业绩效的影响

研究混合所有制中不同性质资本的互动，必须关注国有股

① 选取大于 0.5 的区间是因为它意味着国有股具有绝对控股权力，而小于 0.3 时意味着国有企业可能在重大表决权上丧失主导权（根据《公司法》规定，董事会重大事项表决需要至少三分之二的支持）。

“一股独大”问题。国有股“一股独大”会影响企业内部的管理机制并扭曲激励机制，对改善企业内部治理形成了重大挑战。而国有股占比并不能充分刻画国有股“一股独大”[①]。目前，对于“一股独大”中“股”仍存在不同看法：一种意见将“股”理解为同一性质的股份，按照这种理解，国有股“一股独大”就是一个企业内所有国有股东股份的加总；另一种意见将“股”理解为某一位股东，按照这种理解，国有股“一股独大”就是一个企业内持有国有股的某一股东的股份具有绝对或相对优势[②]。本研究按照后一种理解来处理国有股“一股独大”问题。

（一）国有股控制力

1. 国有股控制力的定义

仅从国有股占比进行分析还不足以反映国有资本与其他性质资本在企业内的互动情况，更为重要的是，国有股在企业内部的控制力。设想如下两种基本情况：一种是企业内的第一大股东为国有股股东，其持有企业30%的股权，其余股东为大量非国有股股东，但股权极度分散；另一种是企业内的第一大股东为国有股股东，其持有企业55%的股权，其他股东仅有1个非国有股股东。上述两种情况反映了一个基本事实，即第一大国有股股东的股权占比并不能很好地反映国有股的控制力，其他股权的分散程度也是非常重要的因素。基于上述考虑，本文构造股权控制力变量，用第一大股东所持股比的平方除以前五大股东持股比例的平方和[③]度量。表8列出了新增变量的具体定义。

---

① 事实上，即使企业内的国有股占比较低，仍有可能产生国有股“一股独大”问题。

② 也有研究将其称为“一家独大”。

③ 通常也将其称为股东的赫芬达尔指数。

表 8　变量定义

变量名称	计算方法	英文字符
股权控制力	第一大股东股比平方/前五大股东股比平方和	CONT
第一大股东性质	虚拟变量。若第一大股东为国有股股东，则为“1”，否则为“0”。	BIG
国有股控制力	股权控制力 × 第一大股东性质	STATE_C

根据表 8 所示定义，可以得出基于国有股一股独大的国有股控制力计算公式，即国有股控制力 = 股权控制力 × 第一大股东性质。由此，以财务效益为因变量，设计回归式（13）；以技术效率为对象，在将 Z 中的国有股占比替换为表 6 中的变量的前提下，仍沿用式（7）~（10）。

$$\mathrm{PERFORMANCE}_{it} = \alpha_0 + \alpha_1 CONT_{it} + \alpha_2 BIG_{it} + \alpha_3 STATE\_C_{it} + \Theta\Sigma CONTROL_{it} + \mu_{it} \tag{13}$$

2. 结果分析

表 9 给出了表 8 中变量的描述性统计。

表 9　变量的描述性统计

变量	观测值数	均值	标准差	最小值	最大值
第一大股东性质	4383	0.4050	0.4909	0	1
股权控制力	4383	0.8761	0.1713	0.2063	1
国有股控制力	4383	0.3596	0.4483	0	1

由于估计结果显示，式（13）中的国有股控制力变量并不显著[①]。因此在相应的模型设定条件下，国有股控制力并未对企业财务效益造成显著影响。表 10 给出了技术效率的回归结果。

① 限于篇幅，对于关键变量不显著的回归结果并未予以列表报告。

表 10 技术效率回归结果*

因变量	Y（主营业务收入）
生产函数估计	
劳动力数量	-0.5713*** （0.1770）
资本存量	2.2169*** （0.2576）
劳动力数量（平方）	-0.0174*** （0.0049）
资本存量（平方）	-0.0346*** （0.0069）
劳动力数量×资本存量	0.0251** （0.0098）
技术无效率估计	
第一大股东性质	-2.3805 （10.8737）
股权控制力	-100.148*** （13.8845）
国有股控制力	99.7595*** （13.8855）
Wald 统计量	15358.72***

注："*"包含所有控制变量的模型未通过稳健性检验，故不予报告。

表 10 显示股权控制力、国有股控制力在模型中仍是显著的。同理，由于假设外生的影响变量因素也会影响技术无效率的方差项，且技术无效率的估计是非线性的，其系数不再代表边际效应，其符号也可能发生改变。① 表 11 给出了其边际效应的估计值。

表 11 说明在全样本的情况下，第一大股东性质对技术无效率具有显著的负影响；股权控制力与国有股控制力虽并不显著，但存在截然相反的方向性影响，其中国有股控制力对技术无效率的影响

① Wang H. and Schmidt P., "One-Step and Two-Step Estimation of the Effects of Exogenous Variables on Technical Efficiency Levels", *Journal of Productivity Analysis*, 2002 (18).

为负。为了考察可能存在的非单调效应，仍根据国有股占比分别考察国有股占比小于0.3和大于0.5的两个区间。发现国有股占比小于0.3时，国有股控制力对技术无效率的影响并不显著，而国有股占比大于0.5时，三个变量都非常显著，国有股控制力的增强提升了技术无效率，从而对企业的技术效率提升产生抑制，即模型通过了相关检验（稳健标准差、信息准则和似然比检验等）。

表11　影响因素对技术无效率的边际效应

项目	AVERAGE	STATE_S < 0.3	STATE_S > 0.5①
第一大股东性质	-5.0212** (2.6330)	-5.9451*** (3.1853)	-2.6216*** (1.0138)
股权控制力	-40.4497 (49.2554)	-19.5690 (39.9052)	-94.7634*** (22.6165)
国有股控制力	39.6601 (49.5862)	18.6392 (40.1733)	94.3383*** (22.7704)

注："①"该结论在STATE_ S > 0.3的情形下也是成立的。为了与前文一致，此处仍报告STATE_ S > 0.5的情形。

通过回归结果可以得出如下结论。

一是资本存量对产出具有非线性影响。从生产函数的估计可以看出，资本存量对企业产出具有显著的倒"U"形关系。而劳动力数量对产出也有明显影响，但同时包含直接贡献和与资本结合的间接贡献。所得结论与上一部分基本一致。

二是股权控制力会提升企业技术效率，但国有股控制力的增强会降低企业技术效率。从影响因素对技术无效率的边际效应估计可以看出，股东性质对企业技术无效率具有显著影响，即第一大股东为国有股股东的企业，其技术效率比其他企业的技术无效率低5.0212。国有股控制力提升会降低企业技术效率：与第一大股东为非国有股东的企业相比，在其他条件不变的情况下[①]，第一大股东为国有股东会导致技术无效率提升 80.0282。

（二）股权性质与股权制衡

1. 股权的制衡组合

国有股控制权的实证分析说明了国有股控制权的增加会降低企业技术效率。因此，研究如何通过对国有股控制权实施有效制衡来防止国有股控制权的增加就显得十分重要。国有股控制权衡量了股东之间的股比分散程度，但仅通过该变量还无法深入剖析股东性质与国有股控制力的制衡问题。

表 12 显示了在同一企业内部，根据所有制性质的不同，第一大和第二大股东之间可能存在的若干种制衡关系。

表 12　不同所有制股权的制衡组合

国有股东 国有股东	国有股东 非国有股东
非国有股东 非国有股东	非国有股东 国有股东

除了存在一个绝对控股股东，且其他股权极度分散的情况外，在大多数情况下都存在两大股东之间的制衡[②]。发展混合所有制经济的重要目的之一就是通过引入不同所有制性质的资本，实现不同资本间的优势互补。而非国有资本带来的重要优势之一就是市场

① 即保持股权控制力不变，此处结果是根据其样本均值 0.8761 计算而得。

② 由于两大股东之间的制衡是其他形式制衡的基础，更多股东的制衡问题很容易从此得到拓展。

化、规范化的企业治理。在竞争性行业，国有企业改革经历了从国有独资到国有绝对控股，再逐步形成国有相对控股，甚至最后形成完全民营控股的过程，实际上也包含了上述四种制衡组合。

2. 不同制衡组合对企业绩效的影响分析

理论表明，四种制衡组合对绩效的潜在影响可能是不同的。一般而言，国有控股企业治理会较为僵化，因此在两大股东均为国有股东的情况下，企业治理结构可能很难满足市场要求，这种治理结构下的企业绩效也会相对较差。当第二大股东变成非国有股东时，企业治理结构和经营会有所改善，但仍难免国有股“一股独大”的情况，此时企业的内部人控制和不同性质资本的碰撞问题也会比较突出。当股东的市场化程度越高，企业治理结构就越会向规范化方向发展。当然，上述理论逻辑在不同的情境下可能存在不同的结论，因此有必要通过样本实证考察不同性质资本的股权制衡带来的绩效差异。

为了考察不同制衡组合对企业绩效的影响，结合已有分析框架，设计虚拟变量分别表示不同性质股权的组合，再利用股权力量差异系数构造不同性质股权的制衡组合。表 13 给出了变量的具体定义。

表 13　变量定义

变量名称	计算方法	英文字符
制衡组合	第一、二大股东均为国有股东则为“1”，否则为“0”	BALANCE1
	第一、二大股东分别为国有和非国有股东则为“1”，否则为“0”	BALANCE2
	第一、二大股东分别为非国有和国有股东则为“1”，否则为“0”	BALANCE3
股权制衡	三个制衡组合变量与股权力量差异系数的交叉项	ZBALANCE1 ZBALANCE2 ZBALANCE3

仍以财务效益和技术效率为企业绩效变量，构造相应模型。其中以财务效益为因变量的计量模型为式（14）；以技术效率为分析对象，将 Z 中的国有股占比替换为表 14 中的变量，仍沿用式（7）~（10）。表 14 给出了相应变量的描述性统计结果。

$$\mathrm{PERFORMANCE}_{it} = \alpha_0 + \alpha BALANCE_{it} + \beta ZBALANCE_{it} + \Theta\Sigma CONTROL_{it} + \mu_{it} \quad (14)$$

表 14　变量的描述性统计

变量	观测值数	均值	标准差	最小值	最大值
BALANCE1	4383	0.0983	0.2978	0	1
BALANCE2	4383	0.3066	0.4612	0	1
BALANCE3	4383	0.0424	0.2016	0	1
ZBALANCE1	4383	0.1288	0.5134	0	6.0439
ZBALANCE2	4383	0.8064	1.4842	0	6.6628
ZBALANCE3	4383	0.0394	0.2347	0	3.3621

式（14）中的制衡组合与股权制衡变量并不显著[①]。因此在相应的模型设定条件下，不同性质股权的制衡组合并未对企业财务效益造成显著影响。表 15 给出了技术效率的回归结果。

尽管表 15 显示部分股权组合和制衡变量在模型中并不显著，但考虑到交互效应估计中应该包括交互项及其构成项，因此在估计中仍将其纳入[②]。同理，假设外生的影响变量因素也会影响技术无效率的方差项，且技术无效率的估计是非线性的，因此其系数不再

① 限于篇幅，对于关键变量不显著的回归结果并未予以列表报告。

② 有些变量在技术无效率的截取前的均值估计中不显著，但是在技术无效率的方差项估计中显著，因此需要将其保留。

代表边际效应，其符号也可能发生改变。① 表 16 分别给出了其边际效应的估计值。

表 15 技术效率回归结果 *

因变量	Y(主营业务收入)
生产函数估计	
劳动力数量	-0.4667*** (0.1686)
资本存量	2.2523*** (0.2519)
劳动力数量(平方)	0.0075 (0.0047)
资本存量(平方)	-0.0357*** (0.0067)
劳动力数量×资本存量	0.0287*** (0.0094)
技术无效率估计	
股权力量差异系数	-0.0358 (0.0248)
股权组合 BALANCE1	0.0068 (0.0819)
股权组合 BALANCE2	-0.0900 (0.0663)
股权组合 BALANCE3	-0.0527 (0.1029)
股权制衡 ZBALANCE1	0.0163 (0.0379)
股权制衡 ZBALANCE2	0.0088 (0.0265)
股权制衡 ZBALANCE3	-0.0166 (0.0747)
Wald 统计量	17480***

注："*" 在包含所有控制变量和制衡组合的情形下，模型估计的求导过程遇到不连续的断点使得估计无法进行，因此模型的控制变量中仅包括了股权制衡变量。

① Wang H. and Schmidt P., "One-Step and Two-Step Estimation of the Effects of Exogenous Variables on Technical Efficiency Levels", *Journal of Productivity Analysis*, 2002 (18).

表 16　影响因素对技术无效率的边际效应

项目	AVERAGE	STATE_S < 0.3	STATE_S > 0.5
股权力量差异系数	-0.0043 (0.0274)	0.0065 (0.0239)	-0.0320 (0.0121)
股权组合 BALANCE1	-0.2002 (0.1817)	-0.2720* (0.1590)	-0.0174 (0.0801)
股权组合 BALANCE2	-1.9378 (1.6233)	-2.5798* (1.4212)	-0.3047 (0.7155)
股权组合 BALANCE3	-0.4906 (0.3849)	-0.6428* (0.3370)	-0.1034 (0.1696)
股权制衡 ZBALANCE1	-0.2370 (0.2223)	-0.3250* (0.1946)	-0.0133 (0.0980)
股权制衡 ZBALANCE2	-0.0816 (0.0793)	-0.1130 (0.0694)	-0.0018 (0.0350)
股权制衡 ZBALANCE3	-0.0853 (0.0605)	-0.1093** (0.0530)	-0.0245 (0.0266)

表 16 显示在全样本情况下，股权力量差异、股权组合和股权制衡对技术无效率并没有产生显著影响，仅呈现负相关的方向性影响。为了剥离这种非单调影响带来的叠加，仍针对国有股权占比小于 0.3 和大于 0.5 两个区间进行考察。结果显示，在国有股权占比小于 0.3 的情况下，三种股权组合与制衡均对技术无效率产生显著影响。模型通过了相关检验（稳健标准差、信息准则和似然比检验等）。

通过回归结果可以得出如下结论。

一是资本存量对产出具有非线性影响。从生产函数的估计可以看出，资本存量对企业产出具有显著的倒“U”形关系。与前文的估计相比，劳动力数量对产出的影响并不稳健。

二是不同性质股权的制衡组合对企业技术效率具有显著差异，前两大股东依次为国有股与非国有股股东的企业比前两大股东均为国有股股东的企业具有更高的技术效率。从估计结果来看，当国有股占比小于0.3的情况下，若保持其他条件不变[①]，与第一、第二大股东均为非国有股东的股权组合相比，三类股权组合企业的技术无效率要依次低0.9676、2.5798和0.8767。这一结论表明，在国有股并不具备绝对控制权时，国有股处于第一大股东地位对企业技术效率是有利的，且第二大股东为非国有股东时企业的技术效率会进一步提升。

（三）最终控制人性质与国有股占比

上述讨论分析了不同性质资本在混合所有制企业中的互动作用，从数量和控制两个角度予以分别考察。但这些考察仍是基于公司的第一层控制权[②]。随着杠杆控制下的所有权与控制权分离成为除英、美之外大量地区的常见形式（Claessens，Djankov and Lang，2000；Faccio and Lang，2002），最终控制人的重要性也异常突出。将研究进一步扩展至最终控制人，并分析最终控制人性质与国有股占比的关系，有助于进一步深入考察混合所有制企业中不同性质资本的互动，从企业控制的最终层面分析国有性质资本对企业绩效的影响。

1. 最终控制人的性质

将最终控制人分为民营企业、国有企业、非企业单位和自然人。其中，民营企业包括集体所有制企业、港澳台资企业和外国企业；非企业单位包括国有机构、开发区、事业单位、外国政府、自

① 即保持股权力量差异系数不变，此处结果是根据其样本均值2.1402计算而得。

② 即公司的直接股东。

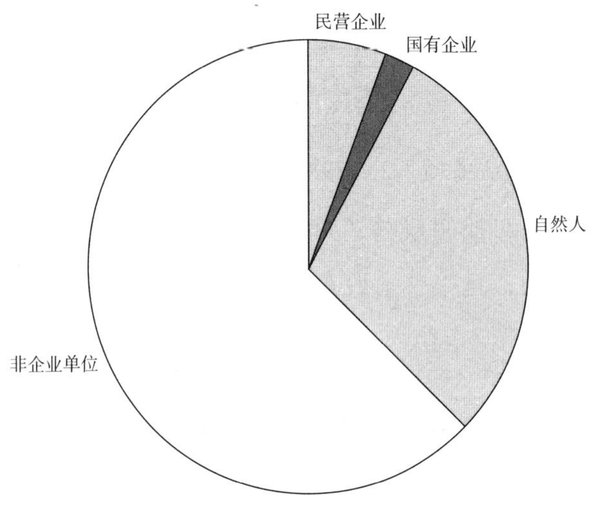

图 1　四类最终控制人的比例分布

治组织五类组织；自然人包括中国公民、外国公民和无国籍人士[①]。根据 487 个样本的 4360 个有效观测值[②]，图 1 呈现了四类最终控制人在样本中所占的比重，其中非企业单位成为最终控制人的比重最大（62.39%），而作为企业和自然人的市场化主体成为最终控制人的比例较低（分别为 29.75% 和 5.53%）。

2. 最终控制人与国有股占比

发展混合所有制企业，关键是实现不同性质资本的相互融合。在混合的初始阶段，企业最终控制人发生变化的可能性并不大。只有随着混合程度的不断提升，企业最终控制人才可能发生逐步变化。因此，不同性质资本互动的深层次特征即在最终控制人暂未变化的情况下特定所有制性质股份的数量出现变化。考察这一变化对

① 各子类别的定义与国泰君安数据库给出的定义完全一致。

② 有 23 个观测值的最终控制人信息缺省。

企业绩效的影响，有助于动态地认识和理解混合所有制企业绩效。考虑到当前推动国有企业发展混合所有制经济构成了混合所有制经济改革的重要组成部分，而且非企业单位作为最终控制人在样本中的大量存在，因此有必要分析在国有实际控制下非国有股比重变化对混合所有制企业绩效的影响。

为了考察最终控制人性质及非国有股比重变化对混合所有制企业绩效的影响，结合已有分析框架，设计虚拟变量将最终控制人划分为两类，即国有最终控制人和非国有最终控制人。其中，国有最终控制人包括前述分类中的国有企业和非企业单位[①]；非国有最终控制人包括前述分类中的民营企业和自然人。同时，利用国有股占比变量与其相乘构造交叉项[②]。表 17 给出了变量的具体定义。

表 17　变量定义

变量名称	计算方法	英文字符
最终控制人性质	国有最终控制人取值为“1”,否则为“0”	ULTIMATE
—	最终控制人性质 × 非国有股占比	ULTIMATENON

仍以财务效益和技术效率为企业绩效变量，构造相应模型。其中以财务效益为因变量的计量模型为式（15）；以技术效率为分析对象，将 Z 中的国有股占比替换为表 17 中的变量，仍沿用式（7）~（10）。表 18 给出了相应变量的描述性统计结果。

$$\begin{aligned}\mathrm{PERFORMANCE}_{it} = {} & \alpha_0 + \alpha_1 ULTIMATE_{it} + \alpha_2 NONSTATE\_S_{it} + \\ & \alpha_3 ULTIMATENON_{ij} + \Theta\Sigma CONTROL_{ij} + \mu_i\end{aligned} \qquad (15)$$

① 样本中并不存在最终控制人为外国政府的情况。

② 国有股占比与非国有股占比存在两者之和为 1 的线性关系，因此可以直接利用国有股占比数量进行计算。

表 18　变量的描述性统计

变量	观测值数	均值	标准差	最小值	最大值
ULTIMATE	4383	0. 6439	0. 4789	0	1
NONSTATE_S	4383	0. 8354	0. 2255	0. 1788	1
ULTIMATENON	4383	0. 5014	0. 4194	0	1

最终控制人性质与国有股占比的相关系数为 0. 3374，说明两者具有一定的相关性但程度较低①。式（15）估计中的核心变量并不显著，说明在相应的模型假设下，最终控制人性质与国有股占比的组合并未对企业财务效益产生显著影响。表 19 给出了基于技术效率的估计。

表 19　技术效率回归结果*

因变量	Y(主营业务收入)
生产函数估计	
劳动力数量	-0. 1267 (0. 1785)
资本存量	2. 3120*** (0. 2637)
劳动力数量(平方)	0. 0148*** (0. 0071)
资本存量(平方)	-0. 0338*** (0. 0071)
劳动力数量×资本存量	0. 0077 (0. 0099)

① 一个主要原因可能是最终控制人利用杠杆控制等形式实现了所有权和控制权在相当程度的分离。

续表

因变量	Y(主营业务收入)
技术无效率估计	
最终控制人性质×非国有股占比	7.7015*** (2.7050)
非国有股占比	-32.6162*** (2.1603)
Wald 统计量	15573.95***

注："＊"在包含所有控制变量的情形下，模型估计的求导过程遇到不连续的断点使得估计无法进行，因此模型的控制变量中仅包括了本节关心的三项核心自变量（即表15中的国有股占比、最终控制人性质及其两项构成的交叉项）。

由于表18中的变量中存在高度相关的变量，为了避免严重共线性对估计的干扰[①]，在回归中舍去了最终控制人性质变量，仅将非国有股占比和交叉项纳入模型中。估计结果显示，相关变量均十分显著。表20给出了主要影响因素变量的边际效应估计值。

表20　影响因素对技术无效率的边际效应

项目	AVERAGE	STATE_S<0.3	STATE_S>0.5
非国有股占比	2.8215 (2.5721)	3.9612*** (1.4799)	-0.4060 (3.5178)
最终控制人性质×非国有股占比	-0.0517 (0.3178)	-0.0941* (0.0532)	0.1116 (0.8301)

表20显示，在全样本情况下，非国有股占比和交叉项并未对企业技术效率产生显著影响。类似地，仍根据国有股权占比将样本划分为若干个子样本，主要关注国有股占比小于0.3和国有股占比大于0.5两个子样本。结果显示，在国有股占比小于0.3的情况

① 此时VIF值大于10，说明多重共线性问题较为严重，为此舍去了其中一个截距项。

下，非国有股占比与交叉项对企业技术效率产生显著影响。模型通过了相关检验（稳健标准差、信息准则和似然比等）。

根据回归结果可以得出如下结论。

一是当国有股占比较低时，非国有股占比提升会降低技术效率。模型结果显示，对最终控制人为非国有单位的企业而言，当国有股占比低于0.3时，每提高非国有股占比1个百分点，会导致企业的技术无效率提升0.0396个百分点。这一结论也意味着，当国有股占比已经较低的情况下，仍继续提升非国有股的占比，对企业提升技术效率是不利的，进而为发展混合所有制企业提供了间接支撑。

二是当国有股占比较低时，国有最终控制人降低了企业的技术无效率。模型结果显示，在国有股占比低于0.3的情况下，最终控制人为国有单位的企业的技术无效率会比最终控制人为非国有单位的企业要低0.0786。

五　研究结论与政策含义

（一）研究结论

1. 国有股占比过高会降低企业绩效，但具有较低国有股占比的企业的劳动生产率较高

国有股占比与企业绩效密切相关。对财务效益而言，控制其他条件的情况下，竞争性行业企业中国有股占比每提升1个百分点，会导致其资产净利率下降0.0141个百分点。国有股占比超过50%的企业的资产净利率比国有股占比为0的企业的资产净利率低

1.2516个百分点。国有股占比为0～50%的企业的劳动生产率比其他两类企业都要高。对技术效率而言，过高的国有股占比会降低企业的技术性效率。从影响因素对技术无效率的边际效应估计可以看出，国有股占比对技术无效率呈现非单调性特征。在控制其他条件的情况下，当国有股占比较低时（例如小于0.3），国有股占比对技术效率具有显著的促进作用；国有股占比每提高1个百分点，会使技术无效率的期望值下降0.0491个百分点。

2. 国有股占比过高时，国有股的控制力增强会降低企业的技术效率

国有股的控制对企业的技术效率具有显著影响。从影响因素对技术无效率的边际效应估计可以看出，股东性质对企业技术无效率具有显著影响，即第一大股东为国有股股东的企业，其技术效率比其他企业的技术无效率低5.0212。国有股控制力提升会降低企业技术效率：与第一大股东为非国有股东的企业相比，在其他条件不变的情况下[①]，第一大股东为国有股东会导致技术无效率提升80.0282。

3. 不同性质股权的制衡组合对企业绩效具有显著差异，前两大股东依次为国有股与非国有股股东的企业比前两大股东均为国有股股东的企业具有更高的技术效率

不同性质股权的制衡组合对企业技术效率具有显著差异。从估计结果来看，当国有股占比小于0.3的情况下，若保持其他条件不变，与第一、第二大股东均为非国有股东的股权组合相比，三类股权组合企业的技术无效率要依次低0.9676、2.5798和0.8767。因

① 即保持股权控制力不变，此处结果是根据其样本均值0.8761计算而得。

此，前两大股东依次为国有股和非国有股股东的制衡组合带来的技术效率最高。这一结论表明，在国有股并不具备绝对控制权时，国有股处于第一大股东地位对企业技术效率是有利的，且第二大股东为非国有股东时企业的技术效率会进一步提升。

4. 国有股占比较低时，国有最终控制人能提升企业技术效率，而非国有股占比提升会降低技术效率

企业最终控制人性质及不同性质股权占比对企业技术效率具有显著差异。一是当国有股占比较低时，非国有股占比提升会降低技术效率。模型结果显示，对最终控制人为非国有单位的企业而言，当国有股占比低于0.3时，每提高非国有股占比1个百分点，会导致企业的技术无效率提升0.0396个百分点。这一结论也意味着，当国有股占比已经较低的情况下，仍继续提升非国有股的占比，对企业提升技术效率是不利的，进而为发展混合所有制企业提供了间接支撑。二是当国有股占比较低时，国有最终控制人降低了企业的技术无效率。模型结果显示，当国有股占比低于0.3的情况下，最终控制人为国有单位的企业的技术无效率会比最终控制人为非国有单位的企业要低0.0786。

（二）政策含义

本研究的关键政策含义有二：一是发展混合所有制企业对于提升企业绩效有促进作用；二是发展混合所有制企业，不仅要适当降低国有股占比，更要解决国有股“一股独大”问题。

1. 发展混合所有制企业对于提升企业绩效有促进作用

研究结果显示，过高的国有股占比对企业提升绩效不利，而保持适度国有股占比的企业在劳动生产率、技术效率等方面具有显著优势。同时，在国有股并不具备绝对控制权时，国有股处于第一大股东地位对企业技术效率是有利的，而且第二大股东为非国有股东会进一步提升企业的技术效率。另外，追求国有资本从竞争性领域全部退出会降低企业的技术效率。当国有股占比已经处于较低水平时，继续提升非国有股占比对企业的技术效率呈现显著的负向作用。

上述结果表明，在同一企业内发展国有股不具备绝对控制力的混合所有制企业对提升企业财务效益和技术效率是有益的。过分追求国有股占据绝对主导地位和要求国有股从所有竞争性企业退出都不利于企业绩效提升。

2. 发展混合所有制企业需要降低国有股占比并解决国有股“一股独大”的问题

发展混合所有制企业的核心是不同性质资本在同一企业内的融合，通过各种所有制资本取长补短、相互促进、共同发展来提升企业绩效。大量研究表明，国有股占比对企业提升绩效不利；社会也对应该降低国有股占比达成了共识。因此，大量观点认为发展混合所有制企业就应以降低国有股占比为主要内容。

本研究深入讨论了混合所有制企业内不同所有制资本的互动关系，认为仅解决国有股占比过大还不足以实现发展混合所有制企业的目的，关键是要解决国有股“一股独大”问题。为此，可以从降低股权控制力、形成有效制衡机制着手。一是适当减弱国有股的股权控制力。减弱国有股的股权控制力，除了降低国有股占比外，应适当提高其他股东的持股比例，使股权结构的集中度适度提升。需要说明的是，减弱企业国有股的控制力与提升整个国有经济的控制力并不矛盾。国有经济的控制力应体现在国有资本向关键领域的集中，而本文所指涉的是需要在竞争性行业减弱企业国有股的控制力。二是通过不同资本融合形成更有效的制衡机制。在国有股股东为企业第一大股东且其他股权非常分散的情况下，企业的技术效率会进一步降低，因此在降低国有股占比的同时还要更注重形成有效的制衡机制。除了适当提高除第一大股东外的股权集中度外，还应引入不同所有制性质且具备一定所有权的股东。尤其是在国有企业内引入非国有的第二大股东，这有助于形成更有效的制衡机制。

（执笔：张铭慎、曾铮）

参考文献

[1] 郝书辰：《不同股权结构的国有企业治理效率比较研究——以山东省为例》，《中国工业经济》2011 年第 9 期。

[2] 白重恩、路江涌、陶志刚：《国有企业改制效果的实证研究》，《经济研究》2006 年第 8 期。

[3] 刘小玄：《民营化改制对中国产业效率的效果分析——2001 年全国普查工业数据的分析》，《经济研究》2004 年第 8 期。

[4] 贺聪、尤瑞章：《中国不同所有制工业企业生产效率比较研究》，《数量经济技术经济研究》2008 年第 8 期。

[5] 方军雄：《所有制、市场化进程与资本配置效率》，《管理世界》2007 年第 11 期。

[6] 陈晓、江东：《股权多元化、公司业绩与行业竞争性》，《经济研究》2000 年第 8 期。

[7] 孙兆斌：《股权集中、股权制衡与上市公司的技术效率》，《管理世界》2006 年第 7 期。

[8] 黄建山、李春米：《股权结构、技术效率与公司绩效：基于中国上市公司的实证研究》，《经济评论》2009 年第 3 期。

[9] 魏志华、王毅辉、李常青：《股权结构、行业竞争性与公司绩效——基于产

出效率角度的经验证据》，《上海立信会计学院学报》2009 年第 3 期。

[10] Chen G. , Firth M. and Xu L. et al. , "Does the Type of Ownership Control Matter? Evidence from China's Listed Companies", *Journal of Banking and Finance*, 2009 (33).

[11] 李楠、乔榛：《国有企业改制政策效果的实证分析——基于双重差分模型的估计》，《数量经济技术经济研究》2010 年第 2 期。

[12] 陆挺、刘小玄：《企业改制模式和改制绩效》，《经济研究》2005 年第 6 期。

[13] Kang Y. and Kim B. , "Ownership Structure and Firm Performance: Evidence from the Chinese Corporate Reform", *China Economic Review*, 2012 (23).

[14] Vong P. I. and Trigueiros D. , "Reversal in the Relative Performance of State- and Legal Per-son-owned Companies during the Chinese Split Share Structure Reform", *Applied Economics*, 2014 (15)

[15] Xu X. and Wang Y. , "Ownership Structure and Corporate Governance in Chinese Stock Companies", *China Economic Review*, 1999 (10).

[16] 陈小悦、徐晓东：《股权结构、企业绩效与投资者利益保护》，《经济研究》2001 年第 11 期。

[17] 杜莹、刘立国：《股权结构与公司治理效率：中国上市公司的实证分析》，《管理世界》2002 年第 11 期。

[18] 刘小玄、李利英：《改制对企业绩效影响的实证分析》，《中国工业经济》2005 年第 3 期。

[19] Lin C. and Su W. , "Industrial Diversification, Partical Privatization and Firm Valuation: Evidence from Publicly Listed Firms in China", *Journal of Corporate Finance*, 2008 (4).

[20] Liao J. and Young M. , "The Impact of Residual Government Ownership in Privatized Firms: New Evidence from China", *Emerging Markets Review*, 2012 (13).

[21] 张文魁：《中国国有企业产权改革与公司治理转型》，中国发展出版社，2007。

[22] Driffield N. and Du J. , "Privatisation, State Ownership and Productivity: Evidence from China", *International Journal of the Economics of Business*, 2007 (2).

[23] Kumbhakar S. and Lovell C. , *Stochastic Frontier Analysis*, Cambridge: Cambridge University Press, 2000.

[24] Wang H. , "Heteroskedasticity and Non-monotonic Efficiency Effects of a Stochastic Frontier Model", *Journal of Productivity Analysis*, 2002 (18).

[25] Kumbhakar S. Lien G. and Hardaker J. , "Technical Efficiency in Competing Panel Data Models: A Study of Norwegian Grain Farming", *Journal of Productivity Analysis*, 2014 (2).

[26] Wang H. and Schmidt P., "One-Step and Two-Step Estimation of the Effects of Exogenous Variables on Technical Efficiency Levels", *Journal of Productivity Analysis*, 2002 (18).

[27] Battese G. and Coelli T., "A model for Technical Inefficiency Effects in a Stochastic frontier Production Function for Panel Data", *Empirical Economics*, 1995 (20).

附　表

附表 1　混合所有制改革成效部分代表性定量研究

研究文献	样本范围	使用指标、方法	基本结论
Xu and Wang (*China Economic Review*, 1999)	300 余家上市企业 1993 ~ 1995 年的数据	市净率、资产回报率、净资产收益率,线性回归	公司盈利能力与法人股比例正相关,与国家股、流通股比例负相关或不相关。劳动生产率随着国有股比重上升而下降,说明国有股的低效率
李增泉(《会计研究》,2000)	848 家上市公司 1998 年的数据	加权平均净资产收益率,线性回归	国家股权处于相对控股地位的企业业绩最佳(ROE 平均 10.91%),但当国家股权处于绝对控股地位时(即大于 50%),企业业绩最差(ROE 仅为 3.92%)
陈晓、江东(《经济研究》,2000)	电子电器、商业和公用事业三个行业 1995 年底前上市的 92 家 A 股公司 1996 ~ 1999 年的数据	相对净资产收益率、主营业务利润率,线性回归	法人股和流通股对企业业绩有正面影响、国有股有负面影响的预期只在竞争性较强的电子电器行业成立,在竞争性相对较弱的其他两个行业则不成立。为了使通过上市实现国有企业股权结构多元化的政策发挥所期望的作用,首先应尽量提高行业的竞争性
陈小悦、徐晓东(《经济研究》,2001)	深交所 1996 ~ 1999 年除金融行业的上市公司	净资产收益率、主营业务资产收益率,线性回归	第一大股东持股比例与企业绩效正相关,流通股比例与企业绩效负相关,国家股[①]和法人股与企业绩效之间的关系则不显著
杜莹、刘立国(《管理世界》,2002)	101 家 A 股上市公司 1998 年的数据	总资产收益率、经过修正的市净率,线性回归	国家股比例与公司绩效显著负相关,法人股比例与公司绩效显著正相关,流通股比例与公司绩效不存在显著相关性

续表

研究文献	样本范围	使用指标、方法	基本结论
徐晓东、陈小悦（《经济研究》，2003）	1997 年以前在中国上市的 508 家企业 1997 ~ 2000 年的数据	托宾 Q 值、股票收益率、资产收益率、主营业务资产收益率、现金流资产收益率、净资产收益率，线性回归	上市公司第一大股东的所有权性质不同，其公司业绩、股权结构和治理效力也不同。第一大股东为非国家股股东的公司有着更高的企业价值和更强的盈利能力
刘小玄（《经济研究》，2004）	第二次全国基本单位普查数据（2001 年）全部工业产业数据	产业销售收入，线性回归	国有企业对于效率具有明显的负作用，私营企业、股份企业和三资企业则都表现为积极的对于效率的正相关推动作用。对于改制企业的不同资本股权来说，个人资本普遍具有最显著的对于效率的正相关的积极效果，而国家资本则表现出十分显著的负相关的效果。相对于股份有限公司，股份合作或有限责任公司的劳动贡献率明显高于资本贡献率
Wei, Xie and Zhang（*Journal of Financial and Quantitative Analysis*, *2005*）	中国 1991 ~ 2001 年部分民营化的国有企业	托宾 Q 值，线性回归	国家和机构股与托宾 Q 值负相关，而外资持有股份与企业托宾 Q 值正相关
白重恩等（《经济研究》，2005）	1004 家上市企业 2000 年的数据	托宾 Q 值、经过修正的市值面值比，运用主元素分析法构建反映上市公司治理水平的综合指标 G，线性回归	第一大股东持股比例与公司价值负相关而且二者是呈“U”形关系，股权制衡对公司价值有正向影响
刘小玄、李利英（《中国社会科学》，2005）	451 家样本企业 1994 ~ 1999 年的数据	生产效率，随机前沿分析与回归分析	国家资本股权的变化与企业效率水平是显著的负的相关性关系，而个人资本股权变化与企业效率水平是显著的正的相关性关系，法人股权的变化也具有较为显著的正相关性。产权变革取得了推动生产率提高的积极效果

续表

研究文献	样本范围	使用指标、方法	基本结论
陆挺、刘小玄(《经济研究》,2005)	2000 ~ 2001 年中国社会科学院经济研究所企业改制抽样调查	资产回报率,线性回归	向私有产权方向改制的企业效率得到显著提高;不同的改制模式是改制绩效的重要决定因素,经营者持大股从效率上来讲是最优的改制方式,而平均分配的股份合作制的改制方式则具有较差的业绩效果
孙兆斌(《管理世界》,2006)	竞争性行业 685 家上市企业 1999 ~ 2004 年的数据	技术效率,随机前沿分析和线性回归	控股股东的“支持行为”的效应要大于“掏空效应”,股东间的制衡对提高上市公司的效率毫无益处。控股股东为国有股、法人股等非流通股股东不是上市公司技术效率低下以及技术效率提高缓慢的主要因素
张文魁(中国发展出版社,2007)	国研世行调查 709 家企业	销售收入、总资产利润率、净资产利润率,指标分析、线性回归与 Logit 回归	民营企业为第一大股东的改制企业的绩效提高最为显著,其次是原国有企业管理层为第一大股东的改制企业。在改制企业的第一大股东仍为国有企业,但新入股的第二大股东为民营企业或职工和境内自然人时,绩效提高比较显著,而在新入股的第二大股东为国有企业时,绩效提高最不显著
Driffield and Du (*International Journal of the Economics of Business*, 2007)	工业企业数据库 1999 ~ 2002 年的数据	全要素生产率,线性回归	国有企业将股份转移至私有部门时企业全要素生产率会提升。外商资本进入国有企业实现的效率提升大于进入民营企业的效率提升
方军雄(《管理世界》,2007)	《中国统计年鉴》1996 ~ 2003 年的行业数据	投资增长率,线性回归	整体上国有企业的资本配置效率显著弱于非国有企业。随着制度环境的改善,两者资本配置效率的差异逐渐缩小
贺聪、尤瑞章(《数量经济技术经济研究》,2008)	1994 年、1997 年、2001 ~ 2003 年、2005 年《中国工业经济统计年鉴》	全要素生产率,数据包络分析和线性回归	私营工业企业的技术效率要优于国有和外资工业企业,私营企业是企业家主导的企业,相对于国有和外资企业具有技术效率优势。但是近年来私营工业企业的技术进步率有所下降,导致全要素生产率下降

续表

研究文献	样本范围	使用指标、方法	基本结论
Lin and Su (*Journal of Corporate Finance*, 2009)	816家中国上市企业	托宾Q值，线性回归	产业多元化效应取决于政府控制。国家控制的多部门企业比非国家控制的多部门企业的托宾Q值更低
黄建山、李春米(《经济评论》, 2009)	制造业471家上市公司2002～2007年的数据	托宾Q值、技术效率，随机前沿分析和线性回归	股权集中度、股权制衡度分别与技术效率、公司绩效之间呈显著负相关关系，且国有控股不利于提高技术效率和改善公司绩效。股权集中度与股权制衡度通过技术效率作用公司绩效机制显著
魏志华等(《上海立信会计学院学报》,2009)	工业、商业和公用事业上市企业2002～2004年的数据	全要素生产率，线性回归	国有控股在竞争激烈的工业以及竞争程度较弱的公用事业对公司绩效有显著负面影响，而在竞争性一般的商业与公司绩效不存在显著关系
Chen et al. (*Journal of Banking & Finance*, 2009)	中国上市企业1999～2004年的数据	盈利能力、生产率、托宾Q值，线性回归	中国上市企业的运营效率差异很大。地方国有企业的效率最高，私人控股企业效率最低，中央企业的效率居中
郝书辰等(《中国工业经济》,2011)	2002～2009年山东省国有独资企业、国有独资公司、国有控股、集体、私营和港澳台企业	国有企业治理效率，试验性因子模型	从运行效率来看，私营企业在市场中的活力和竞争力最强，集体企业次之，国有企业最弱；从功能效率来看，所有类型企业均呈现上升趋势。总体上，治理效率指数由高到低的排序为：国有控股企业、国有独资公司、集体企业、私营企业、国有独资企业和港澳台企业
Liao and Young (*Emerging Markets Review*, 2012)	1028家在1994～2002年被民营化的企业	资产回报率、托宾Q值，线性回归	政府在私有化企业中保留一部分股权能提升企业的托宾Q值
Kang and Kim (*China Economic Review*, 2012)	中国沪深股市上市企业1994～2002年的数据	托宾Q值、超出价值，线性回归	市场化改革后的国有企业比完全被政府控制的国有企业绩效更好，说明混合所有制是成功的

续表

研究文献	样本范围	使用指标、方法	基本结论
李勇等(《产业经济研究》,2013)	《中国统计年鉴》2003 ~ 2010 年的数据	全要素生产率,数据包络分析与门限回归模型	当市场化水平较低时,市场化改革和产权改革的不同步性将导致国有企业效率的降低和不同所有制企业效率差异的扩大;反之,市场化改革和产权改革的同步性则会导致国有企业效率的提高和不同所有制企业微观动态效率差异的缩小
孙晓华(《管理学报》,2013)	《中国统计年鉴》大中型工业企业 2004 ~ 2009 年的数据	全要素生产率,数据包络分析	外商投资和港澳台投资企业技术创新的综合效率高于内资企业。国有企业的较强的追赶效应和增长效应。港澳台投资企业和外商投资企业的技术创新效率提升速度有所减缓
Vong and Trigueiros (*Applied Economics*, 2014)	1183 家沪深上市企业 2002 ~ 2008 年的数据	托宾 Q 值,计量方法	在改革期,相较于被政府间接持有的企业,被政府直接持有的企业显著提升了市场绩效

注:表中市净值率与市值面值比为同一概念,均为 Market-to-book Value Ratio。超出价值(Excess Value)为企业实际价值与估算价值比的自然对数,其中估算价值为企业总资产与产业资本资产比中位数的乘积。①未包括国有法人股,笔者注。

基础设施和公用事业行业混合所有制研究

——基于股权合作的公私伙伴关系（PPP*）

内容提要：在基础设施和公用事业领域，混合所有制企业作为一种基于股权合作的公私伙伴关系（PPP），与完全国有化相比，有利于拓宽资金来源，增加供应、促进效率和服务质量提高；与完全私有化相比，有利于减小服务中断的风险和改革政治阻力；与单纯基于合约的PPP相比，政府作为股东直接参与企业决策，能减少信息不对称，提高对服务和公共利益的保障程度，降低法制和监管制度不健全对PPP的负面影响。在国外，这种基于股权合作的PPP，已经成为私人参与基础设施和公用事业的重要形式。在我国，混合所有制也已成为促进交通和市政公用事业等发展与改革的基本路径，但由于缺乏相应的体制环境，在大部分领域尚未取得实质性突破。在大力推进城镇化的背景下，我国基础设施和公用事业领域投资需求巨大，继续在这些领域推进混合所有制改革，引入非公资本，既能更好地满足需求，促进效率和服务质量的进一步提

---

* 即 Public-Private Partnership(s)。

高，又能推动国有企业改革，打破垄断。在基础设施和公用事业领域引入混合所有制，需要按行业和环节分类推进，除直接关系公共利益和保障公平竞争的网络调度环节，应实行国有独资或直接设立公益性机构外，非公有资本可以通过控股、参股等方式进入基础设施和公用事业领域，具体形式主要取决于自然垄断属性和外部性的强弱以及投资规模的大小。混合所有制改革要求进一步推进垄断行业改革、放宽市场准入、促进竞争，保证混合过程的公开透明和利益相关者的民主参与，建立完善的法人治理结构，完善特许经营制度和监管体系。

我国正在积极促进混合所有制经济发展，已明确提出要吸收非公有资本参与国有企业股权多元化改革，支持非公有资本进入基础设施和公用事业等领域。基础设施和公用事业领域，因具有网络垄断性和较强的外部性，实行混合所有制的难度要高于一般竞争性行业。从全球范围来看，由于基础设施和公用事业服务的特殊性，政府负有保障责任，长期以来大部分国家成立国有企业直接提供。为解决建设资金压力、提高运营效率，从 20 世纪 70 年代末期开始，许多发达国家和发展中国家进行了各种形式的私有化和市场化改革，其中公私伙伴关系（PPP）因能够发挥公、私双方的优势并合理分担风险，从 90 年代开始逐渐成为主要的改革模式[①]。按政府

---

① 全球公共服务研究机构（PSIRU）的一份报告认为，欧盟等机构采用 PPP 的概念，一定程度上是对“私有化”一词的温和的替代，能够减轻基础设施和公用事业领域改革的政治阻力。在 20 世纪 90 年代，“公私伙伴关系（PPP）”被许多政府和机构采用，旨在邀请更多的个人和组织参与讨论，使私人部门参与公共服务的提供。事实上，许多政府也一直避免使用“私有化”和“承包”的概念，而更倾向于强调“伙伴关系”。原始资料来自 Graeme A. Hodge, Carsten Greve, “Public-Private Partnerships: An International Performance Review”, *Public Administration Review*, 2007, 67 (3)。

与私人部门合作的方式，PPP 可以分为两类：基于合约的 PPP 和基于股权合作的 PPP。本文研究的混合所有制是第二种类型的 PPP，即政府与私人部门通过股权合作的方式共同提供基础设施和公用事业领域的产品和服务，此外，本文所指的基础设施和公用事业主要包括交通、电力、天然气、供水、供热、污水处理、垃圾处理①。

一　相关概念界定

（一）基础设施、公用事业的概念及本文研究范围

1. 基础设施和公用事业的概念

通常认为，基础设施是现代社会运转的基础，广义的基础设施包括物质设施及其提供的服务两个方面，狭义的基础设施仅指物质设施本身。基础设施分为经济性基础设施和社会性基础设施两大类，其中，经济性基础设施指社会生产和居民生活所需的公共物质工程设施，包括能源、交通、供水、信息、环保等；社会性基础设施，指社会赖以生存发展所需的教育、医疗卫生、体育及文化服务（社会事业）等设施。

相较于基础设施，公用事业的定义和范围有各种不同的界定。如维基百科（英文版）对公用事业的定义是：负责维持公共服务基础设施的公司或由这些公司为公众提供的服务，包括电力、供

① 根据《国际商业监测》的预测，到 2030 年，全球基础设施投资需求将达 57 万亿美元，其中水和水处理、能源及交通建设约占 80%。详见《中国全球化新布局的四大战略重点》，《证券时报》2014 年 8 月 12 日。

水、废物处理、污水处理、燃气供应、交通、通信等。美国加州《公用事业法典》第216条规定，[①]“公用事业包括所有为公众或部分公众提供商品或服务的运输公司（包括铁路、轮船、市内电车和公共汽车）、燃气公司、电力公司、电报电话公司、自来水公司、污水处理公司、供热公司等企业，可以得到报酬，受到公用事业委员会的监管”。在我国，建设部门是市政公用事业的主管部门，按其职权范围，一般认为市政公用事业包括城市供水、供热供气、公共交通、排水、污水处理、道路与桥梁、市容环境卫生、垃圾处置和园林绿化等。除这些市政公用事业外，公用事业还应包括电力、铁路等全国性公用事业。

2. 本文研究对象及其主要特征

本文认为，公用事业与行业或产业概念相对应，如供水行业，基础设施更常指硬件设施，如供水行业中的制水、输水设施，公用事业产品和服务的提供需依赖于基础设施以及公用事业公司对基础设施的运营。由于本文所研究的混合所有制的对象是公用事业行业和基础设施行业，二者存在很多交叉，下文不再详细区分基础设施和公用事业的概念，而是以同属于基础设施行业和公用事业行业中的主要行业作为研究对象，具体包括交通、电力、油气、供水、供热、污水处理、垃圾处理等。这些行业的主要特征如下。

（1）外部性与可经营性并存

交通、电力、天然气、供水、供热、污水处理、垃圾处理等基础设施和公用事业产品和服务，是社会生产和生活的必需品，具有

---

① 资料来源于该法典原文。

较强的外部性，一旦供应不足或停止供应，将会造成社会福利的降低甚至严重的后果。但是，其中的大部分物品具有消费的排他性，通过收费等方式可以将一部分用户排除在外，价格机制同样可以发挥作用，因此可以引入商业化运营，由受益者或污染者付费，将比税收补贴更有利于资源合理配置和促进社会公平。

（2）垄断性与可竞争性环节并存

上述大部分行业具有典型的管网特征，投资规模大、沉淀成本高，具有自然垄断性，如电网、铁路网、油气网、供排水网等，但自然垄断属性仅限于中间的输送环节，两端的生产和消费环节具有可竞争性。垃圾处理、污水处理虽然不属于自然垄断行业，可以通过竞争性招标选择运营商，但是一旦中标，运营商将被授予 10～30 年的特许经营权，在一定区域内也具有垄断性。

（二）基础设施和公用事业领域的混合所有制

1. 混合所有制的一般定义

混合所有制包括宏观和微观两个层次，本文研究的是微观层次的混合所有制，即不同所有制性质的投资主体共同组建企业。我国基础设施和公用事业领域一直以国有企业为主，因此本文研究的混合所有制，仅限于公有资本与各类非公有资本的联合，包括国外资本、国内私营企业资本、个人资本等。

2. 公私伙伴关系（PPP）的内涵和外延

公私伙伴关系（PPP）是一种涉及基础设施和公用事业投资、建设与运营的制度安排，由公共部门和私人部门发挥各自的优势，共同提供服务、获得收益，并分担风险。与传统的政府直接提供或国有企业相比，PPP 能够提高运营管理效率和服务质量，但前提是政府通过监管保障服务的提供和用户利益。具体来说，私人部门提供资金和负责运营，减小政府财政预算压力和经营风险，通常而言，向私人部门转移的资产和控制力越多，其风险和商业化程度就越高；公共部门提供政策服务、公共资产或资金支持，并承担相应的风险，进而降低投资者面临的政策和市场环境等风险，吸引私人投资。

PPP 覆盖的范围非常广泛，介于政府直接提供或国有国营与完全私有化之间，有多种形式，从简单的服务外包合同到复杂的设计、建设、运营、维护、融资和服务提供关系。因此，全球公共服务研究机构（PSIRU）认为，[①] PPP 概念的引入，一定程度上是对“私有化”一词的替代，以减轻基础设施和公用事业领域改革的政治阻力。

3. 基础设施和公用事业领域的混合所有制——基于股权合作的 PPP

不同的国际机构和国家从不同的角度对 PPP 进行了分类，其中包括从股权合作的角度。如欧盟在 2004 年提出将 PPP 分为基于合同或契约的 PPP 与基于股权合作的 PPP 两类（具体情况参见专栏 1）。世界银行按私人部门参与程度，将 PPP 分为管理和运营合同、租赁、特许经营、公私合资或公共产权部分私有化，其中的公私合资和部分私有化就是混合所有制。此外，世界银行的一份研究报告[②]也提到“Institutional PPP”的概念，即公共部门和私人部门共同出资设立合资公司。

---

① David Hall, *PPPs in the EU-a Critical Appraisal*, Public Services International Research Unit (PSIRU), October 2008.

② The World Bank & Department for International Development of the United Kingdom, *Good Governance in Public-Private Partnerships: A Resource Guide for Practitioners*, June 2009.

专栏1　欧盟关于PPP的详细分类

欧盟2004年关于PPP的绿皮书[①]中将PPP分为以下两类。

第一类是基于合同的PPP[②]（Contractual PPP）：仅通过合同构建公共部门和私人部门的伙伴关系。

第二类是基于股权合作的PPP[③]（Institutional PPP）：公共部门和私人部门在同一法人实体内的直接合作，使公共部门能够通过其在合资企业内的股权和决策权，更好地控制项目发展，并根据时间和环境做出调整，此外，公共部门还能更好地理解企业运营中存在的问题，从而更好地支持私人合作方。私人投资方必须积极参与合资公司特许经营项目的运营（即为战略投资者）。

基于股权合作的PPP公司，可能也需要与政府签订合同获得经营权，如意大利、匈牙利、捷克等国家，一些市政府和私人企业共同拥有的供水公司需要与市政府签订提供服务的合同，但与基于合同的PPP不同，这些合同的签订可以不经过正式的招投标过程，包括通过出售国有企业部分股权而形成的合资公司，或不经过招标直接授权的服务。

因此，基础设施和公用事业领域的混合所有制本质上是一种基于股权合作的PPP。在这种基于股权合作形成的伙伴关系中，公、私双方共同出资设立一家新的公司，或国有企业将部分股权出售给私人企业，双方通过股权的合作共同拥有和运营设施，政府既是所

① Green Paperon Public-Private Partnerships and Community Law on Publiccontracts and Concessions，Com（2004）327.

② 纯粹契约性质的公私伙伴关系（PPPs of a Purely Contractual Nature）.

③ 制度性的公私伙伴关系（PPPs of an Institutional Nature）.

有者，也是监管者。而在基于合同或契约的PPP中，公、私双方的责任和义务均通过合同加以明确，合同中的条款构成双方合作的基础。尽管有时在基于股权合作的PPP中，混合所有制企业可能也需要获得特许经营权，与政府签订特许经营合同，但一般不需要经过公开招投标授予特许经营权，公、私双方合作的主要基础仍是股权。

二 国外基础设施和公用事业领域混合所有制实践及启示

（一）国外基础设施和公用事业领域改革概况[1]

在基础设施和公用事业领域，混合所有制是其改革的方式之一，准确地理解混合所有制产生的背景、原因和适用条件，必须将其置于改革的整体框架中，分析混合所有制作为一种改革模式与其他改革模式的差异性。

1. 总体情况

如何满足社会对基础设施和公共服务的需求是各国政府普遍面临的重要挑战，大部分国家经历了国有化、私有化或民营化、PPP模式三个阶段。

第一阶段：国有化。在起步阶段，分散的基础设施和公共服务以私人提供为主，第二次世界大战以后，随着社会需求的增加，网

---

① 本部分主要参考资料：〔德〕魏伯乐：《私有化的局限》，上海人民出版社，2006；世行报告。

络规模效应日益显著，欧洲许多国家改由政府统一组织，实行了国有化，而在拉美，殖民地国家解放后收回私有产权，是促进国有化的主要原因。

第二阶段：私有化或民营化。从 20 世纪 70 年代末期开始，为提高运营效率、拓宽资金来源，同时受当时的自由化思潮影响，以英国为代表，许多国家在基础设施和公用事业领域进行了私有化或民营化改革，增加私营企业在基础设施和公用事业领域的参与程度。狭义的私有化指将资产全部出售给私有部门，这在极少数工业化国家实施过，如 20 世纪 80 年代的英国和新西兰，但是，在发展中国家和东欧得到了普遍实践，这与世行和 IMF 等国际金融机构的强制推行有关，实际上主要受意识形态的影响。

第三阶段：PPP 模式。80 年代的改革中由于对基础设施所持看法过于简单，许多国家遇到了技术、经济和政治上的严重障碍，因而开始调整方向甚至出现逆转。到 90 年代以后，金融工具的创新为私人部门参与基础设施提供了条件，大部分国家采用了一种更为折中或改良的改革方式——公私伙伴关系（PPP），就连一些最初采用完全私有化的国家，也开始转向 PPP 模式。

2. 发达国家（OECD 国家）改革情况

英国在 80 年代早期成为改革先锋，是 OECD 国家中私有化最领先和最普及的国家，除了邮政服务，其余公有企业都先后被私有化，其主要驱动力是意识形态和政治因素，尤其是撒切尔政府所提出的现代新自由主义思想，需要补偿减免税收所造成的损失，并想要削弱工会力量。除英国外，其余发达国家私有化规模与发展中国家和东欧国家相比并不更大，其中可能的原因是发达国家财政压力相对较小。如欧盟虽然倡导自由化和竞争，但并不是私有化，可能是公有部门之间的竞争，并且，不同部门私有化的程度和比例不同，这主要取决于欧盟委员会颁布的行业指令，促进了各种基础设施市场的逐步开放，最早是电信部门，其次是空运、邮政、电力和燃气、铁路、广播、水务。与其他发达国家不同，美国的公有资产很少，并且考虑到政治影响，其中的大部分采用了 PPP 作为改革模式。

专栏 2　G7 国家公有企业（基础设施和公用事业为主）私有化改革情况

1. 英国

英国在 80 年代早期成为改革先锋，是 OECD 国家中私有化最领先和最普及的国家。截至 1999 年，共有 119 家公有企业进行了私有化改造或者被出售，除了邮政服务，几乎所有的公有企业都被私有化了。与保守党的四个任期对应，私有化分为四个阶段：1979 ~ 1983 年，上市公司（如英国石油）或处于竞争市场中的公司（如港口）；1983 ~ 1987 年，重要公用事业，如英国电信、英国燃气公司；1987 ~ 1992 年，供水、供电行业；1992 ~ 1997 年，煤炭公司、核电公司、铁路公司，其中铁路危机迫使铁路再次部分国有化。需要说明的是，由于政治上的阻力，一些行业采用了 PPP 模式而不是彻底的私有化。

2. 美国

美国公有资产少，州政府有一些，地方和市一级更多，如交通、能源、水务等，大部分采用了 PPP 模式对这些行业进行民营化改革，其中主要的原因是在美国私人融资的成本高于政府部门，政府退出会面临较大的政治压力。

3. 加拿大

加拿大的公共产权更像欧洲而不是美国，国营公司股份公开发行，如国家铁路公司、石油公司、省市政府拥有的公司等。

4. 日本

私有化以前，日本的公有企业原先属于政府的一部分，如铁路、电报电话、地方性公用事业公司。改革后，日本国家铁路公司被拆分为7家，政府仍持有其中4家公司的大部分股份。

5. 意大利

意大利在自由化方面走在最前面，但是除了电信和电力部门之外，其余私有化的部门很少。

6. 法国

到90年代末，法国很多以前国有化的公司都被私有化了，尤其是银行、石油和保险业。法国航空公司和电信公司实行了部分私有化。

7. 德国

在联邦政府一级，电信和邮政实行了部分私有化；为筹集资金，法兰克福机场股票在股市上公开发行，但不包括联邦政府所持有的18.4%的股份；德国电信发行新股后，政府股份从42.8%减少到30.9%。

资料来源：〔德〕魏伯乐：《私有化的局限》，上海人民出版社，2006。

3. 发展中国家基础设施和公用事业改革情况

在拉美地区，智利从1974年开始私有化改革，其他大部分国家在1985~2000年发展市场经济的过程中，对国有企业进行了全部或部分私有化。改革的可能原因包括：一是受新自由主义思潮的影响，认为私营企业能够提高效率；二是当时面临经济和债务危机，国有企业缺乏建设和改造资金，服务质量下降、供应数量减少；三是智利和东亚的成功经验；四是国际金融机构的建议和压力，如国际货币基金组织、世界银行、美洲开发银行等，作为获得贷款的条件，要求发展中国家必须推进私有化改革。在巴西和哥伦比亚等国家，受意识形态的影响，反对私有化的人口比例较高，因此采用了渐进式的私有化改革。

中东欧国家特别是东欧国家私有化改革措施及其原因，与拉美国家基本类似，但是受自由化意识形态的影响程度更深，一些国家进行了激进的私有化改革。

在南亚地区，政府对亏损的国有企业的补贴日益增多，财政不堪重负，因此通过私有化改革来减少财政赤字、改进服务。并且，与拉美地区相比，南亚国家工会力量较强，倾向于在国有企业就业，所以私有化进展缓慢。

世界银行 PPI（私人部门参与基础设施项目）数据库将私人部门参与基础设施项目分为四种类型，1984～2012 年的数据反映了发展中国家私人部门参与基础设施项目的趋势：在全部 5861 个基础设施项目样本中，只有 182 个（3.1%）项目采用的是完全私有化的方式；561 个（9.6%）项目采用部分私有化的方式；大部分是增量基础设施项目，比例高达 58.6%，项目公司可能是公私合资企业，也可能是私营企业；其余项目所有权仍属于政府，通过管理和租赁合同（4.5%）或特许经营合同（24.2%）由私人企业管理或运营。

表 1　发展中国家 1984 ~ 2012 年基础设施项目分类统计数据

单位：个

年份	管理和租赁合同（国有私营）	特许经营合同（特指将国有资产授权给私营企业运营）	增量项目（设立公私合资或私营项目公司）	政府撤资（国企私有化）	
				出售部分国有股（5%以上）	出售全部国有股
1984	3	0	3	0	0
1985	3	2	1	0	0
1986	1	1	2	0	1
1987	2	3	4	1	6
1988	2	3	3	1	4
1989	1	4	16	2	9
1990	3	20	27	3	4
1991	2	8	16	2	0
1992	4	23	40	9	6
1993	8	35	66	154	7
1994	4	62	120	28	9
1995	6	57	143	21	10
1996	13	66	185	30	11
1997	15	102	177	39	10
1998	5	89	132	42	21
1999	14	40	111	37	1
2000	8	73	109	21	10
2001	15	47	137	17	9
2002	15	48	127	11	7
2003	27	56	162	10	2
2004	16	61	129	8	8
2005	19	73	160	16	2
2006	15	106	196	21	10
2007	14	87	205	36	10
2008	4	60	181	22	8
2009	8	47	213	6	10
2010	15	88	192	10	1
2011	22	73	316	3	1
2012	2	85	260	11	5
合计	266	1419	3433	561	182

资料来源：世行 PPI（私人部门参与基础设施）数据库，1990 ~ 2012 年。

(二) 国外基础设施和公用事业领域混合所有制 (股权合作 PPP) 实践

国外股权合作 PPP 是在基础设施和公用事业领域改革的背景下产生的，起源于政府出售国有股份，应用范围较广，包括供水、污水排放、铁路、电信、电力、天然气（包括气田开发）等，混合的途径主要有以下几种[①]。

1. 对国有企业进行部分私有化改革（含国有企业股票公开发行）

如德国、意大利和其他一些欧洲国家的市政机构，最初成立国有企业提供公用事业服务，后来又将部分或全部股权出售给了私营部门。德国电信和邮政也实行了部分私有化。日本国有电信企业进行了部分私有化，1985 年国有股所占比重为 51%，到 2003 年进一步下降到 45.95%。法国、奥地利、波兰、丹麦、芬兰、荷兰、意大利、韩国等 OECD 国家在天然气和电力行业的改革中，对国有企业进行了部分私有化。欧盟要求成员国在基础设施和公用事业领域引入竞争，客观上也造成了部分私有化。

专栏 3　OECD 国家天然气和电力行业混合所有制案例

在法国电力行业，两家传统上完全国有的 EDF 和 GDF 公司已经部分私有化，国有产权分别占 85% 和 36%；主要的核电生产商 AREVA 仍然主要属于国有，只有 4% 的股份属于私人投资者。

奥地利 EconGas 公司是最大的供气商，50% 的产权属于 OMV

---

① 资料来源：David Hall, *PPPs in the EU-a Critical Appraisal*, Public Services International Research Unit (PSIRU), October 2008；张彤玉、崔学东、李春磊：《当代资本主义所有制结构研究》，经济科学出版社，2009。

石油公司（该公司国有股权为31.5%），其余50%的产权属于5家市政和州公用事业企业；OMV公司运营国内三个储气设施，控制70%的天然气市场。2001年奥地利完成电力改革。大部分大型供电商部分产权属于国有。最大发电商51%的产权属于州有，生产的电量几乎占50%。

波兰石油和天然气公司PGNiG大部分产权属于国有。

丹麦从1997年开始将天然气勘探权利通过“开放程序”授予一家或多家企业，各企业20%的产权属于国家所有。2005年，在国有的石油天然气集团半私有化后（政府仍控制75%的产权），政府通过丹麦北海基金（North Sea Fund）参与油气开发。

芬兰天然气市场中Gasum公司占主导地位，国有股权占24%，另外一家国有控股公司Fortum拥有31%的股权。最大的电力公司Fortum属于国有控股，市场份额接近27%，从事发电、配电业务。

荷兰GasTerra公司负责国内天然气生产，部分属于国有，在批发市场占60%的份额。

意大利的石油天然气公司Eni在1995年以前完全属于国有，2001年国有比例下降到30%。该公司目前仍在天然气上游环节居主导地位，并控制中游Snam Rete Gas输气公司50%的产权。在电力行业，政府仍控制前国家电力公司（Enel）31%的股份。

韩国电力公司KEPCO是一体化公司，在电力行业占据垄断地位，50%的产权属于国有。

资料来源：OECD于2013年发布的各成员国化石燃料预算支持和税收支出报告。

2. 政府与国内私人部门共同设立合资公司

如许多欧洲国家直接建立了部分公有的公用事业企业。在匈牙利和捷克等国家的供水行业，设立公私合资企业是私人企业介入公共服务领域的路径之一。日本在20世纪80年代采用了“第三部门”方法，号召公共部门（第一部门）和私营部门（第二部门）联合组建基于项目的公司，到1995年，全日本约有7580家这类企业，其中当地政府的资本占比超过了25%。法国设立了综合开发机构（SEM），允许市政机构设立有私人企业参与的交易公司。在新加坡的一些PPP项目中，政府拥有土地和部分资产，从而形成了股权合作。

3. 政府与跨国公司共同设立合资公司

匈牙利在布达佩斯排污工程中，通过将26%的股份协议转让给由两个跨国公司——法国通用水务公司和柏林水务组成的企业集团后，于1997年11月实行了部分私有化。在非洲马里，水和电的生产、配送、收费由马里能源公司全权负责，政府和法国跨国公司Saur国际分别持有40%和60%的股份。俄罗斯的一些公司通过贷款或与政府合资的方式参与中东亚国家的基础设施行业。

4. 政府在放开油气资源开采权的同时，在私营企业持有部分股权

日本石油、天然气和金属国家公司JOGMEC的主要职责是促进石油和天然气的勘探开采，并支持私营企业，政府在每家企业拥有一定股权。丹麦从1997年开始将天然气勘探权利通过“开放程序”授予一家或多家企业，各企业20%的产权属于国家所有。

（三）结论与启示

1. 混合所有制是基础设施和公用事业引入私人资本、促进行业发展的重要形式

狭义的私有化是指所有权从公共部门全部转移到私人部门，广义的私有化是指私人企业参与服务的提供，即所有权或经营权全部或部分地转移到私人部门，也可称为民营化。混合所有制属于广义的私有化或民营化的范畴，是基础设施和公用事业领域私有化改革（或民营化改革）和引入私人参与的重要模式。根据世行对发展中国家1984～2010年私人参与基础设施项目的情况（即广义的私有化）来看（见表1），国有产权全部和部分私有化的比例分别为3.1%和9.6%，而部分私有化仅是混合所有制的一种；增量项目的占比高达58.6%，其中一部分是公私合资公司，也属于混合所有制。

混合所有制之所以能成为促进基础设施和公用事业行业发展的重要形式，主要原因在于其相对于完全国有化以及其他私有化、民营化改革模式具有以下独特的优势。

首先，与完全的国有国营模式相比，混合所有制通过公私合作、共同治理取代传统国有企业管理模式，有利于减轻财政压力、筹集建设资金、提高运营效率和服务质量。

其次，与完全私有化相比，混合所有制能够有效降低风险，减小政治阻力。一是在特殊情况下政府能够及时介入，保障基础设施和公用事业领域服务的连续供应，避免完全私有化可能产生的破坏性后果；二是通过政府直接持股，能够增强投资者信心，从而促进融资、降低融资成本。

最后，与完全基于合约的PPP相比，政府通过直接持有混合所有制企业的部分股权，能够减少成本、价格、技术等方面的信息不对称，更好地维护公共利益；通过在事后分担成本、利润和风险，能够增进双方沟通，提高处理问题的灵活性；对于一些投资规模巨大的增量项目，仅依靠私人投资者可能无法独立承担，通过设立合资公司有利于促进项目顺利实施。英国作为最早实施 PPP 的国家之一，一直实行的是完全基于合约的 PPP，但近年来也开始参考国外经验在项目中引入政府权益资本，使政府成为持有少数公共权益资本的投资人，参加董事会，从而可有权了解项目运营成本和赢利情况，有利于减少传统模式下的信息不对称，加强对 PPP 项目的监管，保障公共利益。

2. 引入混合所有制需要相应的体制环境

与其他私有化改革模式相比，混合所有制也有其固有的缺陷。比如，政府持有大量股权，可能削弱少数股东投资的意愿；政府的股东身份会增加对企业的直接干预，降低企业决策效率；公共部门既是股东又是监管者，这两种身份可能会发生冲突，即是提高利润还是保障公众需要。

因此，混合所有制虽然在基础设施和公用事业领域的适用范围较广，但需要一系列前提和配套条件。首先，需要以体制改革和促进竞争为前提，如日本国有电信企业部分私有化后，最初实行垄断经营，没有实现改革提高效率的目标，为此进行了行业改革，打破其垄断地位，设立了一家新的企业来促进竞争；大部分欧洲国家在电力和天然气领域进行改革时，对国有企业进行了混合所有制改革，为促进竞争，首先将自然垄断与可竞争性环节进行分离。其次，出售国有资产的过程必须公开透明，建立与公众及私人合作伙伴的信任关系，减小改革阻力，形成合理方案，防止国有资产流失。最后，许多国家在改革过程中，建立了独立的监管机构，目的是通过一定程度的分离，妥善处理政府作为监管者和股东双重身份的冲突。

三　我国基础设施和公用事业领域混合所有制实践及面临的障碍

（一）混合所有制是我国基础设施和公用事业发展与改革的基本途径

我国基础设施和公用事业领域的改革始于80年代，最初主要集中于发电和高速公路建设。从1985年开始，为解决缺电问题，国家鼓励包括民营和外资企业在内的各类主体投资建设电厂。而电网、天然气管道、铁路等全国性基础设施和公用事业领域的改革进展缓慢，目前仍以国有垄断运营模式为主。在市政公用设施领域采取了渐进式的改革模式，取得了较大进展。1992年以前，在市政公用设施领域实行政企不分的垄断经营模式和福利性的低价政策。1993年《公司法》出台后，大部分地区对市政公用设施领域进行政企分开的改革，建立了国有独资企业和现代企业制度，如深圳市设立了能源集团、水务集团、燃气集团、公共交通集团。从2001年开始，在国家和各地出台了一系列支持性政策[①]的背景下，一些

① 2001年底，原国家计委《关于促进和引导民间投资的若干意见》中明确提出，鼓励和引导民间投资以独资、合作、联营、参股、特许经营等方式，参与经营性的基础设施和公益事业项目建设。2002年3月4日公布的《外商投资产业指导目录》中，对城市供水厂建设和经营、城市封闭型道路建设和经营、城市地铁及轻轨的建设和经营（中方控股）、污水和垃圾处理厂以及危险废物处理处置厂（焚烧厂、填埋场）及环境污染治理设施的建设和经营都列为鼓励项目，原禁止外商投资的燃气、热力、供排水等城市管网首次被列为对外开放领域，但需中方控股。2002年12月，原建设部《关于加快市政公用行业市场化进程的意见》提出，建立政府特许经营制度，鼓励社会资金、外国资本采取独资、合资、合作等多种形式，参与市政公用设施的建设，形成多元化的投资结构；允许跨地区、跨行业参与市政公用企业经营。2003年10月，（转下页注）

地区对国有企业进行了改制，大量外资和民营资本进入供水、燃气、公交等公用事业领域，其中上海、深圳、广州、南京、成都等城市的改革进展较快。

我国基础设施和公用事业领域的改革起点是完全国有国营，因此改革的过程基本等同于非公有资本参与基础设施和公用事业领域的建设（即广义的私有化）过程，其中混合所有制是基本途径。1990～2012 年，我国共有 1064 个交通、电力、电信、水务基础设施项目参与了世行数据库调查（见表 2），其中 9.3% 的项目采用了出售部分国有股或公开发行股票的模式；全部出售国有股份的占比只有 0.6%；增量项目占比高达 66.2%，根据项目库中各项目的详细信息，可以发现增量项目公司大部分为公、私合资。此外，世行一份研究报告中也提到[①]，中国私人部门参与的大部分基础设施项目都通过合资公司的方式进行，即私人部门和政府或准政府机构合资，其中可能的原因是这种模式在政治上的可接受程度较高。

（二）我国基础设施和公用事业领域混合所有制的主要形式

我国基础设施和公用事业领域存在大量混合所有制企业，一些

（接上页注①）十六届三中全会明确提出，允许非公有资本进入法律法规未禁入的基础设施、公用事业等行业和领域。2004 年原建设部颁布了《市政公用事业特许经营办法》，并印发了《城市供水、管道燃气、城市生活垃圾处理特许经营示范文本》。随后，北京、深圳等城市也制定了相应的特许经营办法。2005 年“非公 36 条”（《关于鼓励支持和引导个体私营等非公有制经济发展的若干意见》）中支持非公有资本积极参与市政公用事业和基础设施的投资、建设和运营，鼓励非公有制企业参与市政公用企业、事业单位的产权制度和经营方式改革。

① Michel Bellier, Yue Maggie Zhou, *Private Participation in Infrastructure in China: Issues and Recommendations for the Road*, Water and Power Sectors, World Bank Working Paper No. 2, March 2003.

表 2 我国私人参与基础设施项目情况（1990～2012 年）

私人参与基础设施项目类型及详细分类①	整体情况		分行业项目数(个)			
	项目数(个)	占比(%)	能源	电信	交通	水务
一、存量设施特许经营(私人运营商)	235	22.1	47	0	70	118
1. 建设、修复、运营和移交	37	3.5	6	0	17	14
2. 修复、运营和移交	198	18.6	41	0	53	104
二、政府撤资(出售国有企业股份)	105	9.9	53	4	37	11
1. 出售全部股份	6	0.6	4	0	1	1
2. 出售部分股份	99	9.3	49	4	36	10
三、增量项目(私人、公私合资或纯国有项目公司)	704	66.2	338	1	124	241
1. 建设、运营和移交 BOT	667	62.7	310	0	124	233
2. 建设、运营和拥有 BOO	35	3.3	27	0	0	8
3. 商业化	2	0.2	1	1	0	0
四、管理和租赁合同(私人运营商)	20	1.9	0	0	1	19
1. 管理合同	6	0.6	0	0	1	5
2. 租赁合同	14	1.3	0	0	0	14
合计	1064	100.0	438	5	232	389

注："①"关于 PPI 分类的说明：第一类，管理与租赁合同，政府在一段时期内委托私人运营商管理设施或将设施租赁给私人运营商经营，设施所有权和投资决策权仍属于政府；第二类，存量设施特许经营权，私人运营商接手一段时期内的设施管理，同时承担大量投资风险，但所有权仍属于政府；第三类，增量项目，私人或公私合资项目公司建设新的设施，并在合同期内运营该设施，可能在合同期结束后向公共部门移交该设施；第四类，出售国有企业股份，国有企业通过资产出售、公共招投标或其他私有化方案出售股份。

资料来源：世行 PPI 数据库，1990～2012 年。

来源于政府转让国有企业部分股份，一些来源于在证券市场公开发行股票，大部分来源于增量基础设施项目中新设立的公、私合资公司。

第一类：国有企业以招标方式向私营企业或外资企业转让部分股权，形成新的混合所有制企业，并同时将特许经营权授予这家新成立的混合企业，常见于城市供水、燃气、供热等管网类市政公用事业领域。如 2002 年，深圳市启动五家市属企业（能源集团、水务集团、燃气集团等）部分国有股权转让的国际招标工作，引入国际战略投资者改革单一所有制结构，拓宽融资渠道并引入先进的管理和技术经验。

第二类：国有企业改制时将资产出售给私营企业，再由私营企业和原国有企业职工共同持股形成混合所有制企业。如在湖北省十堰市，2003 年温州五马汽车出租公司出资 3816 万元获得原十堰市公交集团公司 68% 的股份，原公交集团 1500 名职工持有剩余 32% 的股份，组建新的十堰市公交集团有限责任公司，此后每年出资 800 万元买断该市已开通的 23 条公交线路 18 年的经营权，但是该改制并不成功，政府于 2008 年单方面收回了民营公司的特许经营权和资产。

第三类：组建上市公司，在证券市场公开发行股票，常见于发电、高速公路、燃气等行业。

第四类：国有资本与非国有资本共同出资成立项目公司，参与特许经营项目招标，中标后共同负责项目的投资、建设和运营，在特许经营期结束后将所有权无偿移交给政府。从我国实际情况看，大部分项目公司为混合所有制企业，常见于发电、交通（如高速公路和地铁线路）、自来水厂、污水处理厂、垃圾处理等增量项目。

除上述混合所有制外，我国非公有资本进入基础设施和公用事业领域还有多种模式，主要包括：私人企业通过外包、管理或租赁、特许经营等方式获得国有资产的管理、维护或经营权，不涉及资产所有权的转移；私人企业参与增量项目的特许经营权投标，中标后负责投资、建设和运营，并在特许经营期结束后将资产无偿移交给政府；私人企业购买国有企业全部股权。

（三）主要行业混合所有制实践

我国发电、高速公路、城市供水、燃气、地铁等领域已经开展了较多的混合所有制实践。

1. 发电行业混合所有制主要形式：合资项目公司或国有控股上市公司

为缓解缺电局面，我国从 1985 年开始鼓励地方政府、民营企业、外资企业多家办电，并出台了支持性电价等政策，因此 80～90 年代期间，外资和私人资本大规模进入发电行业，其中大部分为中外合资电厂。这些电厂项目对缓解当时的供电紧张局面起到了积极的作用。2002 年电力体制改革以后，我国在中央成立 5 家国有独资的发电集团，这些集团下有多家二级及以下公司，其中一些为国有控股的上市公司，如华能国际、华电国际等，作为发电集团融资平台，这些二级或三级子公司也是混合所有制企业。

2. 高速公路行业混合所有制主要形式：合资项目公司或国有控股上市公司

许多地区成立了高速公路股份制公司，由一家或几家国有企业共同持有，同时在证券市场融资，一些机构投资者持有少数股份。一些国有企业和私营企业共同组成联合体，参与收费高速公路特许经营权的投标，在中标后设立项目公司，与政府签订特许经营协议，负责特许经营期内的投资、建设和运营。这些由公有资本和非公有资本构成的项目公司，也属于混合所有制企业。

3. 城市燃气、热力、供排水等城市管网行业混合所有制主要形式：部分股权转让或直接设立公、私合资公司

城市供水行业分为自来水厂、供排水管网、污水处理三个环节，其中自来水厂和污水处理不具有管网特征，大部分项目属于私营企业独资或占有大部分股份，混合所有制企业主要存在于供排水环节，当然，一些地区的供排水企业可能同时持有自来水厂和污水处理厂，因此我们这里讨论的供排水企业指拥有供排水管网的水务企业。

股份转让和合资公司是城市供水行业引入私人资本的主要形式，股份转让指政府向私人投资者出售部分国有股份，合资公司指政府和私营部门合资成立公司并运营公司，私人投资者通常需要以资金入股，与股份转让的主要区别是，合资公司中私人投资进入合资公司，而股份转让中私人投资进入政府财政。以深圳水务为例，2002 年其通过国有股权转让及增资扩股方式进行股权多元化改革，向通用首创（首创集团和法国威立雅各占 49%）和法国威立雅分别出让了 40% 和 5% 的股权。

燃气和热力管网行业混合所有制的形式与供排水相同。在这些混合所有制企业中，政府通常保持控股，最为常见的是至少保留 51% 的股权安排。其中的主要原因是合作方大部分是外资或港资企业，如法国威立雅、德国柏林水务、香港中华燃气等跨国集团，根据我国 2002 年 3 月 4 日公布的《外商投资产业指导目录》，原禁止外商投资的燃气、热力、供排水等城市管网行业首次被列为对外开放领域，但需中方控股。在这些行业，非公有股权合作方作为战略投资者引入，意在改变国有独资企业“一股独大”的局面，与国际接轨，引入先进的技术和管理经验，提高运营效率。

4. 地铁线路项目混合所有制主要形式：设立公、私合资公司

我国部分地铁线路项目通过设立合资公司的模式投资建设，根据我国 2002 年 3 月 4 日公布的《外商投资产业指导目录》，城市地铁及轻轨的建设和经营也需中方控股。以北京地铁 4 号线为例，国有独资的京投公司负责土建部分，占总投资的 70%，京港地铁投资建设设备资产，占总投资的 30%，项目由京港地铁运营，而京港地铁的股权结构又为国有独资的京投公司占 2%、国有独资的首创集团占 49%、香港地铁占 49%。

（四）我国基础设施和公用事业领域混合所有制发展面临的主要障碍

1. 对基础设施和公用事业领域引入混合所有制尚存认识误区

如前所述，基础设施和公用事业领域提供的产品和服务是经济社会的物质基础，影响范围大，具有较强的外部性，大部分要求服务的连续性，一旦停止供应将会引发严重的经济甚至社会问题。并且，我国这些行业的企业一直以国有国营模式为主，虽然效率不高，但是通常认为国有企业具有较强的社会责任感，即使亏损也能保障服务的提供。

因此，社会对这些领域是否引入混合所有制以及混合的方式存在争议，尤其是垄断性公用事业领域。比如，一些观点将公用事业等同于公益性行业，认为应设立公益性机构建设运营，其实质是忽略了公用事业外部性与可经营性并存的特征，价格机制在这些领域可以发挥作用，可通过商业化运营促进效率的提高。又如，一些观点认为即使在垄断性公用事业行业引入混合所有制，也必须保持国有绝对控股，以防止损害公共利益的极端事件发生，其实质是忽视了公用事业行业可竞争性和垄断性环节并存的特征，随着技术的发展，公用事业行业自然垄断的范围已经不断缩小，部分环节可以引入竞争，且不必国有绝对控股。

2. 部分垄断行业体制改革滞后，非公资本“进入和生存难”

放宽市场准入和公平竞争是混合所有制发展的前提条件。但是，在基础设施和公用事业领域，特别是电力、油气、铁路等全国性垄断领域，体制改革进展缓慢，部分法律法规已严重滞后，不利于非公资本进入和生存。

一方面，非公资本尚不被允许进入其中部分领域。比如，电网和售电由电网公司垄断经营，《电力法》不允许非电网企业以外的市场主体售电。又如，石油和天然气进口权、常规油气勘探开采权基本未放开。

另一方面，一些竞争性环节的准入虽然已经放开，但由于上下游环节的关联或未建立竞争市场，非公资本进入后不能享受与国有企业同等待遇，因此选择退出或艰难生存。比如发电领域从1985 年开始鼓励多方办电厂，但由于竞争性市场和价格机制尚未建立，国有发电企业因预算软约束不计成本争相扩张，近年来一些外资和民营资本纷纷退出。又如，本应属竞争性行业的石油行业的中下游环节虽然从 1992 年开始放开，但目前寡头垄断和行政垄断并存，从油源到零售等环节均未形成有效竞争。从整体市场结构看，三大石油公司（中石油、中石化和中海油）均实行纵向一体化经营体制，在国内原油生产、加工和零售市场中的份额分别占到 94%、81% 和 82%，民营加油站在油源及其零售价格方面处于劣势，一些民营加油站靠降低油质来维持生存。

3. 部分地方政府单纯以增加财政收入为目的引入非公资本

部分地方政府出售国有资产时以增加财政收入为主要目的，在公开招标选择合作伙伴时，倾向于选择高报价的投资者，使投标企业竞相提高报价，许多外资企业以高溢价获得股权，中标后再要求提高服务价格，当提价要求得不到满足时，依靠降低服务质量来节约成本。在供水行业该问题尤为突出，如兰州自来水事件，引发了较为严重的社会问题和公众信任危机。

4. 国内私营企业缺乏垄断行业技术和管理经验，参与能力不足

在基础设施和公用事业领域实行混合所有制的动因之一是发挥私人运营方在技术和管理方面的优势，以提高产品供给和服务效率。但是，由于一些垄断行业一直以国有国营为主，且专业技术性较强，国内私人投资者缺乏相应的技术和管理经验。因此，在混合所有制开展较多的市政类公用事业领域，以国外专业化跨国水务、能源类集团为主，近年来一些地方国企在通过与外资建立合资企业，积累了一定的经验后，再与其他地区的政府合资建立二级合资企业，如北京首创集团等。但是，国内私营企业由于缺乏技术、管理和资金实力，参与能力不足。

5. 与混合所有制相适应的政府监管体系尚未建立

管制经济学理论认为，当涉及公共利益的领域存在市场失灵时，需要政府或其授权机构进行监管。基础设施和公用事业行业在经济社会中处于基础性地位，必须保证其产品和服务的连续供给，否则将会造成难以估量的经济损失，甚至可能引发社会问题。并且，项目一旦建成后，在所在区域一般具有垄断性，垄断服务商可能会滥用垄断力，损害消费者利益。因此，需要建立有效的监管体系和机制，对其价格、质量、服务标准、准入与退出进行监管。

国外政府监管的对象是垄断私营企业，其秉持的基本理念是私营企业以利润最大化为目标，与公共利益可能发生冲突，因此需要监管，并且，为吸引私人投资保证服务供给充足，要求监管政策具有稳定性和可预期；而国有企业以公共利益为目标，因此不需要政府监管，即国有化是对监管的替代。

而在我国，垄断国有企业有追求利润和其他非公共利益的动机，因此在这些国有企业商业化运营后，政府需要对其进行监管，目前初步的监管体系已经建立，但尚不能适应混合所有制经济发展的要求。目前政府的监管对象是国有企业，而政府同时又是这些企业的所有者，因监管不到位而导致的问题可以通过出资人角色进行调整。但是私人资本进入后，原先的监管体系中的矛盾和问题越来越突出，如政府监管的独立性较差、随意干预，法律法规体系不完善，特许经营协议不完善且在部分行业“形同虚设”，价格调整不及时、质量监管缺位，部分混合所有制企业发生了严重的质量和安全事故，双方发生争议后无法得到调解，最后政府只得通过高价回购股权的方式来予以解决。

四　推进我国基础设施和公用事业领域混合所有制改革的基本思路

作为一种基于股权合作的公私伙伴关系（PPP），与完全国有化相比，混合所有制有利于拓宽资金来源、促进效率和服务质量提高；与完全私有化相比，有利于减小服务中断的风险和政治阻力；与完全基于合约的 PPP 相比，政府作为股东直接参与企业决策，能减少信息不对称，提高对服务和公共利益的保障程度，降低因法制和监管制度不健全而对 PPP 产生的负面影响。在国外，这种基于股权合作的公私伙伴关系，已经成为私人参与基础设施和公用事业领域的重要模式。在我国，混合所有制是交通和市政公用事业等领域改革的最主要模式，并取得了积极的效果。在大力推进城镇化的背景下，我国基础设施和公用事业领域投资需求巨大，继续在基础设施和公用事业领域推进混合所有制改革，既能更好地满足需求，促进效率和服务质量的进一步提高，又能推动国有企业改革，打破垄断，引入非公有资本。引入混合所有制，需要按行业和领域分类推进，进一步放宽市场准入、促进竞争，保证混合过程的公开透明和利益相关者的民主参与，建立完善的法人治理结构，妥善处理职工身份转换问题，完善特许经营制度和监管体系。

（一）按行业和环节分类推进混合所有制改革

1. 引入混合所有制有利于促进基础设施和公用事业行业的改革与发展

根据国外经验，在基础设施和公用事业行业一般采用商业化运营的方式，并通过引入私人资本和竞争来提高效率。我国大部分基础设施和公用事业行业已经实行了企业化和商业化运营，基本适应了经济社会发展的需求，其中外资和民营资本通过提供资金、技术、管理，对增加供给和提高效率发挥了重要作用。未来随着我国城镇化的继续推进，基础设施建设需求巨大，必须进一步发挥这些非公资本的作用。我国目前法律和监管制度尚不完善，私人企业融资能力和在相关行业的技术、管理经验仍显不足，混合所有制提供了一条可供选择的较好的改革和发展路径。

2. 按行业和环节分类推进混合所有制改革

除直接关系公共利益和保障公平竞争的网络调度环节应实行国有独资或直接设立公益性机构外，非公有资本可以通过控股、参股等方式进入基础设施和公用事业领域，具体形式主要取决于自然垄断属性和外部性的强弱以及投资规模大小。

全国性的电力、铁路、油气管道等主干网是关系国民经济命脉的重要行业，可逐步引入混合所有制，现阶段为保障安全，主干网络应保证国有绝对控股，但一些专用线路因不影响公共利益，并且费用和收益能够清楚界定，没有必要国有绝对控股，应吸引私人资本进入，加快基础设施建设。同时，网络的调度应保持国有独资或直接设立公益性机构。以电网为例，线路的投资和建设可以引入多方投资主体，但是同一区域电力系统运行必须由同一家机构负责，以保障公平调度等公共利益，即电网的所有权和运行权是可以分离的，因为电网的外部性或公益性主要体现在系统运行环节。在美国，输电线路一直由若干家私营企业共同投资，所有权是分散的，但是在一定区域内的系统运行是由一家中立机构负责（称为“独立系统运行员”），这些中立机构由区域内所有利益相关方共同构成，包括电网企业、发电企业、零售企业、大用户代表等，所有决策由所有成员共同做出，如电网公平开放和使用的规则、电网规划等涉及公共利益的重大事项，同时，联邦能源管制委员会代表政府监管这些中立机构。

城市供水、燃气管网也具有自然垄断特征，投资规模较大，并且已经积累了较多混合所有制改革的经验，因此，应进一步推进混合所有制经济发展，保持国有相对控股即可。

城市公交行业外部性较强，可建立国有相对控股的混合所有制企业，实行垄断或区域垄断经营，但必须建立透明的财政补贴机制。网络特性相对较弱但投资规模较大的地铁线路、城际铁路，也可通过公私合资来投资建设，采取国有控股或参股方式。

网络特性最弱的领域，如发电、污水处理、垃圾处理、机场、港口等，只有在投资规模较大时才有必要实行混合所有制，这样有利于降低私人企业经营风险、吸引投资，并且不需要国有资本控股。

（二）进一步放宽市场准入，推进垄断行业改革

我国电力、天然气、铁路等全国性公用事业行业改革滞后，大部分仍实行国有独资垂直垄断经营。非国有资本在法律上无权进入自然垄断环节，并且由于上下游的紧密联系，竞争性环节虽已放开准入，但非国有资本的投资决策和运营均受到不利影响。在这些领域引入混合所有制，首先需要打破国有企业的垄断格局，取消非公有资本进入的法律壁垒，并通过体制改革，促进可竞争性业务的竞争。在电力和天然气行业，通过纵向拆分和横向重组，在生产和销售环节引入竞争。在铁路行业，实行网、运分离，在运输环节引入竞争。

各地市政公用事业行业改革的进展不一。部分地区仍需要进一步推进国有企业改革和商业化运营，通过公开招投标方式授予特许经营权，对城市供水、燃气行业的可竞争性环节与自然垄断环节进行拆分，提高非公有资本参与可竞争性环节的程度。比如，上海等地对自来水行业和管道燃气行业进行了分割重组，使竞争性业务与非竞争性业务分开，将竞争性业务推向市场，非竞争性业务划分为几块区域。

（三）保证混合过程的公开透明，建立利益相关方民主参与机制

公有和国有企业是全社会的公有财产，大部分基础设施和公用

事业领域的服务直接关系到国计民生，因此这些领域的混合所有制改革直接与公共利益相关，方案制定和实施过程必须公开透明，建立利益相关方民主参与机制。政府有责任为广泛的民主参与搭建制度平台，提供充分和透明的信息，使每一个利益相关群体能在该平台获得信息，表达意见和参与决策。

具体来说，混合所有制方案的制定必须经过各方充分论证、广泛征求意见，包括详细公开待出售国有企业的情况、是否必须混合、混合的成本和预期收益、混合后是否能提供合理的价格和可靠的服务、混合对各方利益的影响等，在此基础上形成合理方案。为防止腐败行为和国有资产流失，战略投资者的选择必须通过竞争性招投标或公开股票市场。

（四）建立有效的法人治理结构，妥善处理国有企业职工身份转换

建立有效的公司治理结构是混合所有制改革的核心。混合所有制作为一种基于股权合作的 PPP，相比于完全基于合约的 PPP，主要优势在于政府作为股东，直接参与公司治理，从而能更好地代表公共利益，防止私营企业过度追求商业利润。与原国有企业相比，混合所有制企业通过建立符合现代产权制度的法人治理结构，促进运营效率的提高。

混合所有制改革中另外一项重要的挑战是国有企业职工身份转换和补偿问题。混合前的国有企业承担了一定的社会责任，大部分人员冗余严重，甚至部分人员享受超国民福利待遇。实行混合所有制后，国有控股的企业的矛盾可能相对较小，国有参股的企业通常需要对职工进行身份转换，由于私人合作方更关注商业利润，这就

可能会出现减薪和裁员，并且通常采取一次性补偿职工，再建立市场化的聘用机制和薪酬体系的方式予以解决。

（五）完善特许经营制度，协调好行业监管与合同监管的关系

一是完善特许经营制度。在基础设施和公用事业领域，大部分混合所有制企业需要与政府签订特许经营合同，其中，通过股权转让形成的企业，政府同时授予特许经营权，通过公私合资形成的混合企业，必须经过公开招投标才能设立和签订合同，因此必须完善特许经营制度。尽管混合所有制企业中政府持有部分股份，但由于存在委托—代理关系，国有企业股东代表的利益可能与政府保障公共服务的目标发生冲突，也可能因不当干预而损害私营股东利益。因此，较为完善的特许经营合同条款，对约束各方行为、维护各方合理利益具有重要作用，是对企业治理结构的有益补充。

二是完善政府监管体系。基础设施和公用事业具有垄断特征，恰当的公共政策及其有效的实施对公用事业的发展有着重要作用，其中最为关键的是建立稳定的监管体系，从而保护消费者权益，引入和促进竞争，避免政府作为混合所有制企业股东的商业目标与保障服务的公共利益目标之间的冲突。监管体系主要包括法律法规体系、组织机构体系、监督体系、监管的方式与方法体系。政府监管的主要任务是根据法律授权范围和程序制定监管规则，参与制定或批准特许经营合同中与其职能相关的条款，并监督特许经营合同或协议的执行情况。完善的监管体系，需要配套相关法律法规和规则体系，建立权责明晰、具有一定独立性的监管机构，采用区域比较、价格上限等激励性的监管方法，建立公开透明的决策机制，完

善听证会制度，在监管机构内部设立专业的消费者组织，更好地维护消费者的利益。重点加强自然垄断环节价格和质量的监管，尽快出台成本监管规则和价格定期调整规则，完善价格水平核定方法，逐步建立反映分类用户用本的价格结构；在服务质量监管方面，修订和完善技术标准和产品服务质量标准体系。此外，监管机构还应制定管制信息系统，针对市政公用事业建立区域比较制度，在各地之间实现信息共享；对竞争性环节的市场运行情况进行定期监测，防止出现垄断行为。

三是协调行业监管与 PPP 合同监管（特许经营协议）的关系[①]。基础设施和公用事业领域的混合所有制是一种基于股权合作的 PPP。我国目前针对基础设施和公用事业领域的准入、退出和服务质量监管一般由行业主管部门负责，这些部门同时是 PPP 项目的实施和执行机构，负责 PPP 合同的制定、签署和执行，因此行业监管与 PPP 合同能够实现较好的融合。但是，对于涉及用户收费的 PPP 项目，价格与收费属于价格监管机构的职责范围，因此需要处理好已有的价格监管规则与相关合同条款的关系。价格监管是一项专业性较强的工作，考虑到我国现有体制和实际情况，对于涉及直接向用户收费、属于政府定价目录的项目，合同中与价格相关的条款需要物价部门的参与和批准，合同中未经价格监管机构认可的、与用户收费相关的条款无法律效力，否则完全基于合同监管

---

① 监管的基本方式有两种：一种称为“基于规则的监管”，在法律法规中规定控制价格和服务标准等的规则和责任，通过颁发许可证或指导投资来控制准入和退出，通常将这些监管权力授予独立监管机构；另一种称为“基于合同的监管”，政府与私人服务商签订合同，在合同中规定价格和服务标准等内容。由于 PPP 项目均需要签订合同，实践中不可能单独实行“基于规则的监管”，在国外，一些国家仅基于合同对 PPP 项目进行监管，另外一些国家采用行业监管与合同监管结合的方式对 PPP 项目进行监管。

的风险可能更高。但考虑到现行许多行业的价格监管规则不适应PPP项目的要求，因此具体监管的方式可按项目进行灵活处理，对价格监管与合同的关系进行多种探索，必要时可以不受现行法律法规的约束，一方面为PPP项目建立合理的价格形成机制，另一方面将PPP项目作为公用事业领域价格改革的突破口。

（执笔：杨娟）

参考文献

[1]〔英〕达霖·格里姆赛、〔澳〕莫文·K. 刘易斯著《公私合作伙伴关系：基础设施供给和项目融资的全球革命》，济邦咨询公司译，中国人民大学出版社，2008。

[2]〔美〕E. S. 萨瓦斯著《民营化与公私部门的伙伴关系》，周志忍译，中国人民大学出版社，2002。

[3] 张文魁：《中国混合所有制企业的兴起及其公司治理研究》，经济科学出版社，2010。

[4] 邹东涛、欧阳日辉：《中国所有制改革30年（1978～2008）》，社会科学文献出版社，2008。

[5] 秦虹、钱璞：《我国社会公用事业改革与发展30年》，载《发展和改革蓝皮书：中国改革开放30年（1978～2008）》，社会科学文献出版社，2008。

[6] 张彤玉、崔学东、李春磊：《当代资本主义所有制结构研究》，经济科学出版社，2009。

[7]〔德〕魏伯乐：《私有化的局限》，上海人民出版社，2006。

[8] 秦虹：《城市公用事业市场化融资概论》，中国社会科学出版社，2007。

[9] 王俊豪等：《中国城市公用事业民营化绩效评价与管制政策研究》，中国社会科学出版社，2013。

[10] 刘树杰：《垄断性产业价格改革》，中国计划出版社，1999。

[11] 王学庆等：《市政公用事业改革与监管》，光明日报出版社，2012。

[12] Maria Vagliasindi, *Revisting Public-Private Partnerships in the Power Sector*,

AWorld Bank Study, 2013.

[13] Michel Bellier, Yue Maggie Zhou, *Private Participation in Infrastructure in China: Issues and Recommendations for the Road*, Water and Power Sectors, Worle Bank Working Paper No. 2, March 2003.

[14] World Bank, *Public-Private Partnerships Reference Guide Version* 1.0, 2012.

[15] EU (Commission of the European Communities), *Green Paper on Public-private Partnerships and Community Law on Public Contracts and Concessions*, Com (2004) 327.

[16] David Hall, *PPPs in the EU-a Critical Appraisal*, Public Services International Research Unit (PSIRU), October 2008.

[17] Clive Harris, *Private Participation in Infrastructure in Developing Countries: Trends*, Impacts, and Policy Lessons, World Bank Working Paper No. 5, 2003.

[18] The World Bank & Department for International Development of the United Kingdom, *Good Governance in Public-Private Partnerships: A Resource Guide for Practitioners*, June 2009.

[19] Daniele Calabrese, Strategic Communicationfor Privatization, Public Private Partnerships, and Private Participation in Infrastructure Projects, World Bank Working Paper No. 139, 2008.

促进非公经济加快发展混合所有制经济的对策研究

内容提要：现阶段非公经济的快速发展已经为发展混合所有制经济创造了现实条件。鼓励非公经济发展混合所有制经济，有利于消除所有制鸿沟，破除非公经济发展瓶颈，为非公经济构建公平的竞争环境。同时，能够带动非公经济自身创新驱动转型发展。出于追求规模经济、促进转型发展、实现市场势力以及利用国企资源优势的动机，非公企业正积极通过上市、资产重组、新建等方式参与发展混合所有制经济。目前，虽然非公经济发展混合所有制企业取得了一定进展，但仍存在一定的问题：非公经济依旧面临不公平的市场准入环境、缺少促进非公经济发展混合所有制企业的特许经营法和退出政策、尚未给非公经济发展混合所有制企业提供有效运转的平台、行政干预依旧严重、具体操作中受到歧视。同时，由于过去合作的经历导致目前发展动力不足。要促进非公经济发展混合所有制企业，必要的前提就是要加强顶层设计，明确非公资本参与混合的范围和实施细则。同时，还需通过加快各行业对非公资本的开放、构建特许经营制度及完善非公经济发展混合所有制企业的进退通道、鼓励发展非公资本控股的混合所有制企业、打造公平的竞争环境等来促进非公经济加快发展混合所有制经济，最终带动民营经济转型发展。

一　非公有制经济加快发展混合所有制经济的现实条件及意义

（一）非公经济的快速发展为发展混合所有制经济创造了现实条件

改革开放以来，非公有制经济经历了从无到有、从小到大、从弱到强，在支撑增长、促进创新、扩大就业、增加税收等方面发挥了重要的作用，成为我国经济社会发展的重要基础。非公有制经济是支撑增长的重要力量。无论在经济发展的顺周期还是逆周期，非公有制经济在数量、规模上都保持了较快增长，极大地丰富了市场经济主体，活跃了各类商品市场和要素市场，促进了我国经济平稳较快发展。截至 2012 年，我国私营企业超过 1060 万户，注册资金近 30 万亿元。个体工商户已逾 4000 万户，注册资金近 2 万亿元。2013 年民间固定资产投资占全社会固定资产投资的比例达到 63.0%。非公有制经济对 GDP 的贡献率已超过 60%。非公有制经济是促进创新的重要载体。非公有制企业具有体制灵活、经营高效的特点，在科技创新上，动力更强、反应更快、效率更高，已经成为技术改造、产品创新、科技成果转化的重要基地。据统计，我国 65% 左右的发明专利、70% 左右的技术创新和 80% 以上的新产品都是由非公有制经济创造的，并涌现出华为、海尔等一批技术创新走在前列的民企。非公有制经济是扩大就业的重要渠道。改革开放

30 多年来，非公有制经济以其巨大的就业包容量对保障和改善民生作出了历史性的重大贡献，特别是在解决农村剩余劳动力、高校毕业生、国企改制分流人员等群体的就业问题方面发挥了不可替代的作用。非公有制经济吸纳了 80% 的城镇就业人员和 90% 的新增就业人员。非公有制经济是增加税收的重要来源。近年来，来自非公有制经济创造的税收已占 69% 左右，这对实施积极财政政策、拉动国民经济持续健康发展、促进各项社会事业发展而言发挥了重要作用。非公经济的快速发展为积极发展混合所有制经济创造了现实条件。

（二）非公经济发展混合所有制经济的意义

非公经济积极发展混合所有制经济，是在新形势下探索公有制经济和市场经济相结合的有效形式之一，具有重大的现实意义。

鼓励非公经济发展混合所有制经济并赋予非公有制经济控股权利，将进一步推动非公有制经济与公有制经济的深度融合和有机统一，有利于完善社会主义市场基本经济制度；有利于深化国有企业改革，提高国有企业的效率和竞争力。与此同时，通过盘活部分存量资产，有助于国有经济在体现国家战略意图的关键行业和领域发挥更重要的作用，也为国有企业履行弥补社保资金不足等社会责任奠定基础。

鼓励非公经济发展混合所有制经济，有利于消除所有制鸿沟，破除非公经济发展瓶颈，为其构建公平的竞争环境。通过着力清除市场壁垒，向非公资本开放未明确禁止进入的行业和领域，鼓励非公经济进入石油天然气、电网电力、铁路、电信、航空航运以及金融等垄断行业的竞争性领域，能够拓宽非公经济发展的空间，为有效解决国有与民营、垄断与竞争之间的矛盾提供了开放性的解决通道；同时也能够促进民间资本与国有资本在企业内部实现同等使用生产要素和公平受益，形成公平竞争的环境。

鼓励非公经济发展混合所有制经济，能够带动非公经济创新驱动转型发展。非公经济在发展混合所有制企业的过程中，通过充分利用国有资本的市场地位及资源优势，其创造力可进一步得以释放，从而有利于加快实施创新驱动发展战略。通过与国有企业合作，积极投向高新技术产业、战略性新兴产业以及进入更多产业融合和新兴业态领域，能够促进非公企业实现技术创新、管理创新和商业模式创新的深度融合，最终带动非公企业转型与升级。

二　非公经济发展混合所有制经济的现状

从20世纪90年代开始，我国实施了允许民营资本和外资参与国有企业改革的政策，大大促进了非公经济发展混合所有制经济。目前，出于获得转型发展、追求规模经济、实现市场势力以及利用国企资源优势的动机，非公企业正积极通过上市、资产重组、新建等方式参与发展混合所有制经济。目前除了关系国家安全的国防军工、战略物资储备等少数特殊领域外，几乎在绝大部分领域都可以看到非公经济发展混合所有制企业。

（一）非公经济发展混合所有制企业的方式

非公经济采取上市、资产重组及新建等多种方式实现了产权混合。在具体操作层面，组建混合所有制企业有以下几种方式。一是企业上市。有条件的非公企业利用资本市场改制上市，成为公众公司，实现了股权结构的多元化，企业也在加快建立现代企业制度。二是资产重组。非公有资本参与国有企业股份制改造，成为战略投资者①，把国有独资企业改造为混合所有制企业。另外，产权流动交易的方式也是非公企业发展混合所有制经济的重要渠道。国有企业产权的部分出售，国有资本的增资扩股和资本置换，国有及国有控股上市公司增减持股票和增发配股、认购可转债等，通过产权、资本交易市场，均是非公企业发展混合所有制经济的方式。这是一种比较规范、透明、公平的方式。通过以上方式促进各类资本双向进入、融合发展，鼓励发展由非公有资本控股的混合所有制企业。三是合资新建。非公有资本与国有资本共同新建混合所有制企业是非公企业普遍采用的一种混合方式。比如，在我国基础设施和公用事业领域，大部分是以特许经营方式在增量项目中新设立公私合资公司来发展混合所有制企业，这种方式广泛分布于发电、高速公路、城市供水、燃气、地铁线路等领域。以上三种方式可以促进非公企业通过控股、参股等方式全面参与发展混合所有制经济，从而逐步提高企业活力和创造力。

（二）非公经济发展混合所有制企业的主要动因

目前，无论是在新建项目方面或还是在盘活存量方面，非公经济发展混合所有制企业都存在一般性动机和特殊动机。一般性动机主要是包括获得企业创新驱动转型发展、实现追求规模经济和延长

① 一般来看，战略投资者从事的业务与企业生产经营有较密切的关系，也较关注投资企业的生产经营，投入后一般没有退出的打算。而财务投资者关注资本收益，通常在企业上市后便逐步退出。

表1　复星集团发展混合所有制的方式

单位：%

类型	公司名称	方式	持股比例	行业地位
控股经营	南京南钢	2003年复星集团与南京钢铁集团共同出资设立南京钢铁联合公司	60	综合竞争力 Top5
	海南矿业	2007年海南钢铁公司与上海复星高科技集团公司合资组建海南矿业联合有限公司	60	国内第一
	重庆药友	2002年重庆药友制药有限责任公司以增资扩股的形式引入上海复星医药	51	肝病 Top3
	江苏万邦	2004年江苏万邦改制引入上海复星	95.1	糖尿病 Top3
	桂林南药	2003年桂林南药改制引入上海复星	94.25	疟疾全球 Top3
	北京金象	2002年北京金象股份制改造引入上海复星	50	中国医药零售连锁 Top3
参股主导经营	豫园	2002年豫园股份制改造引入上海复星	20	旅游行业 No.1
	永安保险	上海复星认购永安保险增发的股份	7	财险 Top10
	三元股份	上海复星认购三元非公开发行的A股	20.45	国内乳业龙头
	国药控股	2003年复星集团与中国医药集团合资成立国药控股	49	医药零售全球 Top3
参股	陕鼓动力	2008年复星集团入股陕鼓动力	4.68	全球透平机械 Top3
	21世纪	2001年复星集团入股21世纪	33	中国财经媒体 No.1
	中闵能源	2013年复星集团入股中闵能源	4.49	全国清洁能源领先企业

资料来源：根据案例资料整理。

产业链的动机。非公经济积极发展混合所有制企业还有特殊的动机，主要是实现市场势力以及利用国企资源优势的动机。

1. 促进企业创新驱动转型发展

对于非公企业来说，发展混合所有制经济无疑为其带来了新的机遇，走混合所有制道路，是非公企业获得转型升级的有效途径。非公经济通过优势嫁接、取长补短，将在资本金、竞争力等方面获得极大提升，能够促使其加快实施创新驱动发展战略。比如，非公经济通过与国有企业合作投向高新技术产业、战略性新兴产业，进入更多产业融合和新兴业态领域，能够提高企业技术创新能力、推动企业商业模式创新，逐步实现小企业做大、大企业做强的目标，最终带动民营企业转型升级。与此同时，发展混合所有制企业也需要非公企业不断加强治理结构、制度层面的转型和升级。这有利于进一步推进民营家族企业股权多元化，加快建立现代企业制度，完善法人治理结构，提升企业经营管理水平，提高企业家素质以及加快培育职业经理人队伍。

2. 做大企业规模和延长产业链

为了实现企业销售收入、利润等经济指标的快速增长，或是为了在自身的产业领域减少或消除已有和潜在的竞争对手，或是出于延长产业链和拓展业务的考虑，非公经济积极探索混合所有制经济。比如，亿利资源集团通过与多家国有企业出资建立混合所有制企业，克服了自身资金不足、人才短缺的缺陷，同时避免了国家对民营企业的审批管制，使得企业迅速做大规模，并延长了产业链；湖北三宁化工股份有限公司为了延长上游产业链，主动引入山西晋城无烟煤矿业集团有限公司，企业规模得以迅速扩大。

3. 突破市场准入壁垒

非公企业愿意入股国有企业发展混合所有制企业，还出于突破市场准入壁垒的目的。金融、石油、电力、铁路、电信、资源开发、公用事业等领域，虽然没有明确限制非公资本进入，但以资本实力、技术水平、从业资历等各种理由抬高行业准入门槛，使得非公经济难以进入。非公企业通过发展混合所有制企业，能够利用国有企业在市场准入方面的优势，破除民营经济发展瓶颈，有效破除行业壁垒，拓展发展空间。湖北和润联投资管理有限公司通过参与中铁大桥局铁路中心医院的改制，有效规避了行业壁垒，成功进入医疗行业，并最终实现民营资本控股。

专栏1　亿利资源集团通过混合所有制方式实现市场势力

亿利资源集团是一个只有十几年发展历史的民营企业。亿利资源集团窥见了2003年以来中国重化工业浪潮带来的重大商业机遇，窥见了内蒙古丰富的能源资源所蕴含的重大商业机遇，但是重大工业项目、能源开采项目，需要巨额资金，并且国家有关部门对项目的审批也明显向国有企业倾斜。由于获得审批存在不小的障碍，亿利资源集团选择了与中国神华集团、中国盐业集团这样的大型国有企业合作组建混合所有制企业的办法来克服这些障碍，实现市场势力。

2006年以来，亿利资源集团决定与实力强大的国有企业共同出资组建混合所有制企业，大力进军煤炭开采与煤化工、发电、重化工等产业。亿利资源集团与中国最大的国有煤炭企业——中国神华集团共同出资组建了神华亿利能源有限责任公司从事煤矸石发电业务和煤炭开采业务，电力装机规模为80万千瓦，煤炭开采规模为1000万吨，神华集团占51%的股份，亿利资源集团占49%的股份；与神华集团以及另一个国有企业——上海华谊集团共同出资组建亿利化学工业公司，从事PVC生产业务，生产规模为PVC100万吨、离子膜烧碱100万吨，亿利资源集团、上海华谊集团和神华集团分别占41%、34%、25%的股份；与中国最大的国有盐业公司——中国盐业集团共同出资组建了中盐亿利盐化工有限责任公司，从事盐的生产加工业务，生产规模为120万吨真空盐，中国盐业集团和亿利资源集团分别占49%和51%的股份。

亿利资源集团的总裁称，与国有企业共同出资组建混合所有制企业，能够有效避免国家对民营企业进行大规模煤炭开采与发电的审批管制以及重大项目建设的审批管制，使得企业实现了跳跃式发展。

资料来源：根据张文魁的《中国混合所有制企业的兴起及其公司治理研究》相关内容整理。

4. 充分利用国有企业资源优势

一些参与国有企业所有权改革的民营企业接受或主动选择混合所有制企业主要出于充分并持续利用国有企业资源优势的动机。目前，民营企业在政府专项资金的获得、重大项目中标、从银行获得贷款、上市筹资及人才引进等方面仍然难以全面享受与国有企业一样的国民待遇。在难以同等使用生产要素、公开公平公正参与市场竞争的社会环境中，非公企业主动参与国有企业改制重组或者主动改造为混合所有制企业，显然能够争取更多的资源。民企依靠"红帽子"，能够获得经营上的便利，使得其能够充分、持续利用国有企业的资源优势，这对于企业发展的重要性不言而喻。许多非公企业为了获得这一优势，都持有"不求所有、但求所在，不唯控股、只要发展"的理念。

专栏2　天威英利公司主动发展混合所有制企业，只为充分利用国有企业的资源优势

目前，为了充分利用国有企业的资源优势，一些纯粹的私有制企业，竟然主动地引入国有股，将企业改造为混合所有制结构。天威英利公司的案例很有说服力。天威英利公司是由民营英利集团和国有企业天威保变共同出资创办的混合所有制企业。英利集团在1997年看中了一个光伏开发项目，当时光伏开发项目有政府专项资金支持，但通过国家开发银行发放，民营企业根本没有得到专项资金的机会。在此情况下，1998年，英利集团向河北保定开发区管委会转让了60%的股份以设立英利公司，并约定国有单位不干预企业经营。1999年，英利公司中标了该项目，投资约需1.5亿元，但英利集团仍然没有足够的资金，银行对此项目很陌生所以不愿批准贷款。此时国有企业保定天威集团的子公司天威保变刚刚上市获得巨额的资金而苦于没有投向，于是与英利集团结盟合资。2002年初，天威保变、英利集团、北京中兴立业科技投资公司对英利公司增资扩股，完成后更名为天威英利，三方持股比例分别为49%、45%、6%，原保定开发区管委会60%的股权变为债权。此时三方也订立了协定，国有企业不干预天威英利的经营事务。2004年，天威英利根据形势发展的第一期工程需要资金4亿元，希望天威保变提供担保，但后者以获得绝对控股权为前提，于是英利集团向天威保变出让了2%的股份，但仍然约定天威保变不参与管理。

天威英利的案例表明，在中国，由于缺乏足够的信任，在政府专项资金的获得、重大项目中标、从银行获得贷款等方面，民营企业仍然难以全面享受与国有企业一样的待遇。一些国有企业，无论是在上市筹集资金方面，还是在银行贷款方面，都有着更加畅通的渠道，但没有合适的投资项目。恰恰相反，民营企业有合适的项目却难以获得资金。在这样的情况下，混合所有制可以帮上大忙。

资料来源：根据张文魁的《中国混合所有制企业的兴起及其公司治理研究》相关内容整理。

5. 获得更多保护

非公企业发展混合所有制经济还有更多地考虑，那就是在经营活动中获得更多的保护。我国目前并不是一个完全成熟的法治国家，企业在陷入普通的商业纠纷时还需要政府的支持。也就是说，在非法治环境下，政府保护对于企业和个人而言都是非常重要的。一般而言，国有企业得到保护的程度要更高一些，而非公经济在许多情况下处于弱势地位。毫无疑问，混合所有制企业由于含有国有股，比纯粹的私有制企业更容易得到保护。比如，新华航空控股公司和奥凯航空公司的案例就很有说服力。2008 年下半年以来，全球航空业陷入低谷，中国航空业也不例外，所有的航空公司都面临资金链断裂的危险。但在此时，国有企业中国国际航空公司、中国东方航空公司和中国南方航空公司各自获得了国家数十亿元的注资，而民营企业奥凯航空公司不得不停飞，同为民营企业的东星航空公司准备出售给中国国际航空公司。但是，身为混合所有制企业的新华航空控股公司获得了政府的保护。新华航空控股公司在危急时刻得到了海南省和天津市政府的资金注入及优惠政策，避免了资金链断裂、停飞、转售等风险。

（三）非公有资本参与发展混合所有制经济的趋势

从发展趋势看，民营资本已经不满于从属型、合作型关系，控股权要求更强烈。股权多元化改革进一步向企业主导权、控股权、话语权争夺转变。由于政策的放松，也基于过去合资合作的经验，民营资本会越来越不满足于借助国有企业的市场准入优势或其他资源优势，它们一方面盯着国有企业的优质资产和过去想进又进不去的领域，另一方面不愿仅充当财务投资者的角色，处于从属被动地位，担心“大鱼吃小鱼”。民资为保障自身利益和长期稳定发展，对控股权的要求越来越强烈，同时认为即使不能控股，也要求平等的地位和话语权。因此，微观上民营资本由过去从属型、合作型关系逐步向控制型关系转变的倾向较为明显。

三 非公经济发展混合所有制经济存在的问题

目前，非公经济发展混合所有制企业虽然取得了一定的进展，但是仍存在一些问题：面临不公平的市场准入环境、缺少促进非公经济发展混合所有制的特许经营法和退出政策、尚未给非公经济发展混合所有制提供有效运转的平台、行政干预依旧严重、具体操作中受到歧视。同时，由于过去合作的经历导致目前发展动力不足。

（一）非公经济仍面临不公平的准入，要素使用及产权保护环境不健全

非公经济依旧面临不公平、不健全的发展环境，表现为：一是非公经济市场准入仍然遭遇“玻璃门”、“弹簧门”、“旋转门”和“铁丝网”。虽然“非公 36 条”和“非公新 36 条”允许非公资本进入垄断行业、公用事业及基础设施领域、社会事业、金融服务业和国防科技工业领域，对非公资本实行“非禁即入”，在国家宏观层面为非公有经济发展进一步扫清了障碍，但是非公经济发展遇到的最大外部环境问题仍是市场准入问题。很多行业没有明确限制非公资本进入，但以资本实力、技术水平、从业资历等各种理由抬高行业准入门槛，使得非公经济难以进入，仍面临市场准入障碍。另外，审批环节多、时间长的问题仍然较为严重，

消评、环评、能评、安评等审批环节垄断、低效。同时，非公经济在突破重重隐性障碍进入相关领域后，还要面临“实施难、盈利难、竞争难、退出难、保障难”的困境，在利益分配、权益保护、平等参与等方面仍然缺乏具体的细则与措施。再加上宏观政策不稳定也使得民资难以形成合理投资预期，不敢贸然进入。二是非公经济发展面临不健全的要素使用环境，政策执行上仍存在亲“公”不亲“民”的问题。目前非公经济发展仍面临信贷支持、资源获取、土地征用、人才引进、技术服务等生产要素供应方面的不公平待遇，其中最为突出的是融资渠道和信贷支持方面的不公平。民办机构的人才在职称、社保、养老待遇上难与公立机构竞争，实际应享受到的优惠政策也很难得到执行。三是对非公企业的产权保护不足。现有的政策和法律的作用不能得到充分发挥，如保护财产权的《物权法》、保护知识产权的《商标法》和《专利法》，以及规范市场主体及经济秩序、保护企业合法权益的《合同法》、《反不正当竞争法》和《反垄断法》等存在执行不严、违法不纠等问题，不利于对非公企业财产权的保护，影响了资本的流动和组合，阻碍了非公有资本参与发展混合所有制经济。

（二）缺少特许经营法和退出政策，不利于非公经济发展混合所有制经济

目前，我国特许经营法尚未出台。基础设施和公用事业特许经营在我国有近 30 年的发展历史，但因各地行政法规上的交叉模糊而造成约束力不强、风险分担不合理等问题，这不利于非公资本进入特许经营领域。实践中部分地方政府或国有大股东缺乏契

约精神，违约、不执行合同的案例时有发生。某些政府部门借公共利益名义收回特许经营权，又不予以经济补偿。有些政府对准公共品属性的混合所有制企业或引入混合所有制和 PPP 模式后的项目缺少应有的支持，往往一改了之或一卖了之，不再承担任何责任。因此需要尽快出台特许经营法，通过立法对各方的权责予以约束。同时，缺乏明确的退出政策。非公资本在参与发展混合所有制时还比较关心资本的退出机制或通道，但是目前尚未出台相应的退出政策，非公经济还无法在规则之下自由进退。这也使得非公资本不敢贸然进入。另外，已有政策不支持非公经济建立控股的混合所有制企业。根据国企兼并重组的指导意见，没有职工代表大会同意，即使是一般竞争性领域的国企要让民营资本控股也很难实现。同样，现有的国有资产管理体制也不允许非公经济控股。

（三）资产定价机制不合理，缺乏多层次的市场交易平台

目前，尚未为非公经济发展混合所有制提供有效运转的平台。资产定价是发展混合所有制经济的基础。在过去国有企业改制重组中，民营企业购买或交换国有企业股权，均涉及国有资产定价问题。对于资产定价，不同的评估方法决定了资产的不同价格，过去随意性较强。究其原因主要是资产定价机制不合理。同时，由于缺乏多层次的市场交易平台，只能通过“招拍挂”方式获得资产交易价格，这类价格往往无法全面反映资产的价值。这客观上使民营投资者背上“国有资产流失”的包袱。合理的资产定价机制和多层次的交易平台的缺失会在一定程度上使得非公资本发展混合所有制缺少动力。

（四）非公经济发展混合所有制企业面临不正当干预

非公资本参与混合所有制改革是为了进一步解放生产力，给企业带来更规范、更高效的市场化运作机制和活力，而不是为了混合而混合。但在实际操作中，混合所有制改革存在行政干预。一是在非公经济发展混合所有制时，经常存在“拉郎配”的案例。地方政府要求当地规模较大的民营企业并购重组效益较差的国有企业，负责解决其职工就业问题等。经验表明，如果靠政府行政手段撮合，没有实现体制机制的转变和活力效率的提升，混合所有制只是形式大于内容的混合，非公资本很难有动力实现真正意义上的“混合”。二是当非公经济参与国有企业改制时，政府非常在意企业和社会的稳定，往往会针对所有权和控制权的转移，与企业或股东达成特殊的规定。规定既包括政府限定企业的裁员幅度以维护企业和社会稳定、限定企业股份的再转让以防止控制人的频繁变更导致企业休克，也包括政府限定新股东必须保持注册地点、纳税地点、原有品牌、主营业务等不变更以及实现更高的增长速度以保证地方利益。这种规定往往会影响混合所有制企业的发展。三是混合所有制企业行政化倾向依然严重，非公资本的进入并没有提高企业的效率。混合所有制企业受原国有企业的影响，依然行政化色彩浓厚，同时由于主要是在国有企业的二、三层级发展混合所有制，任何决定都要经过逐级上报、层层审批的程序，效率依旧较低。四是近几年国有企业的外部介入越来越多，而这些介入往往属于相似的重复检查，新建的混合所有制企业也受到了牵连。目前对混合所有制企业的各类重复性检查越来越多，有时前一个组还未撤离后一个组已经进入，这使得企业负责人不得不花费大量的时间和精力来接待、陪同，影响了混合所有制企业的发展。

专栏3　政府与企业特殊的规定阻碍了非公经济发展混合所有制企业

在2004年民营企业斯威特参与江苏省无锡市国有独资企业小天鹅集团公司的股份制改造时（斯威特持股65%），政府就确定了对小天鹅集团公司的调整政策，主要内容是“三个不变”，严格规定了作为混合所有制企业的小天鹅必须保持原有主业和原有品牌不变、保持原管理层不变、保持原注册地不变。同时，要求该企业2004年企业销售收入实现140亿元、2005年实现195亿元、2008年实现503亿元。显然，这些规定已经超过了国有股东的利益范围，政府是希望通过这些规定来维持企业稳定、促进当地经济发展。不过后来这些计划并没有实现，政府收回了出售给斯威特的股权。

（五）非公经济发展混合所有制企业受到不公正待遇

混合所有制发展中存在对非公经济的歧视或不公正待遇，主要表现如下。一是参与方对话权不平等。由于某些行业的特殊性、企业的规模差异较大以及缺乏完善的公司治理结构，出现了民营投资者在混合后的企业中没有与其出资额相对应的话语权，甚至难于参与项目的经营管理和对大股东投资经营行为进行有效监督。一些大型国有企业，特别是垄断企业凭借着强大的资金实力和行政权力，在引进了民营资本后，又通过非正常手段侵吞这些资本的利益，导致民营资本不得不选择退出，使得混合所有制企业又再度“纯国有化”。二是合作过程不稳定，因为国资委等国有持股机构的要求，提出调整已经签订合约条款的情况，甚至强行要求民营资本退出。三是混合后待遇差别化。混合所有制企业难以享受与其行业内国有企业在财税政策、土地使用、银行贷款、人员的职工评聘和社会保险等方面的同等待遇。

专栏 4　混合所有制企业再度“国有化”

2007 年天威集团 100% 股份划归中央国有企业中国兵器装备集团公司，后者希望借天威英利进入新能源领域，因此提出尽快恢复天威英利的国有控股地位，而且要控制天威英利，以天威英利这样一个在美国上市的企业为平台，发展中国兵器装备集团公司的新能源产业。中国兵器装备集团公司明确表示，英利集团需尽快降低其在天威英利中的股份。显然，天威英利主动选择了混合所有制，尝到了混合所有制的甜头，也尝到了混合所有制的苦头。

（六）非公企业发展混合所有制缺少动力

对于民营企业来说，发展混合所有制经济无疑带来了新的机遇，走混合所有制道路，是民营企业进入垄断行业的有效途径。通过参与国资改造、参股国资项目、控股混合所有制企业，民营经济将在资本金、竞争力等方面获得极大提升，有利于实现小企业做大、大企业做强，向产业链高端发展。然而，在这些机遇面前，民营企业基于以前的合作经历，也存在诸多担忧，导致发展动力不足，主要表现如下。一是民企望而却步，不愿当小股东，又尚无政策通道发展由非公有资本控股的混合所有制企业。由于大多数国有企业体量巨大，在产权让渡过程中，民营资本很难通过实际股权获得管理经营权限，事实上丧失了对企业的经营管理权，影响了民营资本参与国有企业改制重组的积极性。为此，很多民营企业家直言控制权是决定是否混合的最主要因素。

二是质疑国有企业发展混合所有制经济的真实动机。民营企业发展混合所有制存在困惑，是“陷阱”还是“馅饼”。政府是否会拿出国企的优质资产与社会资本重组，即政府是“分蛋糕”还是“甩包袱”？国有经济是否以控股形式继续坐拥市场垄断优势、规模优势、资金优势？从央企看，110 多家央企里面，60% 左右的央企都集中在周期性行业，如钢铁、煤炭、电解铝、造船、光伏、风电等。周期性行业基本都面临产能严重过剩的局面，这种情况下进行的混合所有制改革，民营资本尤其是实业资本并不感兴趣。

三是民间资本的平等地位以及投资安全性、长期稳定性能否得到保障。很多民营企业家认为，国有企业存在各类历史遗留问题以及股份制改革步伐缓慢、公司治理结构不完善，担心无法受到公平对待，而不敢进入。即便混合，一旦发生纷争之后，“黑头”法规能否抵得住“红头”文件？民营企业对于政策的稳定性充满担忧。

四　促进非公经济发展混合所有制经济的对策

要促进非公经济发展混合所有制，必要的前提就是加强顶层设计，明确非公资本参与混合的范围和实施细则。同时，还需从加快各行业对非公资本的开放、构建特许经营制度及完善非公经济发展混合所有制企业的进退通道、鼓励发展非公资本控股的混合所有制企业、打造公平的竞争环境等方面来促进非公经济加快发展混合所有制经济，最终带动民营经济转型发展。

（一）加强顶层设计，明确非公资本参与混合的范围和实施细则

明确参与混合的范围。首先，明确产业开放的范围和程度，明确要放开哪些领域、哪些行业，放开到何种程度，让社会资本确定应该在哪些领域、行业发展混合所有制企业；其次，明确产权开放的程度，明确不同类型和层级的国有企业混合的政策，让社会资本确定能够参与混合的层级以及参股甚至控股的比例。

明确发展混合所有制经济的路线图。在基本方向和范围已经明确的基础上，关键是细化的方案和明确的实施细则。分行业制定让各类社会资本看得见、进得去、混得好的“线路图”，使社会资本能找到进入的结合点和切入点。

（二）加快行业开放步伐，拓宽非公资本投资的空间

总体来看，允许非公有资本进入法律法规未禁入的领域。在当前经济下行压力较大时，政府应当鼓励引导国有企业拿出优质资产或前景较好、回报稳定的项目，以显示国有企业发展混合所有制经济的诚意，避免给民营企业造成国有企业利用混合所有制改革“甩包袱”的印象。

一是过去认为是国有经济需要保持较强控制力的所谓基础性和支柱性产业领域，有些已属产能过剩的领域，有些已不具备控制地位，需要更多地通过引入非公有资本来提高其效率和创新能力。

二是在一般性竞争领域，包括餐饮、旅游、家电、建材装饰、

纺织服装、食品加工、种植养殖、物业、商贸流通、房地产、轻工、冶金、化工等，要加大引入民间资本的力度，并逐步实现其在这些行业的控股。

三是在垄断性行业领域，要逐步对民资开放。在石油天然气、电网电力、铁路、电信、航空航运及金融等行业，国有资本在掌握控制力的基础上，着力清除市场壁垒，放开市场准入，通过横向或纵向分拆逐步向民资开放。具体来看，对具备网络特征的自然垄断环节，如电网、石油天然气管网、铁路网、电信网由国有资本控股经营，随着科技进步和市场结构的变化，逐步缩小自然垄断性业务的范围，把原来被视为自然垄断行业的大量业务逐步转变为可以引入市场竞争、民间资本参与的非自然垄断性业务；具有区域性网络特征的领域，主要指市政公用事业，可以通过特许经营等方式对民间资本开放，也可通过引入民间资本参股，实现公私合营，形成混合所有制的企业；放开和分拆竞争性业务，引入民间资本发展混合所有制经济，推进公共资源配置市场化，加强行业监管和社会监督；放开国企对资源的垄断，放开对进口原油、成品油、天然气的限制，放宽对油气资源勘探开发市场的准入，在油气等资源的中下游加工环节建立竞争的市场格局。

（三）构建特许经营制度，完善非公经济发展混合所有制经济的进退通道

加快构建特许经营制度，适时推出特许经营条例。坚持权利平等、机会平等、规则平等的原则，制定非公有制企业进入特许经营领域具体办法，推出包括特许经营权的授予、协议、经营者和实施机关权利和义务、监督管理和法律责任等规则，通过特许经营合同

明确约定项目周期、数量、质量、价格、收益分配及退出机制、违约补偿条款等方面的具体规定和实施细则，以全面保障民间投资者合法权益，有效消除导致其不愿、不想、不敢进入特许经营领域的约束，增强其参与混合所有制经济发展的积极性，拓展非公有制经济发展的领域。

发展多层次交易市场，为混合所有制经济的发展提供有效运转的平台。公有制经济与非公经济、国有企业与民营企业混合发展需要产权清晰和流转顺畅，实现国有资本与民营资本的融合互动，进而实现资本、股权的优化配置。目前迫切需要完善发展包括证券市场、产权交易市场及相关中介机构等在内的多层次、多功能的市场体系。尤其是目前要按照“统一、开放、竞争、有序的现代市场体系”的目标，建立体制合理、规制健全、竞争充分、通畅有序的现代产权市场。加快建立完善产权交易市场相关法律法规，包括完善产权交易行业管理、制定产权交易规则、规范产权交易程序、形成合理公正的价格评议机制等，促进产权交易市场规范化发展；健全产权交易市场的机制和功能，包括从完善产权市场功能、建立合理的定价机制、加快信息披露建设和统一交易系统等方面促进产权市场的规范化；进一步改善政府行为，集中力量强化对产权市场秩序的监管。通过市场体系的公开交易实现公平定价或对价。通过完善市场体系，为非公有制企业发展混合所有制经济创造平等的条件和机会，促进符合条件的非公有制企业通过换股、资产收购、股份转让、购买可转债等方式拓展利用交易市场参与国企改制重组的空间，疏通非公经济发展混合所有制企业的通道。另外，要重视发挥资产评估、审计等各类中介组织的独立作用，使其服务方式、程序、标准等进一步透明化、规范化和科学化，对国有资产的定价、审计、评估更加清晰化，从制度设计上对暗箱操作等不规范行为予以限制。

建立明确的非公资本退出机制和渠道。制定非公资本退出的具体办法，在资产评估、产权置换、土地使用、职工安置及社会保障等方面作出明确规定，疏通非公资本退出的通道，使其在相应规则之下自由进退。

（四）促进非公资本多渠道发展混合所有制，鼓励发展非公资本控股的混合所有制企业

初期合作伙伴的选择应“门当户对”。在发展初期，民营企业可以考虑选择“门当户对”的合作伙伴，以达到等级匹配、实力均衡、容易形成公司治理的均衡。目前，民营企业选择合作伙伴可选择国有企业控股或参股的二级、三级企业，采取参与改制重组或者合资合作的方式建立混合所有制企业，并逐步实现控股。或者可以鼓励优秀的民营资本共同组建产业投资基金公司，这样就可以直接参与大型国有企业改制重组或参与国有资本投资项目。

以金融资本为先导参与混合所有制经济改革是近期较为现实的选择。为解决公有制经济与非公经济参与混合所有制改革动力不足、互不信任的问题，以金融资本为先导参与混合所有制经济改革是近期现实的选择。在此过程中金融资本可以充当一种独立客观、规范化运作的角色，能够避免资产评估、有效对价所带来的非议，在促进国企改制和民营经济转型升级中发挥关键作用。随着现代企业制度尤其是公司治理机制的完善，以及市场环境发生变化，根据企业战略的需要，再进一步通过市场化的兼并重组以实现不同所有制产业资本间的深度融合。

保障民间资本和小股东在董事会的话语权。在我国现行企业管理体制下，大多数采取的是“股份—管理权”对等原则。在混合所有制经济体制下，为最大限度发挥不同属性资本对企业管理的贡献和保障其权益，应探索允许非公资本，以“股份捆绑”推举代言人的方式实现管理权。或在重大决策事项上，无论股权大小，一人一票予以表决，以实现不同属性资本管理权配的均衡化问题，最终有效保护非公有资本的话语权。同时，建议国资以优先股的形式部分留存于改制后的企业中。这样既满足了国有资产保值增值的现实要求，同时又保证了民资拥有企业经营的话语权，调动了非公经济参与混合的动力。

鼓励民营企业加快产权制度创新，大力支持有条件的非公企业建立现代企业制度。建立适合于现代企业的治理结构和机制，是现阶段我国非公企业实现更大发展的必然选择，也是进一步促进我国非公经济健康发展的重要基础。要引导和鼓励有条件的非公有制企业利用产权市场，优化企业股权结构。加快治理结构、制度层面的转型和升级，建立现代企业制度。同时有条件的要发展为公众公司，接受社会监督，不断提升企业管理水平，提高企业家素质，培育职业经理人队伍。

注重资源融合、文化融合，并通过企业制度进行约束和保障。混合所有制企业各方具有其固有的企业文化，都希望自身原有的文化在新公司中处于主导地位，这就难免使文化融合变得更加复杂。参与方要互信合作，提倡竞争的市场理念、包容的企业文化，通过系统的管理整合，将人才、资金、技术等各种资源优化重组，建立共识的企业文化理念，使企业的管理和经营符合新企业发展的要求和规律，实现混合所有制企业的快速发展。

（五）打造公平的竞争环境，加大产权保护力度

首先，目前要实行统一的市场准入制度，在制定负面清单基础上，各类市场主体可依法平等进入清单之外的领域。改革市场监管体系，实行统一的市场监管，清理修改不利于民间投资的法律法规，清理调整涉及民间投资的行政审批事项，废除各种形式的不合理规定，全面消除各种隐性壁垒，清除“铁丝网”、敲碎“玻璃门”、移走“弹簧门”，让民营经济与国有经济在投资核准、融资服务、财税政策、土地使用、参与政府投资项目、对外贸易和经济技术合作等方面享受同等待遇，激发民间资本活力。同时，为民间资本投资创业创新提供业务受理、公共资源交易、信用信息管理、中介服务、退出服务等各类“一站式”便捷服务。另外严禁和惩处各类违法实行优惠政策的行为，反对地方保护，反对垄断和不正当竞争。

其次，减少对发展混合所有制的行政干预。混合过程中要严格制止政府行政手段的撮合，也要尽量避免政府对发展混合所有制企业的特别规定。同时，保证合作过程稳定，不能要求民营资本强行退出。取消混合后待遇差别，保障混合所有制企业享受与其行业内国有企业同等的待遇。比如，非公有制企业兼并、参股国有企业涉及的行政划拨土地，只要不改变原企业的土地用途，经区县政府批准，可继续使用；机构人员在职工评聘、社会保险、住房公积金、退休办理等方面的待遇应与公职人员一致。另外，尽量减少对混合所有制企业的延伸审查。

最后，完善产权保护制度。尤其是完善私人财产权制度，因为其是确保非公经济促进混合有所制经济有序健康发展的前提和基

础。要加快落实保护私人财产权的法律法规，切实保护民间投资及投资后产生的收益，建立针对民间投资的法律援助和司法救济制度，确保各类市场主体同等受到法律保护。此外，可鼓励大小股东之间作出特别约定，用优先股、金股等特殊机制设计，在收益权和决策权之间平衡和保障小股东权益。

（六）促进民营资本投向高技术产业，提升民营企业技术创新和商业模式创新的能力

鼓励非公经济发展混合所有制经济，提升企业经营管理能力的同时，要进一步激发民营经济的新活力，充分释放其创新驱动的新动力，促进民营经济转型升级。

促进民营资本投向高技术产业。健全要素市场体系，创新项目推进机制，引导民间资本以生物医药、海洋产业、节能环保、3D打印、再生资源深加工等领域为突破口，重点投向高新技术、战略性新兴产业等领域，抢占新一轮产业制高点。鼓励民营企业积极实施“机器换人”项目，推进技术改造向机器化、自动化、集成化、智能化、生态化发展。鼓励民营企业开拓军工产品市场，参与军民两用技术研发和产业化，深化军民融合便利化机制。积极推动民间资本进入更多产业融合和新型业态领域。

提升民营企业技术创新能力。建立多元化、多层次、多渠道的新型科技投融资体系，切实增加民营企业研发投入。大力推行合作网络、平台创新、外部引入等新型研发支撑模式，提升民营企业技术创新绩效。支持具备条件的民营企业申报国家和省级企业技术中心，承担或参与国家工程研究中心、国家工程实验室等建设任务。支持民营行业骨干企业与科研院所、高等学校签订战略合作协议，

建立联合开发、优势互补、成果共享、风险共担的产学研用合作机制，组建产业技术创新战略联盟和构建产业共性技术研发基地，利用高端研发资源促进民营企业创新能力提升。保障民营企业平等获取公共创新资源，引导民营企业和行业协会参与制定相关产业政策及发展规划。

加快推动民营企业商业模式创新。将商业模式创新提升到与技术创新同等重要的地位，使技术创新和商业模式创新相互支持、相互促进。同时要破除制约商业模式创新的各种市场准入、行业壁垒和垄断等障碍，促进科技成果资本化、产业化，使商业模式创新成为民营企业发展的强大助推剂。另外支持民营企业积极探索适应产业融合趋势和特点的经营管理、渠道管理等新型商业模式。

（执笔：刘方）

参考文献

[1] 常修泽：《现代治理体系中的包容性改革——混合所有制价值再发现与实现途径》，《人民论坛·学术前沿》2014 年第 3 期。

[2] 陈永杰：《混合所有制经济占比分析》，《中国金融》2014 年第 4 期。

[3] 黄群慧：《混合所有制改革要“上下结合”》，《人民日报》2014 年 4 月 8 日。

[4] 李毅中：《发展混合所有制经济要落实到企业做好顶层设计》，《中国经贸导刊》2014 年第 6 期。

[5] 厉以宁：《在调查混合所有制中发现的几个误解》，《当代社科视野》2014 年第 4 期。

[6] 刘泉红：《以混合所有制经济为载体深化国企改革》，《前线》2014 年第 2 期。

[7] 彭建国：《关于积极发展混合所有制经济的基本构想》，《中国发展观察》

2014 年第 3 期。
[8] 邱海平：《论混合所有制若干原则性问题》，《人民论坛·学术前沿》2014 年第 3 期。
[9] 谢鲁江：《混合所有制经济：三重意义上的体制平台》，《人民论坛·学术前沿》2014 年第 3 期。
[10] 周新城：《怎样理解混合所有制》，《红旗文稿》2014 年第 4 期。
[11] 黄卫挺：《混合所有制：突出质量目标实现深化发展》，《宏观经济管理》2014 年第 7 期。
[12] 张文魁：《中国混合所有制企业的兴起及其公司治理研究》，经济科学出版社，2010。
[13] 本书编写组：《党的十八届三中全会〈决定〉学习辅导百问》，学习出版社，2013。

发展混合所有制经济过程中的资产定价

内容提要： 资产定价是市场行为，是一个竞价博弈的过程。资产价格的形成基础是其所能带来的未来收益，资产交易价格与资产净值的某种程度背离并不必然说明是“高卖”还是“贱卖”。国有资产定价要监管但不能特殊化，监管目标是让市场真正发挥决定性作用。在国企改革的实践中，定价偏低与国有资产流失只是一个硬币的两面，背后的深层次根源是没有真正建立起能够针对内部交易、合谋等道德风险的有效机制。在发展混合所有制经济过程中，资产价格发现同样要依靠市场的力量，由市场来决定，整体思路是按“进场属常态，协议属例外”的原则明确制度，让大部分国有资产进场交易，并推动与之相适用的配套建设和监管改革，提高价格发现效率。

在发展混合所有制经济中，如何提高资产定价的科学性，促进公平交易是社会关心的重点问题。在国企改革的实践中，有观点认为国有资产流失的关键是资产定价不合理。但深入思考后会发现，任何交易都会形成一个价格，除非国有资产被非法隐匿转移，根本没有发生交易。因此，在国有资产买卖过程中，定价偏低与国有资产流失只是一个硬币的两面，背后的深层次根源是没有真正建立起能够针对内部交易、合谋等道德风险的有效机制。为此，资产定价的技术方法固然重要，但本文将重点聚焦资产定价理念，以及与之相关的机制。

一　如何正确看待资产定价

资产定价是市场行为，资产价格的形成基础不是历史价值，而是其所能带来的未来收益，现实中资产价格确定是一个竞价博弈的过程，因此，资产交易价格与资产净值的某种程度背离并不必然说明是“高卖”还是“贱卖”。对于混合所有制改革来说，资产定价的核心是发挥市场机制的作用。当前，社会中一些认为政府把国有资产价格定低了的看法，逻辑上是错误的。

（一）资产定价是市场行为，政府如能操控价格恰反映出市场参与不足

经济学中，价格由供给和需求的市场力量共同决定，市场通过价格调整来实现供给和需求的匹配，在国企改革和混合所有制经济发展过程中，资产价格同样应该如此。供给和需求又各自取决于很多因素，因此，在一个有效市场（efficient market）中，如果某种单股力量（比如政府作为国有资产的出资人代表）能够控制价格，恰好说明市场参与和市场化程度不足，是未能真正让市场发挥决定性作用的反证。

（二）资产价格的形成基础不是历史价值，而是其所能带来的未来收益

商业实践中，资产价格的形成基础是其带来的未来收益，按照主流理论，资产价格取决于该项资产可以带来的现金流，其定价公式为：

$$P = C_0 + \frac{C_1}{1+r} + \frac{C_2}{(1+r)^2} + \cdots + \frac{C_n}{(1+r)^n} = \sum_{i=0}^{n} \frac{C_i}{(1+r)^i}$$

其中，P代表资产价格，C_i 代表第 i 期的现金流，r 代表利率，n 代表资产存续的期限，整个公式说明资产价格等于所有未来现金流的折现总和。上述定价公式是商业实践中最基础也是应用最多的。在国内的实践中，不少国有资产转让以账面净资产作为定价基础，并且没有对无形资产价值进行定价，可能导致价值被低估。

（三）资产专用性决定战略价值，资产价格确定是一个竞价博弈的过程

现实中多数资产具有一定的异质性和专用性，这种异质性和专用性为资产带来重要的战略意义①。作为上述理念的表达，以下公式更直观：

$$P = BV + SP$$

其中，BV（Book Value）代表账面（历史）价值，SP（Strategy Premium）代表战略溢价。对于资产买卖双方来说，由于

---

① 即诺贝尔经济学奖获得者奥利弗·威廉姆森（Oliver Eaton Williamson）所说的“专用化资产”（specific assets），参见其著作《资本主义经济制度》，商务印书馆，2002。

BV 是会计核算的结果，两者估值相差不大，但是 SP 作为战略层面的估值，可能相差很大。举一个极端的例子，对于资产转让方来说，可能该项资产于企业整体发展战略而言无益，保留该项资产可能带来负的现金流，因此其战略溢价是负的，即转让方愿意以账面价值折价转让。相反，对于资产受让方而言，可能该项资产正是其战略所需，受让后整体盈利能力可能提升，因此对于受让方该项资产的战略溢价可能是正的。作为最终成交的转让价格，则由类似资产的买方和卖方数量及其战略诉求共同决定，最终价格则是通过竞价博弈确定，这就是价格发现的市场过程。

基于战略溢价的客观存在，资产交易价格与资产净值的某种程度背离并不必然说明是“高卖”还是“贱卖”。同时，由于企业异质性和资产专业性之间存在的战略匹配问题，当前有观点认为“国有资产完成交割后一年内，如产生超过 50% 以上的大幅溢价，那么还需补充支付一部分国有资产转让价款，通过这种机制来控制套利空间”① 是不尽合理的，因为大幅度溢价并不一定是非法套利的结果，也有可能是战略契合、运营管理改进等综合作用的结果，因此，要具体问题具体分析，更为关键的是，要完善事前的预防机制。

（四）国有资产定价要监管但不能特殊化，监管目标是让市场发挥作用

国有资产的特殊性在于其所有权属性，但资产价格的形成并不是以所有权属性为基础的，而是以其未来收益为基础的，因此，国

① 杨杰：《混合所有制改革须重视资产定价》，《21 世纪经济报道》2014 年 8 月 27 日。

有资产价格本身并不具有特殊性，从这个意义上来说，国有资产定价也不能特殊化。同时，之所以要对国有资产定价进行监管，主要目的是防止国有企业现有“监管权—所有权—管理权”架构下可能存在的内部交易、合谋等问题，监管重点是建立让市场发挥决定性作用的制度框架，最有效率的监管是让国有资产在最有效率的产权交易市场中交易。

（五）资产评估是定价的必要工作，必须基于市场证据对价值量化

资产评估是企业价值（资产）量化的过程，毫无疑问，是资产定价的必要工作。在发达经济体中，资产评估属于专业服务，评估业的兴起主要是由市场力量推动，商业实践中买卖双方均会在谈判和签署协议之前进行资产评估。资产评估追求的是“公允价值”（fair value），原则上公允价值就是市场价值（market value）。因此，资产评估不仅要分析企业和（有形、无形）资产本身，而且要对行业乃至所在区域经济发展前景进行分析，有时，资产评估机构会从相同或类似的资产中找到评估的“市场证据”或“市场价格”。在资产评估行业发展相对成熟的国家，评估机构还会经常与其他中介机构合作，最终基于市场导向（market based）确定一个市场价值。在严格的执业规范与监管下，评估机构所确定的公允价值往往能够成为资产交易的重要参考，交易方会基于评估结果展开谈判。

二　现行监管框架及实践中存在的问题

实践中，多数资产交易及其价格确定属于私人商业行为，并不

涉及公众利益，因此由市场自身决定和完成，无需政府进行特殊监管，政府的角色是提供产权保护和保障交易合同的依法执行。但是，对于国有资产转让以及上市公司等的资产转让来说，政府则必须从保护公众利益的角度出发，制定必要的监管措施，以维护资产价格的公平性和科学性。

（一）现行监管框架

目前，资产定价相关的监管主要是上市公司的资产转让监管和企业国有资产转让监管。其中，上市公司的资产转让由《公司法》、《证券法》和证券监管部门的相关规章监管，企业国有资产转让主要由《企业国有资产法》和国有资产管理部门的相关规章监管。上市公司监管对信息披露、转让程序等均有更严格和明确的规定，因此其资产定价相对更加科学和公正。国企改革和混合所有制改革主要涉及国有资产定价问题，也是社会关注所在，因此下面将重点围绕国有资产转让的相关监管制度展开。

《企业国有资产法》是国有资产监督管理的核心依据，对国有资产的管理、交易等进行了详细规定，其第五章“关系国有资产出资人权益的重大事项”中，对交易形式、交易价格确定进行了规定。

专栏1　《企业国有资产法》对国有资产转让的规定

第五十四条　国有资产转让应当遵循等价有偿和公开、公平、公正的原则。

除按照国家规定可以直接协议转让的以外，国有资产转让应当在依法设立的产权交易场所公开进行。转让方应当如实披露有关信息，征集受让方；征集产生的受让方为两个以上的，转让应当采用公开竞价的交易方式。

转让上市交易的股份依照《中华人民共和国证券法》的规定进行。

第五十五条 国有资产转让应当以依法评估的、经履行出资人职责的机构认可或者由履行出资人职责的机构报经本级人民政府核准的价格为依据，合理确定最低转让价格。

第五十六条 法律、行政法规或者国务院国有资产监督管理机构规定可以向本企业的董事、监事、高级管理人员或者其近亲属，或者这些人员所有或者实际控制的企业转让的国有资产，在转让时，上述人员或者企业参与受让的，应当与其他受让参与者平等竞买；转让方应当按照国家有关规定，如实披露有关信息；相关的董事、监事和高级管理人员不得参与转让方案的制定和组织实施的各项工作。

资料来源：《企业国有资产法》。

从上述规定可以看出，国有资产价格发现过程存在以下几个监管要求：

(1) 除协议转让外，交易必须在产权交易场所公开进行；

(2) 在存在两个及两个以上受让方的情况下，必须通过公开竞价方式确定；

(3) 以评估价值为依据设置最低转让价格。

除此之外，《企业国有产权转让管理暂行办法》（国资委、财政部令第3号）、《企业国有产权交易操作规则》（国资发产权〔2009〕120号）对上述监管要求进行了细化。综合来看，在实践中：

（1）产权交易场所不仅包括上海证券交易所和深圳证券交易所，同时也包括各类全国性或区域性的产权交易中心。《企业国有资产评估管理暂行办法》（国资委令第12号）第10条对产权交易中心进行了专门规定。

（2）公开竞价方式包括拍卖、招投标、网络竞价以及其他竞价方式。

（3）原则上最低转让价格是评估结果的90%。

根据规定，在国有产权交易过程中，当交易价格低于评估结果的90%时，应当暂停交易；同时，在交易流程设计中，也存在90%的红线，具体规定是“企业国有产权转让首次信息公告时的挂牌价不得低于经备案或者核准的转让标的资产评估结果。如在规定的公告期限内未征集到意向受让方，转让方可以在不低于评估结果90%的范围内设定新的挂牌价再次进行公告。如新的挂牌价低于评估结果的90%，转让方应当重新获得产权转让批准机构批准后，再发布产权转让公告”。

从上述细化条款可以看到，在现有监管框架下，国有资产转让过程中的价格发现主要以资产评估结果为基础。对于国有资产的具体评估要求，《国有资产评估管理办法》（国务院令第91号）、《企业国有资产评估管理暂行办法》（国资委令第12号）、《资产评估机构审批和监督管理办法》（财政部令第64号）等文件也进行了详细规定：

（1）评估的程序：申请立项、资产清查、评定估算、验证确认；

（2）评估的方法：国有资产重估价值，根据资产原值、净值、新旧程度、重置成本、获利能力等因素和本办法规定的资产评估方法评定，具体包括：收益现值法、重置成本法、现行市价法、清算价格法、规定的其他评估方法。

专栏2 监管部门认可的国有资产评估方法

第二十四条 用收益现值法进行资产评估的，应当根据被评估资产合理的预期获利能力和适当的折现率，计算出资产的现值，并以此评定重估价值。

第二十五条 用重置成本法进行资产评估的，应当根据该项资产在全新情况下的重置成本，减去按重置成本计算的已使用年限的累积折旧额，考虑资产功能变化、成新率等因素，评定重估价值；或者根据资产的使用期限，考虑资产功能变化等因素重新确定成新率，评定重估价值。

第二十六条 用现行市价法进行资产评估的，应当参照相同或者类似资产的市场价格，评定重估价值。

第二十七条 用清算价格法进行资产评估的，应当根据企业清算时其资产可变现的价值，评定重估价值。

第二十八条 对流动资产中的原材料、在制品、协作件、库存商品、低值易耗品等进行评估时，应当根据该项资产的现行市场价格、计划价格，考虑购置费用、产品完工程度、损耗等因素，评定重估价值。

第二十九条 对有价证券的评估，参照市场价格评定重估价值；没有市场价格的，考虑票面价值、预期收益等因素，评定重估价值。

第三十条 对占有单位的无形资产，区别下列情况评定重估价值：

（一）外购的无形资产，根据购入成本及该项资产具有的获利能力；

（二）自创或者自身拥有的无形资产，根据其形成时所需实际成本及该项资产具有的获利能力；

（三）自创或者自身拥有的未单独计算成本的无形资产，根据该项资产具有的获利能力。

资料来源：《国有资产评估管理办法》（国务院令第91号）。

（二）存在的主要问题

通过上述梳理可以看到，我国针对企业国有资产转让及定价的监管的最大特点是：价格确定遵循市场化原则，如对产权交易所和竞价机制的要求，但同时也设立了防止国有资产流失的交易价格红线，即评估结果90%的下限约束。上述监管框架是在理想与现实间做出的一个折中方案。在具体实践中，由于整个交易程序设计和监管方面的问题，上述监管方案仍然存在很多漏洞，难以有效防范国有资产实际成交价格被人为扭曲。

1. 制度设计缺乏明确的细则，既为“该进不进”提供了漏洞，也导致了实践中的所有权歧视

（1）缺少场内外交易的明确边界和确切条款，为“该进不进”提供了漏洞。按照《企业国有资产法》，除按照国家规定可以直接协议转让的以外，其他转让均必须在产权交易所公开交易。在《企业国有资产法》下，国资委等部门印发了《企业国有产权转让管理暂行办法》、《关于国有企业产权转让有关事项的通知》（国资发产权〔2006〕306号），对可协议转让的条件和范围作了进一步规定[1]，但整体来看，这些规定均属原则性，可协议转让的边界并没有被实质性地明确界定出来。

（2）实践中所有权属性成为“进场不进场”的主要依据，存在一定的所有权歧视。由于制度设计缺乏细则，一方面，“该进不进”没堵住，另一方面，形成了严重的所有权歧视。很多国有企业为了避免被扣上“国有资产流失”的罪名，实践中形成了一定的惯例：国有产权转让给非国有经济部门的通过进场交易实现，转让给国有经济部门的则采取协议转让方式，即所有权属性成为“进场不进场”的主要依据。2013 年发布的《关于中央企业资产转让进场交易有关事项的通知》（国资厅发产权〔2013〕78 号）把协议转让的审批权力授予中央企业。该通知第一条规定，“涉及企业内部或特定行业的资产转让，确需在国有、国有控股企业之间协议转让的，由中央企业负责审核批准”。

在对某央企相关人员的访谈中了解到，该企业近三年开展了大量产权买卖，但卖出的资产或产权均是以协议转让方式给了其他国有或国有控股企业。进一步了解发现，在该企业所出售的下属企业中，并不是没有民营企业感兴趣的，有的民营企业出价甚至更高，

---

① 《企业国有产权转让管理暂行办法》规定的两个许可条件是：一个是“经公开征集只产生一个受让方或者按照有关规定经国有资产监督管理机构批准的，可以采取协议转让的方式”。另一个是“对于国民经济关键行业、领域中对受让方有特殊要求的，企业实施资产重组中将企业国有产权转让给所属控股企业的国有产权转让，经省级以上国有资产监督管理机构批准后，可以采取协议方式转让国有产权”。《关于国有企业产权转让有关事项的通知》规定的两个许可条件是：一个是“在国有经济结构调整中，拟直接采取协议方式转让国有产权的，应当符合国家产业政策以及国有经济布局和结构调整的总体规划。受让方的受让行为不得违反国家经济安全等方面的限制性或禁止性规定，且在促进企业技术进步、产业升级等方面具有明显优势。标的企业属于国民经济关键行业、领域的，在协议转让企业部分国有产权后，仍应保持国有绝对控股地位”。另一个是“在所出资企业内部的资产重组中，拟直接采取协议方式转让国有产权的，转让方和受让方应为所出资企业或其全资、绝对控股企业”。

但是为了避免“不必要的麻烦”，最终选择了国有企业为交易对象。

2. 监管架构未触及现实利益关系，无法真正制止内部交易、合谋等发生

如前所列，与国有资产转让相关的政策文件并不算少，但真正发挥实效的不多，主要原因在于监管制度设计与现实利益关系相背离，原来意在堵截内部交易的监管措施甚至成为内部交易的帮手。

合谋问题是国有资产转让中遇到的最大问题。该问题的产生是多种因素综合作用的结果，但归根结底是监管架构设计与利益关系背离的结果。在国有资产转让过程中，利益相关方包括：作为名义所有者的公众、一级政府、国有资产监管部门、国有资产转让方（国有企业管理层）、国有资产受让方、潜在竞争者、交易平台、资产评估机构等。根据其他学者的研究，在目前的监管框架如下。

（1）产权交易所的发展与监管尚不成熟，不少地方的交易所行政化色彩浓重，独立性较差，与资产交易方的关系不局限于简单的“用户—平台”关系。据证监会有关部门的研究和大量媒体报道，有的产权交易所并未形成真正的市场，只是给“手拉手”进来的企业办个登记手续而已，并没有真正意义上的信息披露和充分竞价。“手拉手”，是业界对于产权转让中买卖双方事先在场外谈妥，到场内“一对一”转让的形象比喻，对牵手的双方而言，产交所只是其完成“恋爱”、走向“婚姻”的法定登记机关而已[①]。

（2）缺乏利益输送阻断机制，国有资产监管部门与国有企业之间的监管与被监管关系有时十分脆弱。

---

① 刘洁、卫学玲：《我国产权交易市场现状分析》，中国证监会官方网站，2007 年 7 月 20 日；《警惕“手拉手”进场挂牌》，《中国证券报》2010 年 3 月 1 日。

（3）企业用“非同比例增减资”[①] 手段规避监管。针对非同比例增减资还没有建立全国统一的监管办法，目前只是靠各地方监管部门各自发文监管，且监管力度并不如国有企业产权转让，因此，很多企业采取非同比例增减资的方式间接实现国有产权转让。由于不需要进行产权转让的挂牌手续，无法形成有效的市场价格，也可能存在国有资产流失的风险。

（4）资产评估机构缺乏独立性，“评估购买”等操控评估结果的现象时有发生。

在国有企业、国有资产监管部门、产权交易所、资产评估机构的上述关系中，各类弄虚作假和合谋行为存在极大的操作空间[②]，国有资产转让的实践程序往往与监管所要求的程序相背离，如交易信息、招商谈判、竞价评选、交易对手的确定等资料秘不示人，用合法掩护非法。因此，只要少数几个具有影响力的利益相关方的利益激励符合，通过合谋压低国有资产转让价格的现象并不鲜见。学术界对于该问题的研究已经很多，此处不再赘述，简要引用一个研究案例进行说明。

朱红军等研究过宇通客车的管理层收购案件[③]，发现现行国有产权分级管理制度、国有资产处置收益权利划分制度导致中央政府和地方政府之间的目标利益不一致，具体表现在国有企业管理层收购的管制方面，地方政府与国资委、财政部、证监会等中央级政府部门之间有着不同的管制策略，扮演了不同的角色，甚至出现了地方政府与

---

① 公司部分股东拟从该公司撤资，即非同比例减资；公司部分股东或者是新的投资者拟对一个老公司注资，即非同比例增资。这两种行为都会引起公司原有股东持股比例的变化。

② 马理：《国有资产并购价格的形成机制与合谋风险防范》，《财经研究》2005 年第 11 期。

③ 朱红军、陈继云、喻立勇：《中央政府、地方政府和国有企业利益分歧下的多重博弈与管制失效——宇通客车管理层收购案例研究》，《管理世界》2006 年第 4 期。

地方国有企业合谋采用“司法高于行政”策略巧妙规避中央级政府部门相关管制政策的引人深思的现象。案例研究同时发现，宇通客车管理层在与地方政府合谋的同时，还存在多种途径攫取包括地方政府在内的公司全部股东利益的迹象，以实现管理层自身利益的最大化。

3. 评估后置和刻意操纵问题严重，存在多种不规范行为

在现有监管架构下，资产评估是形成交易基准价格的基础，但评估实践中也存在诸多问题。在技术方面，一是，评估方法选择与参数设定。评估报告往往对不同种类的标的采用各异的评估方法，而且各评估机构在具体评估过程中采用的参数也不同，这将导致同一交易标的由不同评估机构评估得出的结果可能大相径庭。二是，无形资产评估存在障碍。在许多实际工作中，无形资产未评估即出让的现象普遍存在，原因在于无形资产评估缺乏定性定量标准，即便评估也因与市场价值严重脱节，缺乏实用性。

然而，资产评估最大的问题还在机制方面。

一是，评估后置和倒推评估现象突出。按照正常的逻辑关系，资产评估工作应该先于交易谈判，然而，在实践中，很多国有资产的转让，往往是“先谈判后评估”，以谈判结果“倒推评估”。

二是，刻意提高评估结果实现协议转让。一些企业先通过操控评估，形成一个较高的评估结果，即使按照90%的红线标准也找不到受让方，之后以此为由申请协议转让，将交易转至场外。

同时，根据国资委官方网站刊载的总结报告，目前国有资产评估过程存在各类不规范问题①。

---

① 王文才:《企业国有资产评估管理存在的问题及对策思路》，国务院国资委官方网站，2017年7月1日。

（1）认识程度不全面，一些企业和部门为了达到某一特定目的，臆定评估值，致使出现了资产评估“走过场”。

（2）提供资料不齐全，产权单位在提供委托评估范围内的资产所需资料时，存在资料不完备、不齐全及报告附件缺失等现象，甚至有提供虚假资料的情况，难以体现评估资产的全貌，容易形成账外资产，为“国有资产流失”埋下了伏笔。

（3）评估工作不深入，有的资产评估机构对委托范围内的资产，没有认真履行盘点清查、实地勘察等必要的核对程序，对债务债权类资产没有进行必要的函证，只是对资产的账面数凭工作经验作出评判，不能客观公正地反映资产公允价值，难以保证评估结果的真实、合理和完整性。

（4）评估方法不恰当，一些评估执业师在对某些资产进行评估时方法选择不恰当，不慎引用评估假设，扭曲了资产价值。

（5）评估内容不齐全，国有资产是指国家以各种形式投资形成的固定资产、流动资产、无形资产和其他形态资产，在一部分以企业改制和产权转让为目的的资产评估中，对专利、商标、商誉等极具价值和增值潜力的无形资产按极低的价格评估或不评估不说明等。

（6）信息披露不充分，有的资产评估报告中对于不动产的总体情况、产权特点、权属关系，以及资产的担保、抵押、剥离、租赁、权证变更等可能对评估资产价值判断产生重大影响的信息的披露不够充分。

总体而言，目前我国资产评估的象征意义大于实践意义，在资产评估行业管理体制和评估行业发展尚不成熟的情况下，评估客观性和独立性不足，很多情况下评估工作只是为国有资产转让加了一道事务性程序。更有甚者，由于现行监管框架下根据评估结果划定了成交价格的红线，不少人认为成交价格应该由评估说了算，而排斥和放弃市场的决定性力量。这样，在评估机构与交易双方的共同合谋下，以操纵评估结果来影响交易价格，最终导致国有资产披着程序合法的外衣被非法侵占。

三　有关政策建议

在发展混合所有制经济过程中，资产价格发现同样要依靠市场的力量，由市场来决定，整体思路是进一步按“进场属常态，协议属例外”的原则明确制度要求，让大部分国有产权进场交易，加快产权交易市场改革，推动与之相适用的配套建设和监管改革，提高价格发现效率。下面按此思路提出几点具体建议。

（一）按“进场属常态，协议属例外”原则，制定例外清单和例外审查机制

为减少内部交易、合谋的空间，同时消除以所有权为标准的转让歧视，建议按照“进场属常态，协议属例外”的原则，制定例外清单和例外审查机制，清单之外的国有产权转让全部进入交易所交易。首先，要对《企业国有产权转让管理暂行办法》中提到的“特殊要求”进行明确界定，按资产的专用性和国家战略意义制定例外清单及其详细的操作规范，清单内的国有资产如将采取协议转让方式，到相应权限的监管部门核准。清单之外的国有资产转让，一律进入交易所交易。其次，如果进场之后确实出现“只有一个受让方”或找不到受让方的情况，要优先考虑延长挂牌时间，确需调整挂牌价格再上市的，要上收审批权限。按照资产评估价值

（不以隶属关系为标准），限额以下由各省级人民政府进行审批，限额以上则由国务院国资委会同相关部门共同审批。最后，对于国有企业引入战略投资者等情况，则要建立严格的例外审查机制，聘请独立的第三方对引入战略投资者的必要性和可行性进行论证，最终方案由省级人民政府和中央人民政府从严审批确定，对于通过例外审查的国有资产定价，要按照商业惯例，聘请独立的中介机构与潜在受让方进行询价议价。

（二）加快改革和发展产权证券交易市场，允许更多企业在全国性交易所上市

提高定价的公正性、科学性是国有资产监管的重要目标，也是市场追求的目标，从国际经验来看，全国性的产权和证券市场是发现资产价格的最佳地点。在全国性的证券市场往往有专业的中介服务、相对完善的信息披露机制、更多的参与者，以及专业化的监管。因此，全国性交易所在价格发现方面比其他交易所更具效率。目前看来，在全国性交易所上市是最有效的竞价机制。为此，建议结合当前的金融改革要求，充分考虑国有企业改革诉求和投资者利益，对《证券法》等相关法案，以及沪深两市的上市规则进行必要的修订和调整，以允许更多的企业在全国性交易所上市，进行资产和股权交易，真正让价格由市场力量决定。

（三）建立供地方交易所对接的全国性交易信息平台，解决信息披露问题

不管从市场规模角度还是从利益分配角度，不可能让所有的企业都进入全国性交易所交易，但地方性（含区域性）交易所又受

到地域以及自身影响力的限制，在信息发布和传播等方面相对不足。信息不对称、不透明是合谋等现象发生的核心条件，因此，建议在允许国有资产在不同地区、层次产权交易所上市交易的大框架下，建立全国性的国有资产转让信息（网络）平台，让各地方产权交易所将国有资产转让信息对接至该网络平台，通过该平台集中发布。上述框架设计一是顾及了地方税收问题，二是解决了信息披露不充分问题，达到扩大受让方的目的，有利于通过竞价机制更好地发现公允价格。

（四）加快建立混合所有制改革的法定程序规范，以严格程序监管替代价格数量限制

当前，在法律层面仍然缺乏国企改革的程序管制和规范，比如，《企业国有资产法》虽然就企业改制等问题设置了专章，但从具体内容来看，授权意味过于浓重，授权的同时并没有建立相应的法定程序管制体系。为此，建议根据混合所有制改革的实践逻辑，重点就以下三个程序进行立法：一是决策程序，明确混合所有制改革的触发条件、法定决策程序以及利益相关方的权责。二是实施程序，这是法定程序的核心。围绕“进场属常态，协议属例外”原则，以法律形式明确进场交易的基本流程和规范，完善进场交易过程中的交易所选择、信息披露、资产评估等监管制度。三是监管程序，要本着“法定职能必须为、法无授权不可为”的原则，推动监管机构、职能、程序、责任的法定化，严格督导各项法定程序的有效实施。改革现有的国有资产转让监管机制，重点借鉴国际经验和国内其他领域的有效做法，建立针对内部交易、合谋的专门条款与责任追究制度，以明确的程序规范和严格的程序监管替代价格数

量限制，在阻击非法侵占国有资产的同时，最大限度地发挥市场决定性作用。

（五）加快配套领域的立法工作，建立“法定审计＋法定评估”体制

针对当前资产评估领域存在的问题，以及现实中存在的多种规避监管的途径，要加快配套领域的立法工作，建成“法定审计＋法定评估”体制。首先，在国有产权转让前进行强制性专项审计，即形成“法定审计”机制，重点针对近三年的产权变动以及各项关键性经营领域展开专项审计。其次，发展混合所有制经济不仅涉及国有资产定价，而且涉及非国有资产定价。举例来说，如果国有企业以货币化资本形式入股私营企业，为了确定入股后的股权比例，就必须对私营企业的资产进行定价，才能最终确定（或商议）国有资本的持股比例。为此，建议加快制定适用不同所有制资产的《资产评估法》，从法律层面明确资产评估行业的管理体制和运行机制，并对国有资产转让进行强制性评估，即“法定评估”，明确评估过程中的权责关系。同时，加大改革力度，大力培育和引进专业化的资产评估机构，建立行业自律机制，提高资产评估的独立性和公正性。

（执笔：黄卫挺）

完善混合所有制企业公司治理研究

——基于国有企业发展混合所有制经济的视角

内容提要： 国际上主要的公司治理模式可以归纳为外部控制型的德、日模式和内部控制型的美、英模式两种，其治理模式各有特色。当前我国尤其是国有企业在公司治理方面仍存在股权结构单一、内部人控制严重、董事会发挥作用的机制不健全、新老三会关系有待理顺、激励约束制度缺乏以及经理层选拔市场化程度不高等问题，未来混合所有制企业的公司治理应以内部治理为主、外部治理为辅，内外部相结合的模式，通过完善董事会职能、理顺新老三会关系、健全激励与约束机制、强化外部治理机制等途径来协同推进。此外，还必须加大产权制度改革力度，加快建立和完善国有资产管理体制，构建完整的绩效评价体系，切实转变政府职能，塑造新型政企关系，从根本上完善我国混合所有制企业的公司治理机制。

发展国有资本、集体资本、非公有资本交叉持股、相互融合的混合所有制经济，有利于各种所有制资本取长补短、相互促进、共同发展，是完善我国基本经济制度的重要途径。目前，我国包括一些国有控股上市公司在内的混合所有制企业的治理结构存在严重缺陷，“一股独大”、“内部人控制”等问题十分突出。借鉴发达国家公司治理的有益经验，建立符合我国实际的公司治理结构和良好的治理机制，是混合所有制经济发展过程中的关键问题。

一　公司治理内涵辨析

公司治理（Corporate Governance）不仅是现代企业制度中最重要的内容，也是企业增强竞争力和提高经营业绩的必要条件。公司治理的实质在于公司股东等治理主体对经营者的监督与制衡，以解决委托代理关系中因信息不对称而产生的逆向选择和道德风险问题。综合吴敬琏、张维迎、李维安等人的观点，所谓公司治理，是指通过一整套正式或非正式的制度安排，以及内部和外部的机制来协调公司与股东等利益相关者之间的权责关系，以保证公司决策的科学性和各方面利益的最大化。就其外延来说，公司治理应包括公司治理结构与公司治理机制两个方面的内容。其中，治理结构是相对静态的，是公司治理的“硬件”；治理机制是动态的，是“软件”性质的治理概念。治理机制还包括内部治理机制与外部治理机制两个方面。

建立在决策科学观念上的公司治理不仅需要一套完备有效的公司治理结构，更需要超越结构的治理机制。换而言之，公司的决策科学和有效运行不仅需要通过股东大会、董事会和监事会发挥作用的内部监控机制，而且需要一系列通过证券（产权交易）市场、产品市场和经理人市场来发挥作用的外部治理机制，如公司法、证券法、信息披露、会计准则、社会审计和社会舆论等。显然，治理机制是比治理结构更为宽泛、更深层次的公司治理概念。两者同为公司治理的重要内容，缺一不可。内外部公司治理的关系如图 1 所示。

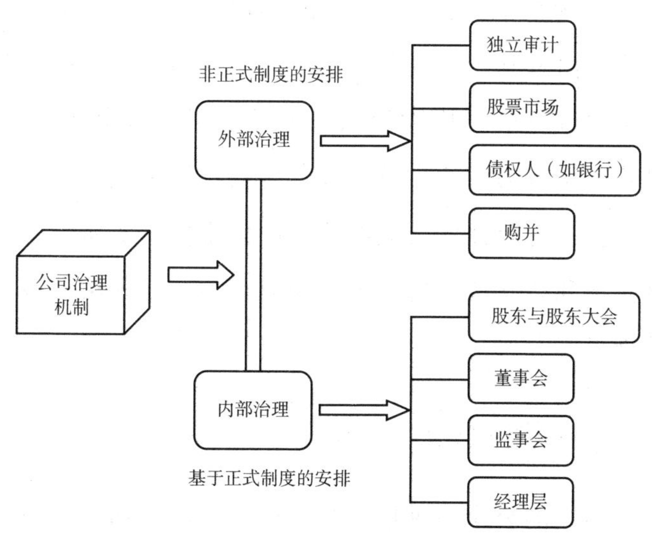

图 1　内外部公司治理的关系

与国有企业和私营企业相比，混合所有制企业的公司治理无疑具有一定的特殊性。由于两种以上所有制经济成分的存在，相互间具有较好的制衡作用，同时，又不排除存在利益冲突的可能。在共有产权没有明确界定的情况下，非国有股东担心其资本被国有股东所侵占，而国有资产监督管理部门及公众也都担心混合所有制企业中的国有资本因非国有经济成分的存在而造成流失。如何更好地发挥其促进公司治理规范化的作用，规避其负面影响，防止出现“浑水摸鱼”的乱象，是研究我国混合所有制经济发展不容回避的问题。

二　国外公司治理主要模式及比较

外部控制型（也有人称之为市场主导型）的美、英模式与内部控制型（或称组织导向型）的德、日模式是西方公司治理的两种典型模式。前者基于高度分散的公司股权结构与顺畅的股票流通机制，强调通过股东“用脚投票”和活跃的公司控制权市场，从而实现对管理层行为的约束及对经营者的选择和监控；后者则由于股票市场融资的有限性以及股票流通的困难性，实质上是以银行为主的金融机构和相互持股的法人组织对公司及经理层实施长期内在控制的治理机制。

（一）外部控制型美、英模式

外部控制型的公司治理模式在英国、美国、加拿大与澳大利亚等国家较为盛行，美、英模式是其中的典型。这种公司治理模式起源于18世纪末，是在自由资本主义基础上发展起来的。当时，两国证券市场已经非常发达，大量企业以股份公司的形式存在，其股权高度分散并容易流通。公司股东依托庞大而发达的自由资本市场，根据股票价格的涨落，通过股票买卖的方式或者说“用脚投票”的机制，实现其对公司的影响。同时，这种方式也促进了公司控制权市场的发展和活跃，并以此对作为代理人的经理层形成间接约束。尽管美国公司的机构投资者势力在最近的20余年增长明显，但银行、保险公司及互助基金等机构持股势力的膨胀受到了系列相关法律与法规的限制，它们在公司治理中的地位与作用也得不到充分发挥。外部发达的资本市场及其作用机制成为英、美公司治理模式得以起源且强化的根本力量。

这种公司治理模式的主要特点如下。一是股权高度分散，所有权和控制权分离。公司股票持有者中个人投资者占有很大比重，银行作为纯粹的存款机构和短期资金提供者，不能直接持有公司股票，因而实现了所有权和控制权的分离。二是公司治理结构以董事会为核心，特别重视董事会的监督职能。董事会下设立执行委员会、审计委员会、提名委员会、薪酬委员会、公共政策委员会等专业委员会来分别履行不同的职责。审计委员会是专司监督职能的委员会，而且强调独立董事在审计委员会中的地位和作用，如美国纽约证券交易所《上市公司守则》和纳斯达克市场《上市规则》均规定，审计委员会的成员必须全部为独立董事。

就激励手段来说，美、英两国对其经理人员的激励主要通过经济手段来进行。美国经理人员的收入共由三部分组成：第一部分为基本工资与福利；第二部分为与季度或年度利润等短期效益指标挂钩的绩效奖金；第三部分为股票、股票期权等与中长期盈利挂钩的奖励。其中，前两部分占经理人员收入的比例不大，企业高层经理的实际收入绝大部分往往来自其股票期权。据统计，在《财富》杂志排名前1000的美国企业中，有90%已在其经理层实施股票期权制度。股票与股票期权的方式使公司绩效与经理报酬相联系，其目的也正是在于使经理层的利益与股东的利益相一致，避免损害股东利益的行为发生。

（二）内部控制型德、日模式

内部控制型的公司治理模式在德国、瑞士、奥地利与荷兰等诸多欧洲大陆法系国家和东亚的日本得到了很好的发展，通过机构组织实现内在控制是这种公司治理模式的典型特征。一是银行等金融机构通过持有公司巨额股份或给公司巨额贷款而对公司及代理人进行实际控制。二是公司及代理人的决策受到基于公司之间交叉持股的法人组织的支配。在日本，基于特殊的主银行制度，银行依其对公司的长期贷款与直接持股而实现对公司重大决策的参与，公司之间的相互交叉持股则限制了公司的独立决策，而公司之间与主银行之间相互交叉持股则又减轻了来自资本市场对其各自的压力。在德国，银行等金融机构同样主导公司融资及公司控制，大银行常凭借其在公司的巨额持股与代理行使小股东投票权而主宰公司重要决策机构——监委会[①]，并以此对代理人施压，同时还凭借其对公司巨额投资的长期化来对公司股票交易数量加以限制。显然，日本的主银行制度、公司之间和银行之间的相互交叉持股制度以及德国的监委会制度，虽然名义上是不同的制度安排，但实质上都是某种程度上的内部控制机制。另外，德、日模式对公司长期利益与集体主义的信奉，也使其内部控制机制进一步得到强化。

在德国的双重委员会模式下，由股东大会和工会选出监委会，再由监委会提名组成管委会。监委会和管委会分别履行监督职能和执行职能。监委会内设审计委员会、薪酬委员会、提名委员会等专业委员会，其中审计委员会作为公司的监督机构来发挥作用。

一般来说，日本的公司不设审计委员会，而是设立专职监事会，对股东大会负责，行使监督职能。实际运行中，监事会的人选常由大股东提名，因此，监事会很难有效监督大股东控制的董事

---

① 为便于正确理解德国公司治理与我国公司治理之间的异同，这里将“Supervisory Board”翻译成“监督委员会”，而没有按字面意思译成“监事会”。

会，监督职能弱化，大多停留于形式和表面。

在德、日两国，相对而言，对经理人员的激励更大程度上是精神激励，在日本尤为如此，采取经营者年薪制和年功序列制的激励机制。经理的报酬设计主要是年薪而非股票和股票期权制。所谓年功序列制，是指经理人员的报酬主要是工资和奖金，奖励的金额与经理人员的贡献挂钩，公司经营业绩越显著，经理人员的报酬就越高。这种激励制度还辅之以职务晋升、终身雇佣、荣誉称号等精神性激励，不是单看短期利润增长和股价上扬，而是更加看重结合公司的长期目标绩效来评价经理层的业绩。

（三）两种主要治理模式比较

外部控制型的美、英模式很大程度上依赖资本市场的外部监管，而内部控制型的德、日模式则更多地体现为组织机构的内部监管。两种不同的市场经济模式及其中的公司经营导向、相关的法律环境和文化理念等诸多相关因素的区别导致了其导向的差异。前者主要起源和发展于自由市场经济，崇尚竞争，信奉股东财富最大化；后者则更多形成与发展于混合市场经济，以长期利益与集体主义作为其文化理念支持。由于两种公司治理结构模式导向的区别源于其各自形成与发展的制度环境差异，难以区分两者间的优劣，或者说二者本身并无优劣之分。

就两种治理模式的激励手段来比较，激励形式与激励效果的差别体现了不同公司治理下激励机制的差异，也反映了不同公司治理下经营导向以及其所处的文化价值理念的不同。美国偏重物质激励的形式与效果是其股东财富最大化经营导向及个人价值主义的体现；日本偏重精神激励的形式则是其公司整体利益与长期利益导向以及集体主义观念的反映。从激励力度如经理人员与普通员工的收入差距看，美国大企业总经理平均年收入相当于其普通员工人均收入的倍数比日本的这一差距要高很多。但是，美国经理常借助其发达的经理市场频繁流动，而日本经理则基于年功序列制而很少“跳槽”。美国公司注重物质激励的手段有利于其股东财富最大化，日本公司经理的“从一而终”则表明，公司对精神激励的偏重有利于其经理为公司的发展而长期努力。

三　我国国有企业公司治理进展与主要问题

要发展国有经济与其他经济成分交叉持股、相互融合的混合所有制经济，完善公司治理是关键举措之一。要使国有经济和非国有经济成分融合发展，必须妥善解决国有企业法人治理结构层面存在的国有股“一股独大”、治理机构职能交叉、董事会职权缺失等问题。

（一）改善国有企业公司治理的有益探索

1. 改革探索阶段

自改革开放以来，我国国有企业改革先后经历了扩权让利、承包经营责任制、股份制等改革，国有企业的公司治理也在同步改善之中。20 世纪 90 年代以来，国有企业改革朝着转换机制、政企分开、制度创新、战略调整的方向迈进。1978 年党的十一届三中全会以前，我国传统计划经济体制下国有企业的治理结构主要是企业领导制度，党政不分、政企不分，国有企业不是一个真正具有独立法人地位的经济实体，而是作为政府主管部门的行政附属物来参与国民经济运行，企业的领导层都有和政府官员一样的行政级别，且频繁出现企业与政府部门之间人员调动的情况。企业治理结构中的决策权、监督权与执行权交叉重叠，不具有制衡、合作关系，造成企业运行效率低下，根本谈不上什么公司治理。1979～1992年，国家开始对国有企业实行“放权让利”的改革，推行承包制和转换经营机制、股份制试点，给企业松绑。但由于未解决产权问题，企业经营机制难以从根本上转换。1992年党的十四大提出建立有中国特色的社会主义市场经济体制目标。1993年11月十四届三中全会提出国有企业改革的目标，建立现代企业制度，强调产权清晰、权责明确、政企分开、管理科学；国有企业成为自主经营、自负盈亏、独立核算的法人主体。1997年党的十五大指出，“股份制是现代企业的一种资本组织形式，有利于所有权和经营权分离，有利于提高企业和资本的运作效率”。

2. 制度创新阶段

2002年党的十六大报告提出，继续调整国有经济的布局和结构，改革国有资产管理体制，并于2003年组建了国务院国有资产监督管理委员会。2003年10月十六届三中全会指出，要“完善公司法人治理结构”，“按照现代企业制度的要求，规范公司股东会、董事会、监事会和经营管理者的权责，完善企业领导人员的聘任制度”，“建立归属清晰、权责明确、保护严格、流转顺畅的现代产权制度”，这些都是对构建我国国有企业公司治理新机制的有益探索。

3. 体制完善阶段

2013年11月党的十八届三中全会进一步指出，“要健全协调运转、有效制衡的公司法人治理结构。建立职业经理人制度，更好发挥企业家作用。深化企业内部管理人员能上能下、员工能进能出、收入能增能减的制度改革。建立长效激励约束机制，强化国有企业经营投资责任追究。探索推进国有企业财务预算等重大资讯公开”。“国有企业要合理增加市场化选聘比例，合理确定并严格规范管理人员薪酬水准、职务待遇、职务消费、业务消费”。自此，我国企业的公司治理改革可谓进入了体制完善时期。

总的看来，经过多年的改革，我国国有企业在公司治理方面取得了以下主要进展。一是国有大型企业产权改革取得一定成果，通过境内外上市，一些大型国有企业的产权改革取得了一定进展，股份制已成为国有大型企业的主要形式。二是公司治理结构有所完善。通过选择几家中央国有独资公司作为试点，建立外部董事制度，在董事会下设立战略、提名、薪酬与考核等专门委员会，做出了进一步完善公司治理结构的探索。三是建立了落实国有资产经营责任的业绩考核等相关制度。国务院国资委成立后，中央企业负责人任期考核工作正式启动。与业绩考核相配套，对中央企业负责人的薪酬进行了规范，同时完善了国有资产统计体系和企业绩效评价体系。四是进一步加强了国有企业监事会工作。适应国有资产管理体制改革的需要，由国务院派出监事会已调整为由国资委代表国务院派出。监事会为加强企业监管和管理提供了大量第一手材料，并提出了一些有益改进公司治理结构的措施和建议。

（二）存在的主要问题

虽然取得了一些成效，但是，在改革过程中，我国国有企业在公司治理方面仍然存在一些突出的问题。很多是我国大型国有企业以及国有控股和参股的混合所有制企业普遍存在的公司治理问题，不少是由转轨时期体制原因所引起的，而不是由企业本身或决策层失误所造成的，主要表现在以下几个方面。

1. 国有股“一股独大”，政府行政干预依然较多

股权结构是影响控制权的核心要素。我国国有企业产权结构中存在的最大问题是股权单一化，即多是国有独资公司和国有绝对控股公司。由于目前国有大企业在完成公司制改造后仍以国家为投资主体，造成事实上的控制权扭曲。同时，政府作为国有资产产权代理人的特殊身份，使其仍然保留干涉企业运营的权力，企业政企分开不够彻底，在行政上存在对企业的过多干预和控制。

和其他国家的做法相比，我国国有企业董事会的独立性较弱，而董事会的某些权力实际上是由控股股东和政府机构来行使的。据了解，目前我国国有企业董事长或总经理的任命或解职随机性很大，这使现职人员缺乏安全感。企业合并、资产重组中经常出现通过行政性手段“拉郎配”的现象，现阶段行政干预对国有企业的董事会职权行使和公司治理具有较大的影响。

从理论上分析，我国国有企业面对的代理问题是最复杂的。国有企业的终极所有者应是全体人民，而全国人大作为全体人民的代表又委托国务院代行所有者职责，国务院同样又将所有权委托国资委行使，而国资委最后只能通过任命和监控经营者的方式体现其所有者代表的职责。由于代理的链条较长，只要有一个环节的效率出现问题就会导致整个代理链条的不顺畅。

一股独大产生的问题是显而易见的。单一化的股权难以形成制衡，往往或导致政府过多干预，或导致内部人控制。而在我国，似乎这两种结果都存在。由于国家是唯一的股东，这样，虽然建立了“三会制度”，但有关政府部门或政府机构代表国家作为公司的所有者行使股权。国有股权比例越大，政府对企业的行政控制程度就越大，产权控制就越弱，由此而建成的企业法人治理机构很难做到科学规范。现行国有资产管理体制已不能适应国有企业改革和发展混合所有制经济的新形势和新要求，国有资产监管机构集出资人代表、管理和监督职能于一身，难以摆脱“婆婆”兼“老板”的角色，职责权限模糊，管理多于监督，审批事项不断增多。据不完全统计，目前国资监管机构对国有企业的审批事项达到100多项，只要混合所有制企业中有国有资本，就要“一竿子管到底”，导致企业的自主权和活力不足。

2. “内部人控制”现象严重，缺乏对经营者有效监控机制

在这种单一的股权结构下，产生了我国国有企业治理结构中的一个重要问题，即“内部人控制”问题。同样的问题在上市公司中也比较明显，损害中小股东和社会利益。因为即使是国资委，也可能没有足够的信息来监督企业，更为重要的是，其本身也缺乏足够的动力去监督。

按照《公司法》的规定，董事会拥有聘任、监督公司经理人员的权力，有权对经理的经营绩效进行评价，并据此对经理人员作出奖惩决定，在必要时甚至可以解除经理人员的职务。从理论上说，董事会应该在监督经理人员方面起到重要的作用，而事实上，我国大部分国有企业虽然表面上采取董事会聘任总经理并且进行监督的办法，但是这些国有独资公司或国有控股公司即使设有董事会，其董事和经理人员也都是由党委组织部门委派的，法人治理结构并未真正建立，由此产生的公司内部人控制、信息不透明以及内部关联交易等问题日益突出。董事会和总经理的任命也或多或少受政府的控制和影响，并且除上市公司外董事长和总经理的职责经常出现重叠。这样董事会由内部人控制，无法起到其应有的作用。所以使得监督控制系统的直接无效，这种方式的改制使公司制改造多是表面文章，难以有实质性的进展，自然也就难以达到期望的效果。近年来，中石油等国企腐败多发，就是其“内部人控制”的典型例证。

3. 公司治理结构不合理，董事会发挥作用机制不健全

董事会的权力是通过履行董事会的职责体现出来的，这也是保证董事会有效性的根本。尽管各国规定有所不同，但基本上是从以下方面说明董事会的职责：一是监督功能，包括明确责任和监督检查两个方面；二是决策功能，包括制定战略和制定政策两个方面。一般董事会议案主要涉及三个方面：一是公司重大决策的制定；二是公司经营状况的评价，三是高级管理人员的人事安排、业绩评价和监督。强调董事会的作用和职责、提高董事会的效率，也是我国公司治理中的核心问题。

在我国的国有企业中，尽管公司的最高权力机构名义上规定是董事会，但实际的领导层由董事会、经理层、党委三者互相结合组成，重大决策共同参与作出。董事中外部董事所占比例低或干脆没有外部董事，董事多为经理班子成员、党委委员或工会主席。董事会与经理层的界限划分不明。董事会、经理会及党委扩大会经常是“三位一体”，所讨论的内容有时涉及集团总体发展战略和重大的投资决策，但更多属于日常生产经营方面的事务。董事会既有股东大会赋予的股东大会召集权和提案权、经营决策权、公司代理权，也拥有经理所具有的一般事务管理权，集决策权与执行权于一身，这样就容易导致董事会将战略规划、投资决策中心的职能与日常经营混合在一起，可能使日常经营冲击战略规划，使董事陷入短期的、日常性的事务，很容易使公司法规定的董事会战略决策功能严重虚化，不利于从全局战略出发，着力于集团的长远发展。同时，这有可能使董事会的权力过大，不受限制，也容易导致董事会与经理层的制衡机制失衡。董事会不能“依法行权、按章办事、自主经营”，或者说没有规范董事会的建设，不仅国有独资企业“没法混”，就是“混”了以后企业也照样难以为继。

4. 治理机构职能交叉，“新三会”与“老三会”关系仍有待进一步理顺

“新三会”（股东大会、董事会和监事会）与“老三会”（党委会、职代会和工会）的关系也是公司治理中老生常谈的问题。“新三会”是《公司法》规定的公司治理结构的主体构架，“老三会”是我国社会主义传统企业制度的重要原则和特征之一，又是我国政治制度在国民经济基层单位的延伸和表现。党委会是一个政治组织，其主要职能是监督党员遵纪守法和宣传党的方针、政策，但党委会不能代替股东大会和董事会进行决策，也不能代替监事会进行监督。为避免矛盾，更好地体现党委的领导作用，国有企业通常由董事长或总经理兼任党委书记，党委成员或进入董事会，或进入监事会，以参与决策和监督。根据《公司法》，职代会主要享有建议权、评议权、监督权、质询权等，而不是传统企业中所谓的“最高权力机构”。工会则是协调劳资关系、维护职工利益的组织。企业一般的做法也是职工代表和工会主席作为董事会或监事会成员。

这类做法带来的主要问题如下。一是党委书记兼任董事长或董事容易导致党委职能的异化，党委书记变为纯粹的经营者，兼任董事还可能出现职位高低上的冲突。二是工会是企业行政的附属物，在国有企业无所谓劳资关系，因而作用有限。工会主席兼任董事和监事只利于其个人，或者说工会主席基本上是作为经营者而存在的。新老三会并存，造成机构重叠、多头领导，既影响工作效率，也使公司在治理结构上难以规范。

5. 经理层激励机制乏力，约束制度有待完善

经过三十多年来的改革，我国国有企业的薪酬体系已经逐步得到改进，股权激励、绩效考核等办法在某些国有企业中有所应用，近年来很多行业国有企业高管的薪酬水平也有了较大幅度的增长。但我国国有企业的薪酬体系仍有诸多不合理之处，主要表现为：不同行业类型企业以及企业负责人之间的薪酬差距较大，垄断行业高薪酬、高福利等问题被广泛关注，经营者薪酬水平与其承担的责任和经营业绩尚未很好地挂钩，国企高管的职务待遇规范化程度较低，科学合理的考核奖惩机制依然不到位，分配中的平均主义问题尚未从根本上解决。企业的收入分配制度起不到奖优罚劣的作用，难以充分调动企业经营者的积极性。

从另一个角度说，由于出资人不到位，企业普遍存在负责人薪酬自定的现象，缺乏必要的规范。国有企业高管的薪酬确定是通过多层级的委托代理关系实现的，这就导致真正的出资人即全体国民很难实现直接监督。目前是作为代理机构的各级国有资产管理部门代替出资人履行监督职能，但国有资产过于庞大而一个国有资产管理部门往往管辖为数众多的企业，且受自身专业、人员配备等客观条件限制，导致对国有企业的管理基本上流于形式，难以在薪酬管理和监督方面真正发挥作用，尤其是对于国企高管隐性薪酬的监管更为乏力，易导致“内部人控制”现象。同时，对各级国资部门及其进驻企业人员的行为也缺乏有效的监管。对于已经完成股份制改造的企业，按照现代企业制度中规范的薪酬管理流程是需要由董事会提出薪酬方案，经由股东大会表决通过。但由于大股东的缺位，规范的薪酬管理和监督体系下极易出现不规范的薪酬制度，而流程的规范又经常被国企高管作为证明其薪酬合理的理由。

6. 经营者选拔市场化程度虽然有所提高，但通过组织任命仍占主导地位

目前，我国国有独资和控股公司中绝大部分经理人员仍由政府主管部门和党组织任命，既影响了政企分开的实现，用人责任不清，也阻碍了经营者市场的形成。虽然近年来组织任命的比重有所降低，自己创业、职工选举和市场双向选择的比重有所提高，但总的说来，在国有企业中，“组织任命”的仍占主要地位。从国外的情况看，如新加坡政府为了保证其国有企业的运行效率，不仅从国内的劳动力市场招聘职业经理人担任国有企业尤其是上市公司的高管，还从国际市场上招聘优秀的职业经理人充实新加坡国企的管理团队，企业的高管团队中有超过 40% 的成员来自新加坡以外的国家。

四　完善我国混合所有制企业公司治理的目标及途径

由于我国资本市场、代理人市场及劳动力市场的发展均相对滞后，国有企业在很大程度上仍然依赖政府与银行的支持，民营企业也面临着家族化治理、不平等竞争等问题。可以说，我国混合所有制企业的生存与发展仍处于一个市场不发育与不规范的历史阶段。

结合美、英模式与德、日模式的比较分析，对于混合所有制企业而言，在现阶段采用内部治理为主、外部治理为辅，内外结合的治理模式是比较切合实际的选择。

（一）加强董事会建设，发挥其在公司治理中的核心作用

在混合所有制企业中，要进一步完善在股东和公司经理层之间起纽带作用的董事会职能。董事会作为公司治理的核心，负责制定战略规划和经营目标、重大投融资决策、建立全面风险管理体系、选聘考核经理层，通过其职权的行使，切实起到“把方向、议大事、防风险、管团队”的作用。以中央企业发展混合所有制经济为例，在其公司治理中要妥善处理好董事会与国务院国资委、监事会、职代会、党委会及经理层的关系，如图 2 所示。

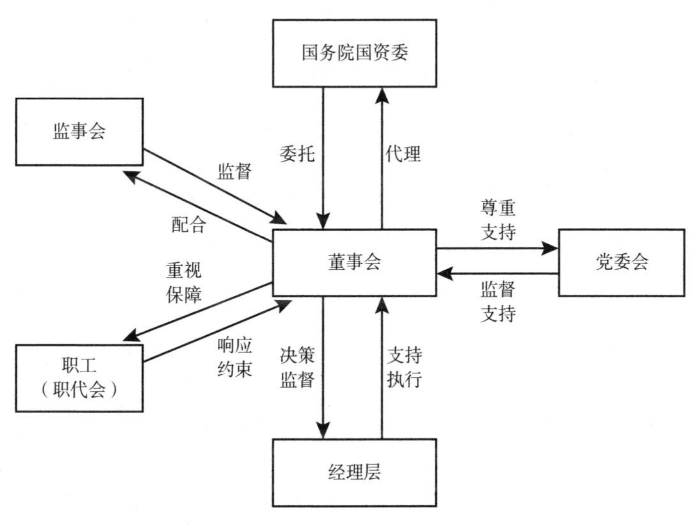

图 2　不同主体在中央企业治理结构中的地位和作用

严格意义上，董事会下设的专门委员会并不是公司必需的治理机构，它基本上是由各国的《公司法》及公司的实际尤其是公司

的规模而定。一般而言，英、美等国的大型企业大都设有专门的委员会，而日本的公司大部分没有这种专门的委员会，但很多德国公司在其监委会下也设有若干专门委员会。目前我国绝大部分公司还没有建立分工明确的专门委员会。在有些大型企业集团中，董事会下设投融资委员会、审计委员会等机构，开展投融资咨询、财务审计等活动，这对于投资决策的科学化、提高企业财务状况的透明度和控制力度发挥了一定的作用，但缺陷是这些委员会尽管由一些专家学者组成，但企业所需咨询的项目与这些人的知识结构之间基本上没有什么关联，这些专家学者只能提供一般性意见，基本上是一个专家议事机构，作用很有限。因此，发挥好这些专门委员会的作用，也是完善我国混合所有制企业的公司治理机制的一个重要课题之一。

外部董事对于公司治理的作用不可小觑。根据李维安、徐健（2014）的研究，董事会独立性负向调节了总经理继任与战略变化幅度的关系，董事会独立性能够有效抑制因新任总经理冒进而带来的公司绩效降低的行为，从而表明战略控制视角下独立董事的监督作用能够有效发挥。因此，要进一步发挥外部董事专业特长和管理方面的经验，强化其独立监督和制衡的“鲶鱼效应”，一些专门委员会应由外部董事担任负责人，避免外部董事成为“花瓶”和“签字董事”。

（二）理顺内部治理机制，切实保障小股东权益

在混合所有制企业公司治理机制层面，有必要建立强制性的小股东累计投票权制度，使混合所有制企业中的小股东有充分的利益诉求和顺畅可靠的表达渠道。如果只是让众多小股东参股而没有任

何话语权，那么就失去混合所有制本来的意义了。当然，对于关系国家安全和国民经济命脉的少数行业，在实行混合所有制经济的公司中，不占控股地位的国有股权也可实行具有否决权的“金股”制度，以维护国家和全社会的公共利益。“金股”的实质是政府特权，可通过立法、公司章程和股权出售协议三种方式实行。作为一种政府持有的对特定事项行使否决权的股份，政府可以监测和否定企业损害或者不利于国家整体利益和战略的发展方向。防止“一股独大”、恶意收购和接管，特别防止外资收购本国重要战略行业的企业。确保企业现有目标不发生重大改变，防止企业战略资源或核心资产被出售，确保投资者遵守股权收购协议的其他承诺。

（三）重视人力资本价值，建立健全管理层激励制度

有效的薪酬制度安排，应让经理层的收入与企业长远发展问题密切结合起来。从国际经验看，报酬结构可以采取四种形式：基薪、绩效奖金、股票期权和长期激励计划等。研究表明，报酬的高低决定了经理人员在何处工作，而报酬结构决定了其如何工作，也就一定程度上影响到了公司的经营业绩。有效的薪酬制度应当使经理人员有足够的动力以最低的成本实现股东价值的最大化。

借鉴西方国家企业在激励机制设计方面的好的做法，在对混合所有制企业经营管理者实行年薪制的基础上，应着重研究期股、期权奖励等办法；同时，对他们的激励不能只局限于物质利益或者个人收入，还要充分承认其社会地位，满足他们的自我实现的需求，创造良好的工作环境和条件，从社会荣誉和福利水平等各个方面激发他们经营好企业的使命感和成就欲。对于经营业绩比较突出、个人素质比较好的经营管理者，可以辅之以加大补充养老保险金的额

度、在社会地位和荣誉方面创造条件等精神激励手段，激发其锐意进取、争优创先的内在动力。

（四）强化监事会职能，完善内部监督与约束机制

为形成有效的监督约束机制，应强化混合所有制企业的监事会职能。监事必须具备一定的企业管理、法律、财务会计等知识，对与公司高级管理人员关系亲近者规定有关“回避”制度；对于监事的解聘和任期，应明确规定，除非监事任期届满又未能获得连任、监事自行辞职、法院裁判解除、股东会决定解聘，监事不得随便被解任；授予监事就公司经营管理者严格损害公司利益行为直接向法院起诉或召集临时股东大会的权利。

（五）多管齐下，完善外部治理机制

良好的外部治理机制是决定企业运作和发展质量的重要因素。要完善我国混合所有制企业的公司治理机制，必须从根本入手，多管齐下，有效地完善企业内外部治理机制。

第一，发展公司控制权市场。在推进国有资产管理体制改革的同时，进一步推动民间资本和外资通过并购进入国有企业，并且实质性地改善有关收购兼并的法律环境。第二，完善职业经理人市场建设。建立完全市场化的经理人资源配置机制，以市场为基础，以经理人的企业家才能和综合素质为评价依据，在操作上完全由公司董事会根据透明、合理的程序和公司的内在需求独立地选聘公司经理人。第三，进一步发挥机构投资者在公司治理中的积极作用。逐步消除不利于机构投资者发挥作用的各种制度缺陷，建立有利于机构投资者参与改善公司治理的制度环境。第四，健全债权人治理机

制。完整合理地确立债权人在公司治理中的直接参与权、参与程度和各种有效的参与形式，建立完善的偿债保障机制和债权人法律救济机制，强化公司控股股东和其他内部人的偿债责任，加快作为最大债权人的银行部门的改革，完善银行自身的运作机制和治理结构。第五，进一步发挥中介机构和自律组织的作用。大力改善中介机构执业和自律组织运作的外部制度环境；在中介服务行业中制定严格的、可实施的执业标准；在中介机构内部建立良好的内控机制。第六，加大新闻媒体和社会舆论的监督力度，完善信息披露制度环境与实施机制。

五　保障措施

现阶段，我国公司治理结构的完善和治理机制的强化，都需要一些配套措施作为保证，如产权制度改革、国有资产管理体制的完善、新型政企关系的塑造等。

（一）加快产权制度改革步伐，为公司治理的完善提供制度保证

产权制度改革是经济体制改革的根本问题，也是完善我国混合所有制企业公司治理机制的核心问题。它不仅是改变目前我国企业不尽合理的所有制结构、完善公司治理机制、增强企业活力的有效措施，同时也是国有经济战略性改组的重要组成部分。为了尽快改变国有股“一股独大”的状况，就必须通过深化产权制度改革，鼓励更多的法人资本、境外资本和民间资本投向国有企业，降低企业中国有资本持股比例，促进公司产权主体多元化。进一步明晰产

权关系，使混合所有制企业成为真正的自主经营、自负盈亏的市场竞争主体。要积极推进竞争性行业国有企业股权多元化，引入多元股东，包括非公有制经济股东、外资股东，形成有多元股东的制衡关系和规范的公司治理结构；需要国家控股或参股的企业应进一步深化改革，继续朝着产权多元化和产权主体人格化的方向进行，不能股权不平等、流动受限制，也不能使产权主体出现缺位或错位；依法保护各类产权，使非公有制经济和公有制经济享受同等的法律地位，非公经济产权和公有制产权同样神圣不可侵犯。

（二）重构国有资产管理体制，实现从“管资产”到“管资本”的转变

实质性地推进国有资产管理体制改革是完善混合所有制企业公司治理的必要条件之一。在进一步完善国有资产管理体制的同时，国资监管机构必须“到位”而不“越位”；确保企业的经营目标单一化、商业化，重视资本回报。

改变国有资产监督管理机构“婆婆＋老板”式的从保值增值角度管理国资的做法，明确其过渡性质，过渡期保留部分行政管理职能，构建和完善国有资本变现预算和国有资本经营预算相结合的国有资本预算体系。使国资委从国企的代言人和利益共同体向全社会和国家利益的代言人转变，由主要从国有企业角度转向从全民、全社会的角度考虑国有企业和国有资产问题。同时，国有企业内部要进一步健全激励约束机制，保障其受托的国有企业资产保值增值，约束企业高管肆意挥霍国有资产和通过高薪酬、职务消费侵占国企利润的行为，确保包括社保基金在内的企业股东能充分享受到企业发展的成果。

大多数国有企业成为混合所有制公司后，国资委作为国有资产监管机构，要由“管资产向管资本转变”，并进一步简政放权，以监管模式的转变提升国有资本的市场活力。建议实施“权力清单”管理模式，研究监管清单、报告清单和问责清单的权力清单管理机制模式，让政府和监管机构在不该伸手的时候绝不伸手，有效破除政府干预企业经营决策的行为，最大幅度减少涉及企业的行政审批事项，让混合所有制企业真正成为自主经营、自负盈亏、自担风险、自我约束的市场经济主体。彻底取消企业的行政级别，使混合所有制企业去行政化、去部门利益化，切断企业和主管部门之间的利益输送链条。

（三）塑造新型政企关系，减少政府对企业的干预

实现政企分开是建立现代企业制度的基本要求，也是完善混合所有制企业公司治理机制的重要前提。经过多年来的改革，政企关系已得到了一定调整。但是，真正实现政企分开不仅需要深化经济领域的改革，也涉及政治体制方面的问题，难度不小。未来应围绕建立完善的社会主义市场经济体制的要求，继续深化政府机构改革，转变政府职能，塑造新型的政企关系。政府不得干预企业的经营行为，让企业真正成为自主经营、自负盈亏的法人实体和市场主体，推动公司治理的真正规范。要使政府着重于对经济运行的宏观调控和维护公平的市场竞争环境，以服务经济建设、服务于企业为主，建设“服务型”政府。

目前国有控股的混合所有制企业选人用人方式和渠道仍然比较单一，对各层级的经营管理者以行政任命或组织聘任为主，制度化、体系化的市场配置机制还没有形成，市场配置人才资源的决定

性作用尚未充分发挥。因此，必须深化改革，加速将政府部门和党组织对经理人员的任命制改为董事会对经理人员的选聘制，发挥市场对经理人员配置的决定性作用。要建立科学的激励与约束机制，使经理人员的报酬与经营业绩挂钩，使其行为更加规范。加快企业高管层选聘的市场化步伐，使那些真正具有企业家才能的人脱颖而出。借鉴国外企业的先进经验，我们在选拔国有企业高管层人选时不仅要考察其业务能力，还要注重考察其沟通能力、团队精神以及诚信度等方面的能力和综合素质；同时，选人也不应局限在企业内部，应具有国际化视野，通过职业经理人市场、猎头公司等多种渠道选拔各方面能力和综合素质俱佳的可靠人选。

（四）借鉴国际经验，构建完整的业绩评价体系

应坚持定性与定量考核相结合，积极探索建立科学的考核评价体系。在考核内容上既要考核经理层和高管人员的工作业绩，又要考核其工作作风和廉洁自律等方面的表现，着重考核企业经济效益和国有资产保值增值情况。在考核办法上要建立一套科学的企业经理层考核评价体系，制定一整套反映企业财务效益、资产营运、偿债能力、发展能力、社会贡献率，以及管理者的基本素质、管理水平、经营发展战略、发展创新能力等内容的综合考核评价指标。

从发达市场经济国家的做法来看，对企业经营管理者的监督约束也是一个国际惯例。我国也应建立和强化以维护出资人主体利益、承担市场风险、遵守企业运行规则和程序为主要内容的约束机制。除了发挥法人治理结构的制衡作用及高管相互监督和职工民主监督的作用外，重点要加强产权约束、竞争约束（如建立和完善职业经理人市场）和制度约束。对经营中出现的市场风险，要按

照法律和契约的规定承担；要加大法律和财务及审计监督的力度，依法追究经营管理者因违法违规经营而造成企业资产流失的责任，且不得继续或异地异企担任领导职务。

（五）完善培训机制，提升经营管理者综合素质和经营管理能力

为提高公司治理水平，很多跨国公司都把对企业经营管理者进行培训视作提高其能力和综合素质的最有效手段。借鉴其有益经验，我国的混合所有制企业应围绕实现企业经营者职业化、社会化、市场化和国际化的改革趋向，进一步加强企业经营管理人员培训工作。要以建立职业经理人制度为目标，逐步建立和完善企业领导人员的培训制度，制定科学合理的企业领导人员教育培训规划。与时俱进，及时改进培训内容和方法，合理设计培训课程，提高培训质量。同时，重视企业领导人员的在岗培训，通过轮岗等手段造就复合型的经营管理人才。

（执笔：刘泉红）

参考文献

［1］银温泉：《美国、日本和德国的公司治理结构制度比较》，《改革》1994 年 6 月。

［2］青木昌彦、钱颖一：《转轨经济中的公司治理结构》，中国经济出版社，1995。

［3］银温泉：《国有企业治理机制改革的建议》，《宏观经济研究》1999 年第 2 期。

[4] 张维迎:《产权安排与企业内部的权力斗争》,《经济研究》2000 年第 6 期。
[5]〔美〕亨利·汉斯曼著《企业所有权论》,于静译,中国政法大学出版社,2001。
[6] 李维安:《公司治理》,南开大学出版社,2001。
[7] 杨瑞龙:《国有企业治理结构创新的经济学分析》,中国人民大学出版社,2001。
[8] 李维安:《公司治理理论与实务前沿》,中国财政经济出版社,2003。
[9] 于潇:《美日公司治理结构比较研究》,中国社会科学出版社,2003。
[10] 张文魁:《中国混合所有制企业的兴起及其公司治理研究》,经济科学出版社,2010。
[11] 徐乐江:《宝钢董事会运作实践》,上海人民出版社,2013。
[12] 刘泉红:《以混合所有制经济为载体深化国企改革》,《前线》2014 年第 2 期。
[13] 李维安、徐建:《董事会独立性、总经理继任与战略变化幅度——独立董事有效性的实证研究》,《南开管理评论》2014 年第 1 期。
[14] 厉以宁:《在调查混合所有制中发现的几个误解》,《当代社科视野》2014 年第 4 期。
[15] 刘泉红、刘方:《转变经济发展方式与塑造新型市场主体研究》,《经济与管理研究》2014 年第 6 期。

完善国有资产管理体制的总体思路和实现路径

内容提要：现行国有资产管理体制存在管理混乱、国资委的职能定位尚不明确、缺乏对国资委的有效监督等问题。完善国有资产管理体制，近期要加快完善国资管理方式，减少行政干预，进一步提升国资管理效能，中期要结合国有经济的功能定位和分布现状，将国有资产分为纯公益性和经营性两大类，纯公益性国有资本由人大国资委管理，非金融类经营性国有资本按照决策、执行、监督相分离的思路，以改组建立功能定位不同、按照市场化方式运行的国有资本投资运营公司为重点，加快形成人大国资委作为决策层、国有资本投资运营公司作为执行层、改组后的国有资产监管委员会作监督层的国有资产管理体制，同时要放开搞活国有资本的实体经营企业，长远看要逐步构建包括经营性、金融类、资源类、行政事业类国有资产在内的出资多元、监管统一的国有资产管理体系。

国有资产是指全民所有，也就是国家所有的财产和相关权利。从物质形态看，有广义和狭义之分。广义的国有资产指国家依法取得和认定的资产，或者国家以各种形式对企业投资和投资收益，以及国家向行政单位拨款等形成的资产，大致可分为经营性国有资产、行政事业性国有资产、资源性国有资产三类。狭义的国有资产一般指经营性国有资产，或企业国有资产。由于国有资产有不同的形态，国有资产管理不仅包括国有资产自身形态的保值增值，也包括其在不同形态之间的相互转化，通过形态转化实现社会稳定和经济发展的目标。因此，本报告采用广义国有资产的概念，以经营性国有资产为主，兼顾资源性国有资产和行政事业性国有资产，研究如何完善国有资产管理体制。

一　我国国有资产管理体制的演变

在计划经济体制下，国有企业分别隶属于中央各专业主管部门和地方政府，国有资产管理的基本特点是高度集中、政企不分。从20世纪50年代初到70年代末，中央曾几次将企业的管理权限下放给地方政府，后来又上收，但这都属于不同层级政府之间以行政性集权、分权为主要特征的调整，政企不分的体制特征没有发生变化。这种高度集中、政企合一的国有资产管理体制，尽管有利于我国尽快建立起完备的工业体系，但随着大规模经济建设的全面展开，其固有的多头管理权责不清、条块分割地区封锁、影响企业经营自主权和积极性、国有资产使用效益低下等弊端逐步暴露出来，并影响到国民经济的持续协调健康发展。改革开放以来，随着国有企业改革的逐步深入，国有资产管理体制也经历了一系列变化。总结这些年国有资产管理体制的改革实践，大致有两条主线：一条是以专司国有资产管理行政机构的组建为中心的体制改革与实践，另一条是以中央直接抓大型国有企业和大型国有企业集团为中心的体制改革与实践。

（一）以组建行政机构为中心的国有资产管理体制改革与实践

1988 年 4 月，根据全国人大七届一次会议决定，国务院按照政资分开的思路，把国有资产的产权管理职能从政府的行政管理职能和一般经济管理职能中分离出来，在政府系列组建国家国有资产管理局，统一归口行使国有资产所有权管理职能。国务院批准的“三定方案”明确规定国家国有资产管理局对中华人民共和国境内和境外的全部国有资产行使管理职能，重点是管理国家投入各类企业（包括中外合资、合作企业）的国有资产。这标志着我国在探索国有资产管理体制改革方面，有了专司国有资产管理的职能机构。国家国有资产管理局成立后，不少地方开始尝试实现两种职能的分离，地方国有资产管理机构相继组建。

以组建行政机构为中心的国有资产管理体制改革与实践主要致力于建立“国有资产行政管理专司机构—国有资产运营机构（国有资产经营公司或控股公司）—国有企业”这样一种三层次的国有资产管理体系。在组建三层次的国有资产管理体系中，上海和深圳做出了有益的探索，其具体做法是成立国有资产管理委员会，其组成人员一般是综合经济部门的主要负责人，委员会主任由市长或市委书记担任，委员会下设国有资产管理办公室，作为委员会的办事机构。在成立国有资产管理委员会（局）的基础上，组建国有资产运营机构，投资管理公司受政府委托，统一管理经营性国有资产。

这一时期成立的国家国有资产管理局，管辖范围不仅包括经营性国有资产，还包括行政类、资源类等非经营性国有资产，但由于国有资产管理局的职责仅限于对所管辖的国有资产进行清产核资，国有资产所有权仍然由专业主管部门行使。同时，国家国有资产管理局是隶属财政部管理的副部级机构，没能独立行使专司国有资产管理的职能，以至于在 1998 年的中央政府机构改革中被撤并，其业务转到财政部。但这并不意味着以国有资产管理行政机构为中心的国有资产管理体制改革的终结。我国的国有资产管理体制继续沿着政企分开和政资分开的思路处于改革和完善中。

（二）以中央直接“抓大”为中心的国有资产管理体制的改革与实践

1995 年，党的十四届五中全会提出了国有企业“抓大放小”的改革思路，并逐步确定了 512 家国有大中型国有企业和 120 家国有大型企业集团，作为重点扶持对象。围绕中央确定的国有骨干企业和企业集团，国有资产管理体制改革重点放在以国家试点企业集团为核心的国有资产运营机构的重新塑造上。

我国企业集团的试点工作始于 1992 年。配合试点，国家国有资产管理局、国家计委、国家体改委、国务院经贸办公室于 1992 年制定和下发了《国家试点企业集团国有资产授权经营的实施办法（试行）》。主要是考虑到企业集团与成员企业之间大多不是以产权关系为纽带，形成出资与被出资的母子公司关系，借助于政府行政行为确定集团公司与成员企业间的母子公司产权关系，授权企业集团经营国有资产，可以在较短时间内形成大型企业集团，改变国有企业分散经营、竞争力弱的状态。为此，政府授权集团公司行使国有资产出资人职能，享有所有者的部分权利，如部分重大决策权、收益处置权等，对国有资产全权负责经营。

后来，对大型企业集团的管理体制经历了一系列变革。1998年的政府机构改革，机械、化工、内贸、煤炭等15个专业经济部门被改组为隶属于国家经贸委的“局”，明确这些行业主管部门不再以所有者的身份来干预企业，其职能转换为行业管理。同年，还颁布实施《国务院稽察特派员条例》，国务院对国有重点大型企业派出稽察特派员，监督被稽察企业的财务，分析企业经营管理情况，评价企业主要负责人的业绩。1999年12月，成立了中央大型企业工作委员会（简称“中央企业工委”），负责国有重要骨干企业领导班子建设和领导人员管理。2000年3月，国务院发布了《国有企业监事会暂行条例》，通过派出监事进一步加强和改善对国有大中型企业的监管，逐步依法健全和规范监事会制度。

1999年9月，党的十五届四中全会通过《关于国有企业改革和发展若干重大问题的决定》，进一步明确了以组建行政机构为中心的国有资产管理体制改革和以中央直接“抓大”为中心的国有资产管理体制改革方向及重大问题。该决定提出，政府对国家出资举办和拥有股份的企业，通过出资人代表行使所有者职能，按出资额享有资产收益、重大决策和选择经营管理者等权利，对企业的债务承担有限责任，不干预企业日常经营活动。要按照国家所有、分级管理、授权经营、分工监督的原则，逐步建立国有资产管理、监督、运营体系和机制，建立健全责任制度。国务院代表国家统一行使国有资产所有权，中央和地方政府分级管理国有资产，授权大型企业、企业集团和控股公司经营国有资产，要确保出资人到位。该决定最大的进步在于，以党的决议形式明确了政府职责由“管理”

企业变为“履行出资人职责”。

以上一系列重大举措，从不同角度推进了国有资产管理体制改革，尤其是撤销专业经济部门，改变了众多主管部门代表国家对所属企业行使所有权的状况，真正在组织上实现了政企分开。但在实际运行中，形成了分部门管理国有资产的管理架构，被人们形象地称为“五龙治水”：财政部行使收益及产权变更职能；中央企业工委或金融工委行使选择经营者的职能；国家经贸委行使重大投资、技改投资审批及产业政策制定，国有企业破产、重组、兼并、改制等职能；国家计委行使基本建设投资管理职能；劳动部负责审批企业工资总额。各个部门从各自利益出发对企业行使权利，但谁都不承担责任，造成国有资产产权主体缺位，管理混乱，资产运营效率低下。国有企业改革遇到的许多深层次问题，都对深化国有资产管理体制改革提出了新要求。

（三）十六大及十届全国人大一次会议确立的国有资产管理体制

按照十六大提出“建立中央政府和地方政府分别代表国家履行出资人职责，享有所有者权益，权利、义务和责任相统一，管资产和管人、管事相结合的国有资产管理体制”的精神，2003 年 3 月，国务院批准成立国务院国有资产监督管理委员会，代表国家履行出资人职责，专门管理中央国有企业，解决了国有资产多头管理问题，并从组织机构和制度安排上实现了政府社会公共管理职能与国有资产出资人职能的分离，朝着政企分开、政资分开迈出更大步伐。随后，各省（区、市）及其所辖地州市也先后成立了专门管理地方国有企业的国有资产监督管理机构。各级国资委根据国务院授权，代表国家依法履行出资人职责，依法监督管理所出资企业的国有资产。从国有资产管理框架的设计来看，新的国有资产管理体制克服了以往管理中的诸多缺陷，把过去抽象的国家所有变为“国家统一所有”，由中央政府和地方政府“分别代表国家”履行出资人职责，享有出资人权益，形成中央、省和地三级国有资产管理体制，实现管人、管事、管资产的有效结合。

国资委成立以来，颁布了一系列几乎涉及整个国资和国企改革的新规则和办法，包括授权经营、绩效考核、薪酬分配、领导人员管理和财务评价、产权管理、风险管控、董事会试点等。2006 年，国资委建立了国有资产预算管理制度，国资预算在各地试点并全面推开。2007 年，财政部和国资委就建立国有资本经营预算制度框架达成一致意见，由财政部负责编制总的国有资本经营预算，国资委负责编制中央企业国有资本经营预算，部分中央企业开始上缴红利。

这一时期，金融类经营性国有资产管理体制改革也迈出了重大步伐。适应国有商业银行改革的需要，2003 年成立了专门以股东身份从事国有金融资本经营管理的中央汇金公司，国务院授权其代表国家依法对国有重点金融企业行使出资人权利和履行出资人义务，银监会负责对国有金融资产监管。汇金公司直接控股和参股的金融机构包括六家商业银行、四家证券公司、两家保险公司和四家其他机构。

二　现行国有资产管理体制存在的问题

新的国有资产管理体制克服了以往国有资产管理中的诸多缺

陷，实现了一系列重大突破，但从 10 多年的运行情况来看，还存在以下几个问题需要进一步明确并加以解决。

（一）国有资产管理比较混乱

当前，我国国有资产整体上处于分散管理状态。从横向看，中央层面上，作为代行国有资产出资人职能的国务院国资委仅限于管理非金融类经营性国有资产，即 113 家中央企业，资产规模约 40 万亿元，约相当于全国国有资产的 15% 左右。中央和国务院部委办局管辖着 8288 万户企业，400 多户金融类企业及铁路、烟草、邮政、文化、出版等垄断领域的经营性国有资产和大量行政事业性与资源性国有资产。这些资产没有一致的形成和发展路径，也没有统一的管理框架，在清产核资、统计评价、资产评估、产权界定与纠纷调处等方面，规则不统一，管理混乱。

从纵向看，中央和地方的国有资产管理框架存在差异。国务院国资委管理 113 家中央企业，管理的经营性国有资产仅为部分非金融类经营资产，铁路、烟草、邮政等垄断性资产，以及金融类经营性资产、行政事业性资产及资源性资产都不在其管辖范围内。地方国资管理则不同，一些地方政府把金融类经营资产、部分行政事业性资产划归国资委管理，由国资委行使出资人职能，国务院国资委虽然对地方国资委有政策指导职能，但由于两者管理范围不同，地方国资委行使金融类经营资产、行政事业性资产出资人职能时，缺乏全国性可操作的政策法规。

这种分散管理的国有资产管理框架设计带有一定过渡性和时代特征，但在实际运行中，不完全管理的缺陷和矛盾逐步显现出来。国有资产管理职能分散在多个部门，各部门由于管理目标、管理手段不相同，对管理缺乏统一评价标准，不仅无法从整体上进行合理统计、管理、界定和划分，给国有资产管理带来困难，而且无法适应国有资产改革和发展的需要。

首先，分散管理不适应产融结合和企业资产重组的大趋势。企业是各类资产的集合，其资产形态包括实物形态、金融形态和资源形态，现实中企业改革重组中大量发生的是与金融类资产和资源类资产相关的产权流转与重组。在金融资本与产业资本融合已成为大趋势的背景下，工商企业进入金融领域，金融企业进入实业投资领域，日益普遍，典型的如国家电网公司、宝钢公司参股中国建设银行，中投公司投资海外石油项目，首钢集团入股华夏银行等。金融类和非金融类经营性资产分属不同部门管理，已经无法适应产融结合的大趋势，不利于国有资产高效运营和发展混合所有制经济。

其次，分散管理无法实现国有资产的高效管理和合理利用。近年来，行政事业类国有资产增长迅猛，但分散在各个行政事业单位中，谁都可以管，谁也管不好，不少单位因占有国有资产不均而产生的苦乐不均和私设“小金库”问题严重；资源性国有资产尤其是矿产资源屡遭掠夺性开采、开发、使用和转让，流失严重，已经威胁到经济社会可持续发展。经营性、行政事业类、资源类国有资产分散管理，严重影响到国有资产的高效管理和合理利用。

最后，分散管理不适应改革的大方向。随着事业单位分类改革和资源管理体制改革的深入推进，一些国有资产的属性正在发生重大变化，行政事业性资产和资源性资产转化为经营性资产，将成为大趋势。近年来，许多原来属于非经营性的国有资产，如政府投资的基础设施和公用事业，正在实行商业化运营，不少社会事业和文化单位，也在尝试向企业转制和进行商业化运营。在这种情况下，政府部门分散管理非经营性国有资产，同时履行资产管理职能和行政管理职能，既影响了行政职能的有效行使，也影响了国有资产的管理效率。建立覆盖全部国有资产、统一而协调的国有资产管理体系，逐步把分散在政府机构中的国有资产管理职能移交给国有资产专司管理机构，其他部门致力于行使公共管理职能，是全面深化改革、加快完善社会主义市场经济体制的必然要求。

（二）国资委的职能定位尚不明确

国资委的成立，从理论上实现了政府的社会公共管理职能与经营性国有资产所有者监管职能分离。党的十六大报告明确指出国资委的定位是履行出资人职责，在机构设置上，国资委属于国务院任命的非政府系列的特设机构。但无论国资委名义上是否被作为国务院下属的行政管理部门对待，作为特殊的出资人，国资委事实上具有国有资产出资人和监管者的双重身份。国资委成立的 10 多年中，究竟是政府还是企业？是管理者还是监督者？是“婆婆”还是“老板”？一直处于模糊状态。国务院赋予国资委的六项职能，既包括出资人保值增值的盈利性目标，又有国有经济布局调整的社会公共目标，而这两种目标在一定程度上互相矛盾。这样的制度设计使得国资委在实际工作中容易扮演市场主体和监管者的双重角色，既是国有资产运营的规则制定者，又是规则执行者。

从国资委成立 10 多年来的工作情况看，国资委行使出资人和监管人的双重职能，没有摆脱长期形成的政企不分、所有权与经营权合二为一的局面，突出体现为直接干预国有企业的生产经营，行政化倾向严重，现实中给人的印象似乎是无处不在、无所不管，出现了“既当老板，又当婆婆”的问题。典型的如直接推动中央企业的业务重组；越俎代庖，发布招聘公告，公开为国有企业招聘副总经理、总会计师等职务；按照原国家经贸委“突出主业、加强管理、降低成本”的管理思路，要求中央企业将企业主业限制在三个以内；不断发出各种通知，要求中央国有企业和大型地方企业参加信息化、律师、新闻发言人、管理创新等各类培训班、研讨会和咨询活动；等等。国资委管理国有企业的事务如此具体，已经与出资人的角色相去甚远。与此同时，在出资人与监管者合二为一的制度框架中，国资委的监管职能也没有得到有效行使，国资委承担了维稳、职工安置、安全生产、环境保护等很多不属于监管的事务，同时，部分企业游说和公关能力很强，干扰了国资委统一监管和整体产业布局，造成该管的事情却没有管到位，出现职能越位、缺位和错位问题。

综上分析，由于出资人与监管者合二为一，造成国资委出资人职能和监管职能均没有真正落实。进一步完善国有资本管理体制，明确国资委的职能定位。国资委要么做“干净的出资人”，要么做独立的监管者，而不能象现在一样，同时承担出资人和监管者职能。

（三）缺乏对国资委的有效监督

党的十六大确定的国有资产管理体制，通过管人、管事与管资产的合一，赋予国资委更多职权。这在一定程度上提高了行政工作效率，消除了国有资产管理体制“多头管理、无人负责”的弊端，同时却出现了“谁来监督国资委”的问题。国资委集出资人和监管者双重职能于一身，全面掌管“管人、管事、管资产”的权力，其职能定位和权力边界本来就不清晰，如果缺乏有效的监督和权力约束机制，国资委可能会自觉或不自觉地形成一套自我授权、自我运行、自我约束、自我激励的行为模式。这不仅会造成国资委对国有资产运营监督不力或滥用权力，在一定程度上影响国有资产的经营效率，而且使国资委在一定程度上与国有企业形成了利益共同体，或者以追求保值增值目标而忽略国有经济的战略性功能，或者以承担社会公共职能为借口逃避经营低效率的责任，出现更高层次的“内部人控制”问题。

2008 年 10 月颁布的《中华人民共和国企业国有资产法》规定，履行出资人职责的机构对本级人民政府负责，向本级人民政府报告履行出资人职责的情况，接受本级人民政府的监督和考核，这从法律上规定了人大对国资委的监督约束权。但对国资委权力的约束仅通过人大定期会议制度还远远不够。如何保证作为政府代理人的国资委能够代表委托人的利益，如何保证作为国有资产委托人的国资委能够有效行使出资人职能，需要建立外部制衡的长效机制。因此，合理界定国资委的权力边界，确保国资委公平、公正地行使赋予它的权力，并对国资委的职权进行有效监督和制衡，是未来完善国有资产管理体制的关键。

三　完善国有资产管理体制的基本思路和对策建议

完善国有资产管理体制，近期要在现有制度框架内，推进国资委自身的体制改革，一方面解决谁来“监督国资委”的问题，另一方面解决国资委“既当老板，又当婆婆”的问题，以组建国有资本投资运营公司为突破口，形成“国资委—国有资本投资运营公司—混合所有制企业”三级架构的国资监督管理运营体系，加快完善国资管理方式，减少行政干预，进一步提升国资管理效能；中期要按照党的十八届三中全会的精神，并结合当前国有资产管理体制存在的突出问题，将国有资产分为纯公益性和经营性两大类，进行分类管理，同时按照授权经营的原则，以完善国有资本投资运营公司运作机制为重点，加快形成决策、执行、监督相分离的非金融类经营性国有资本管理体制。从长远看，要逐步构建包括（非金融类）经营性、金融类、资源类、行政事业类国有资本在内的出资多元、监管统一的国有资产管理体系。

（一）纯公益性国有资本由人大国资委管理

纯公益性国有企业（军工中的核心保军企业、国家重要物资储备类企业，如中储粮、中储棉等）属特殊公法人，在人大层面设立国有资产委员会，依照特殊法律法规或公司章程，对这类国有资本进行企业形态的监督和管理。这类企业主要履行社会公共服务职能，承担公益产品的生产经营，接受公共补贴，以国有独资形态存在，管理者具有公务员身份。

表1　国有资本的分类监管

企业类别	法律属性	企业形态	经营属性	经营范围	预算主体	监管主体
纯公益性	公法人，受国家行政法约束	国有独资	不以营利为目的，不考核经营利润	军工中的核心保军企业、国家重要物资储备类企业等关系国计民生却又不能营利的领域	财政部	人大国资委
经营性	民商法人	国有控股或参股	以营利为目的，考核指标围绕营业利润制定	供水、供电、供气等公用事业，石油、电信、电力、邮政、航空、航运等自然垄断性行业，竞争性领域	国监委和财政部	国监委

（二）非金融类经营性国有资本按照决策、执行、监督相分离的思路完善管理体制

非金融类经营性国有资本在国有资本中占有很大比重，且分布在多个领域，是完善国有资本监管体制的重点，应放在完善我国社会主义市场经济体制的大背景下予以考虑。由于建立决策权、执行权、监督权既相互制约又相互协调的行政运行机制，是我国行政管理体制改革的方向，也应成为完善国有资产管理体制的方向，为此，要按照国有资本的委托人所有者代表、托管方出资人代表、监督机构实现决策、执行与监督三权分立，各司其职，相互制衡的思路，构建由决策层、执行层、监督层组成的国有资产管理体制和监管体系，同时做实国有资本实体经营主体，实现非金融类经营性国有资产由管理企业到运营资本的转变。

1. 在人大层面设立国有资产委员会，作为决策层

我国国有资产属于全民所有，理论上全国人大代表全体人民拥有国有资产的终极所有权，可以作为国有资产的委托人，行使决策职能。在现行“国家所有、分级管理”的国有资产管理体制下，建议在各级人大设立类似于人大财经委的“国有资产委员会”（简称“人大国资委”），作为管理国有资产的决策机构，代表本级人民行使非金融类经营性、金融类、行政事业类和资源类等各类国有资产的所有者权利和决策职能。其中有关非金融类经营性国有资产的决策职能包括：制定国有资产战略布局总体设计、发展规划和重大改革部署，提请全国人大制定、修改和审议国有资产监管法律，制定国有资本投资运营公司发展战略、经营目标、考核机制，审议国有资本投资经营公司的重大事项，如资产重组、股份制改造、股

权转让、兼并破产、收入分配、发行公司债券等重大事项，每年向全国或相应级别的人民代表大会汇报国有资产变动和相关规划执行情况。人大国资委成立后，其他类别国有资产的重大决策权也要由其统一行使，具体包括：制定非经营性国有资产管理办法，审议或向人大国资委报批非经营性资产转经营性资产的经济行为，负责审议资源性国有资产的开发和转化等重大事项或提交人大决策审议。

2. 改组成立若干个国有资本投资运营公司，作为执行层

结合非金融类经营性国有资本分布状况和功能定位，组建或改造成立若干个专业性强的国有资本投资运营公司，作为国有资产经营的受托人和执行层，按照授权经营原则，代表国家行使国有资产的出资人职能，按照市场化和商业化原则经营国有资产。组建国有资本投资运营公司是国资管理体制改革的突破口，是下一步国资改革的切入点和落脚点，关乎新一轮国有资本管理体制改革的成败，必须从以下几方面切实把握好。

（1）依据功能定位组建不同类别的国有资本投资运营公司

国有经济的功能定位首先要与一个国家的发展阶段相适应，我国还属于发展中国家，国有经济除了弥补市场失灵，还肩负稳定经济、发展经济的功能，这一点与西方发达国家不一样。作为社会主义国家，国有经济还是巩固社会主义制度的经济基础。因此，今后相当长一个时期，国有企业除了承担传统意义上的公共职能外，还要肩负发展经济、体现制度特色的任务，既要承担公共职能、履行特殊战略功能，也要承担经营职能、实现国有资本保值增值。20 世纪 90 年代以来，上海、深圳等地探索构建国有资产经营公司，作为介于政府和国有企业之间的中间层，由政府授权其投资运营国有资产，改革实践表明，国有资产经营公司必须分类组建、功能定位明确、职能专一，并实行规范化、市场化运作，才能实现预期目标。

结合当前国有经济的功能定位、分布状况及一些地区的改革实践，可以考虑成立四类国有资本投资运营公司。一是公用事业类，投资运营范围主要限于关乎人民生活的供电、供水、供气、供热、公交、地铁等公用事业企业。二是公共保障类，投资运营范围主要限于占有国家特殊资源、承担国民经济发展保障和国家安全责任的企业，如石油、电信、电网、军工、重要运输行业等。三是战略类，投资运营范围主要限于市场风险较大、民营资本尚不愿进入的战略性新兴产业。四是竞争类，投资运营范围主要限于充分竞争性领域。

不同类别的国有资本投资运营公司对所投资企业可以采取不同出资方式。公用事业类和公共保障类投资运营公司对所投资企业可采取绝对控股、相对控股或参股方式，从技术经济特征看，凡是能够向民营资本开放的领域都应该开放，但为了确保国有资本在这些行业的控制力，可以采取金股制度，以少量国有资本带动更多民营经济发展，但从保障国民经济运行安全出发，国有资本具有一票否决权。战略类投资运营公司对所投资企业可采取控股或参股方式，为了激发民营经济投资新兴产业的积极性，并充分发挥民营经济经营机制灵活等优势，国有资本可以优先股形式存在，获得固定红利，参与重大问题决策，将企业日常经营的决策权赋予民营资本。竞争类投资运营公司对所投资企业主要采取参股方式，按照出资比例参与企业经营决策。

（2）按照“改组为主、新建为辅”的原则组建国有资本投资运营公司

理论上，国有资本投资运营公司的形成途径有三种：将现有中

央企业集团直接转为国有资本投资运营公司；在现有央企集团之上重新组建国有资本投资运营公司；将现有央企集团分类合并组建为不同功能的国有资本投资运营公司[①]。如果按第一种方式，将现有113家中央企业集团直接转为国有资本投资运营公司，数量太多，无法实现整合功能、分类管理的目标。按第二种方式，相当于在现有中央企业集团基础上又增加了一个层次，纵向层级多，拉长了管理链条。第三种是比较切实可行的方式，对现有中央企业集团按产业性质、业务范围、行业地域以及所承担的目标任务进行科学分类，以同行中规模较大、业内公认的企业集团作为发起人，改组建立20家左右的国有资本投资运营公司。考虑到当前大多数中央企业集团公司都从事实业经营，近期可改组成立15家左右国有资本投资公司，新组建2家国有资本运营公司，连同成立初衷是专门从事资本运营的国家开发投资公司、中国诚通控股集团、中国国新控股公司等3家资本运营公司，总共有5家国有资本运营公司。将央企母公司改组成国有资本投资运营公司时，不良资产按照相关政策核销，人员安置从国有资本投资运营公司的经营收益中，每年拿出一部分钱逐步化解历史包袱，最终完全进入社会保障系统。

（3）国有资本投资运营公司由人大国资委管理

国有资本投资运营公司由人大国资委授权行使出资人权利，国务院参与管理。人大国资委通过选派董事会成员、监事会成员等进入国有资产经营公司行使委托人职责，体现国家意志、国家战略和所有者权益。国有资本投资运营公司的董事长和总经理属中管干

---

① 关于组建国有资本投资运营公司三种方案，参考了财政部企业司刘玉廷《关于深化国企改革问题的汇报》（内部资料）。

部，由国资委改组成立的国有资产监管委员会提名，人大国资委任免，中组部管理，实行年薪制。为了体现中国特色社会主义的特征，国有资本投资运营公司原则上为国有全资或独资企业，不吸收非国有资本，但社保基金、金融保险等国有机构可以入股[①]；为了激励负责国有资本投资运营的高级管理人员，今后可以探索对高级管理人员实行少量的股权和股票期权激励。国有资本投资运营公司属于国有资本经营预算单位和实施载体，其预算政策、预算编制和预算信息的公开由财政部负责并报国务院和人大审批。公用事业类、公共保障类、战略类国有资本投资运营公司的发展战略和发展政策，由发改委和工信部协助人大国资委制定，并报国务院和人大审批，竞争类国有资本投资运营公司“走出去”战略和相关政策由商务部门协助人大国资委制定并报国务院和人大审批。

目前，社会上有关于非金融类经营性国有资本投资运营公司是归财政部还是归国资委管理之争。持归财政部负责管理国有资本投资运营公司意见的人，主要是参考了新加坡淡马锡公司归财政部管理的模式。我们认为，新加坡国有经济体量有限，而中国的国有经济规模庞大，不能简单类比。况且，财政部门的责任是管理政府公共支出，我国这样一个大国的财政事务已经足以让财政部门负荷运转，如果再将国有资本的管理纳入财政部门，无论是政府公共支出管理，还是国有资本的改革发展，都将会受到影响。因为财政职能与资本职能迥异，价值诉求和行为选择上的冲突性大于协调性，考虑到市场环境、法律制度、理念传统等的差异，中国难以形成新加坡财政部与淡马锡之间那样的行为规范和互动机制，如果将财政事

① 今后补充社保基金也从国有资本投资运营公司划转。

务和国有经济改革发展完全不同的两件事务交给一个部门管理，一个主体身兼二职，难免会有身份的混淆，从而影响对二者各自的管理。此外，经营性国有资产从财政体系分离，可有效切断国有企业直接承接公益性政策负担和财政资源直接输送国有企业的体制通道，从而更加明确国有企业行为的价值创造导向并有效消除其“预算软约束”积弊[①]。

持归国资委负责管理国有资本投资运营公司意见的人认为，在现有国资委系统内实现“二身二任”，由国资委行使盈利性国有资产“终极出资人代表”职能，国有资本运营公司履行直接出资人职能。我们认为，我国国有资产规模庞大，且分布领域广泛，未来国有资产战略性调整的任务艰巨；作为社会主义制度的经济基础，国有经济同时肩负经济功能和社会功能；随着全球化步伐加快，还需要周密谋划“走出去”战略。考虑到国有经济改革发展的任务艰巨而复杂，需要一个更高层次的机构，协调相关政府部门来完成上述任务。国资委作为政府序列中的特设机构，成立的 10 多年来一直陷于“老板”加“婆婆”的指责中，如果由其行使管理国有资产运营公司的职能，受体制惯性的影响，国资委可能仍然延续无所不在、无所不管的管理方式。此外，从监管的国际发展趋势看，20 世纪 70 年代以后，发端于英、美并扩散到欧洲、大洋洲的政府放松管制运动，广泛影响到日本、韩国及亚洲新兴市场国家，在此背景下，国外发达国家政府部门的主管职能与监管职能分离，成立独立监管机构已经成为潮流。我们认为，应将国资委改组为国有资

① 林毅夫、李志赟：《政策性负担、道德风险与预算软约束》，《经济研究》2004 年第 2 期。

产监管委员会（简称“国监委”），作独立的监管机构，专司非金融类经营性国有资产的监管（未来还包括非经营性国有资产的监管），不再行使管理国有资产和监管国有资产的双重职能，这既符合国际监管发展趋势，又适合我国国情。

（4）国有资本投资运营公司按照市场化方式经营

改组成立的国有资产投资运营公司是人大国资委授权的国有资本经营机构，是代表国家对部分经营性国有资产直接行使资产收益、重大决策、选择管理者等出资者权利的特殊企业法人。资产经营公司既不是行政管理部门，也不是普通企业，其特殊性质和职能定位，决定了必须按照产权运作的要求转变运营方式，以产权为纽带，以国家出资人的身份对所投资企业进行产权管理和监督，而不直接干预企业的生产经营。改组成立的国有资本投资运营公司已经不再是部分经营实体企业的行政主管部门，与所出资企业是以资本为纽带的投资与被投资的关系，按照功能定位，发挥统筹规划和投资运营平台的作用，其面对的经营实体企业也不是原来国有企业的简单合并，而是引入民营资本、外资后，按混合所有经济进行规范治理的市场竞争主体。参照中国汇金公司、新加坡淡马锡公司的运营模式，完全按照商业化规则运营，在投融资管理、公司治理、职业经理人管理、管控模式、考核分配等方面，都将更加市场化。

资产经营公司实行董事会负责制。董事会建设是国有资本运营公司有效运行的关键环节。针对国有资本运营公司的特点并结合国际规范，建议董事会成员不再按外部董事和内部董事分类，而由执行董事和非执行董事组成，其中非执行董事又分为股东董事和独立董事。股东董事由人大国资委依法向国有资本投资经营公司派出，具有国家公务员身份，不在公司担任具体职务的董事。为了保证公正性和中立性，股东董事不从国有资本运营公司领取薪酬，但参照新加坡淡马锡模式，依据公司经营状况对委派的董事进行职务升降。独立董事由与公司没有任何业务关联关系的社会知名专家或民营企业家担任，对这类董事按照市场原则进行物质激励。为了规范管理，这类董事必须经过考核，取得资格证书。执行董事是从社会公开招聘的职业经理人，彻底脱离公务员序列，在公司高管层中担任执行职务，享受完全市场化的薪酬待遇。同时，在国有资本运营公司组建由执行董事和没有董事资格的高管人员组成的执行董事委员会，负责国有资本运营公司的日常经营与管理，董事长由人大国资委任命的股东董事担任。为了充分发挥董事会的作用，董事会下设战略决策委员会、提名与薪酬委员会、审计委员会等功能委员会。

（5）逐步实现国有资本投资公司向国有资本运营公司的转变

国有资本投资公司和国有资本运营公司都是国家授权经营国有资本的公司制企业，都是非金融类经营性国有资本的出资人代表，都是国有资本发展战略和国有资本经营预算的实施载体，都是涉及国家安全的重要机构，都采用国有独资形式，但实际中二者经营的侧重点不同。

——从经营对象看，国有资本投资公司主要从事实业投资，以投资融资和项目建设为主。国有资本运营公司主要从事股权投资和财务管理，运营的对象是持有的国有资本（股本）。

——从经营目标看，国有资本投资公司旨在实现政府的特定目标，通过资本投资而不是行政权力保持对某些产业和企业的控制力，以社会目标为主，兼顾经济目标。国有资本运营公司旨在改善国有资本的分布结构和质量效益，强调资金的周转循环、追求资本在运动中增值，着力提高国有资本运营绩效，以经济目标为主、社会目标为辅。

——从经营方式看，国有资本投资公司是混合控股公司，通过产业资本与金融资本的融合，提高国有资本流动性和配置效率。国有资本运营公司是纯粹控股公司，不从事具体的产品经营，主要通过资本运作有效组合配置国有资本，既可以在资本市场融资（发行股票），又可以通过产权市场来改善国有资本的分布结构和质量。

——从功能定位看，国有资本投资公司肩负实现国家战略目标和国有资本保值增值双重功能，主要是在实现提供公共服务、支持科技进步、保障国家安全等特定公共目标中，更好地发挥国有资本的带动作用。国有资本运营公司肩负国有资本盈利功能，重点是推动国有资本合理流动，提高国有资本经营效率。

——从作用方式看，国有资本投资公司侧重于发挥政府调控作用，重点在于弥补市场失灵，对于市场无力或不愿意投资但对国民经济又特别重要的领域，以及关系国家安全和国民经济命脉的领域，发挥重要作用。国有资本运营公司侧重于发挥市场机制的作用，通过将实物形态的国有资产转换成可以用财务指标清晰界定、计量并具有良好流动性、可进入市场运作的国有资本，提高国有资本盈利能力。

结合国有资本投资公司和运营公司的侧重点，由央企、地方国有企业母公司改组成立的国有资本投资公司经营范围主要涉及提供公共服务、具有前瞻性战略性意义、维护生态环境、支持科技进步、保障国家安全等，承担实现国家战略目标和国有资本保值增值

表 2 国有资本投资公司和国有资本运营公司的比较

项目	国有资本投资公司	国有资本运营公司
经营对象	主要是投资实业，以投资融资和项目建设为主	主要是股权投资和财务管理，运营的对象是持有的国有资本（股本）
经营目标	通过资本投资而不是行政权力保持对某些产业和企业的控制力，实现政府的特定目标；以社会目标为主，兼顾经济目标	改善国有资本的分布结构和质量效益，强调资金的周转循环，追求资本在运动中增值，提高国有资本配置效率；以经济目标为主、以社会目标为辅
经营方式	混合控股公司，通过产业资本与金融资本的融合，提高国有资本流动性和配置效率	纯粹控股公司，不从事具体的产品经营，通过资本运作有效组合配置国有资本
功能定位	提供公共服务、具有前瞻性战略性意义、维护生态环境、支持科技进步、保障国家安全等产品，实现特定的公共目标，更好地发挥国有资本的带动作用；肩负实现国家战略目标和国有资本保值增值功能	推动国有资本合理流动，提高国有资本配置效率；肩负国有资本盈利功能
作用方式	侧重于弥补市场失灵，发挥政府调控的作用	侧重于发挥市场机制的作用

资料来源：笔者整理。

目标的双重任务。国有资本运营公司经营范围主要涉及一般竞争性领域，负责国有资本在竞争性领域的重组配置，主要承担国有资本盈利等任务。通过改组大型企业集团成立的国有资本投资公司，短期内保留混合控股性质，以投资和项目建设为主，通过投资实业拥有股权，同时探索产业资本与金融资本融合，开展资本运作。随着我国发展阶段提升和国有经济战略性调整逐步到位，国有资本分布的领域将不断减少，积累了一定资本运营经验的国有资本投资公司，可以参考淡马锡控股公司模式，演变为专司国有资本配置和再配置的资本运营公司，主要业务集中于股权投资和财务管理，从而实现由集团公司向国有资本运营公司的转变。

（6）我国尚不具备以投资基金运营国有资本的条件

目前，部分专家提出按行业设置一批国有资本投资运营基金，把现有的国有股划给某一个国家投资基金公司持有，作为该国家投资基金公司投入企业的国有资本，由基金公司负责运营。基于以下几方面的考虑，我们认为，近期，国有资本投资运营公司作为中间层运营国有资本，比国有资本运营基金更适合我国。

第一，投资基金的相关法律不健全，而国有资本投资运营公司的相关法律比较成熟。我国只出台了将上市公司作为投资对象的《证券投资基金法》，将非上市公司作为主要投资对象的产业投资基金、股权投资基金，在立法上还存在缺位问题。由于法律法规不健全，产业投资基金、股权投资基金建立、运作、退出、监管等环节的法律法规尚不健全，在这种情况下，以投资基金来运营国有资本，很难实现预期目标。而且，我国投资基金双重征税问题备受诟病，但由于缺乏顶层设计，迟迟没能解决。相比之下，《公司法》已经比较成熟、完善，以国有资本投资运营公司形式经营国有资本，在法律上没有任何障碍。

第二，投资基金的发展体系不完善，我国已经对国有资本投资运营公司进行了改革探索。产业投资基金、股权投资基金在我国兴起时间较晚，运作模式尚在探索中，发展体系也很不完善。用在我国发展尚不规范、尚未成熟的金融工具来运营规模庞大、分布领域广泛的国有资本，属于新生事物，存在很大风险。相比之下，我国通过国有资本经营公司来管理国有资本，已经进行了一些改革探索。20 世纪 90 年代以来，一些地区探索以国有资本经营公司来运营国有资本，取得了初步成效。中央层面，2003 年以来先后成立了国家开发投资公司、中国诚通控股集团、中国国新控股公司三家资本运营公司，尽管由于种种原因，这三家公司都没能很好地发挥运营国有资本的职能，但毕竟在运营国有资本方面进行了初步探索，积累了一些经验。

第三，与投资基金相比，投资运营公司更能确保履行国有资本的功能定位。从理论上说，投资基金作为财务投资者，获取财务回报是其唯一目的。在当前发展阶段，我国国有经济同时肩负经营职能和公共职能，尽管可以根据国有资本的多重职能设置不同功能定位的投资基金，但在运行机制和法律规制尚不完善的情况下，很难保证不同种类的国有资本投资基金能够按照成立初衷运作。相比之下，一些地区通过国有资本投资运营公司实现政府职能已经积累了一些经验。未来，随着国有资本战略性调整逐步到位和全球化深度发展，国内很多领域向民营经济开放后，国有资本在国内投资空间狭小，可以参考新加坡的国家主权财富基金模式，以投资基金方式，到国外进行资本运作。

3. 将国资委改组为独立的监管机构，作为监管层

剥离国资委的出资人职能，将国资委由“管人、管事、管资产”的多重身份改组为专司国有资本监管的独立监管机构，成立国有资本监督委员会（简称“国监委”）。国监委代表国家行使监督非金融类经营性国有资本使用和必要时收回国有资本的权利，监管的主要对象是负责经营相应一级政府所管理的非金融类经营性国有资本的各个专业性国有资产投资运营公司，直接向人大国资委负责，具体职能包括：监督非金融类经营性国有资本的使用情况，包括有权利和义务执行严格的财务和会计管理、审计和统计监督，及时制止侵犯国有资本行为；把握国有资本战略布局规划实施及国有资本经营预算执行情况；负责考核国有资本运营公司的经营绩效，据此向人大国资委提名国有资本运营公司董事长、总经理及其他高级管理人员的候选人名单，并对重大并购重组事项批准、国有资产收益收取与支出等事项拥有参与决定权；定期向人大国资委汇报国有资本投资运营中存在的问题，提出改进国有资本投资运营的具体建议。国监委不能干预投资经营公司的资本运营，只是在某个关联公司股份的并购和出售中有问题时，才会作为事前监管者参与进来。

国监委根据国有资本投资运营公司的功能和特性，制定不同经营目标和考核机制，实行分类监管。对竞争性国有资本投资运营公司，主要依据资本所有权通过规范的产权来监管；对公用类、公共保障类、战略类国有资本投资运营公司，应结合现阶段政府工作目标，采用战略控制、财务控制以及必要的行政干预，考核其完成产业结构调整、能源战略、环境保护、国家安全等社会目标和战略目标的情况。考核标准的差异表现在：竞争性国有资本应按照市场平均的资本成本和资本回报率水平作为保值增值的考核标准；对涉及国家安全、社会发展等非竞争性国有资本，考核标准无法参照市场平均的资本成本和资本回报率制定，而应进行社会成本和社会收益分析。

4. 放开搞活国有资本的实体经营企业

国有资本投资运营公司根据国有资本发展战略和产业政策，通过投资、控股、参股、产权出让、收购及兼并等方式，实现国有资本的优化配置。国有资本投资经营公司与下属企业之间是出资与被出资的关系，以出资额为限，依法对所投资企业行使出资人权利，履行出资人义务，以实现国有资本的经济目标和公共目标。国有资本投资经营公司可以根据出资比例，通过委派董事会成员等方式参与公司经营决策，通过实行重大事项报告制度和财务审计监督等方式监督和管理企业，但不直接干预公司日常经营。国有资本控股、参股的企业是与外资、民营具有同等地位的民事主体，不再称为“国企”，不再享受行政级别。所投资的公司按照《公司法》和出资比例，建立健全协调运转、有效制衡的公司法人治理结构，逐步实行职业经理人制度，董事会通过市场选聘职业经理人，建立真正的市场化选人用人机制和市场化薪酬制度。在此基础上，实现实行管理者能上能下，职工能进能出、收入能高能低的市场化经营机制。

为了防范国有资产流失，国有资本参股和控股企业对外进行的任何股权投资或另外设立的任何独立核算单位，都必须提前报管理该国有资本的投资运营公司审查，报国有资产监督管理委员会备案，并接受社会监督。国有资本参股和控股企业涉及国有资产运营公司之间的产权交易，必须报告国有资产监督管理委员会审批。

在对盈利性国企和公益性国企分类监管的基础上，构建由决策主体—执行主体—监管主体—经营主体组成的国有资本管理体制，可以真正实现政府的社会公共管理职能与国有资产所有者监管职能分离、出资人所有权与企业法人财产权分离、国有资产监管职能与国有资产运营职能分离（“三个分离”），实现国有资产从实物监管向价值监管转变、从着重对国有资产监管向对国有资本监管转变、从监管国有企业向监管国有资本的产权转变（“三个转变”）。这一新型管理体制有利于国有资本的战略布局与结构调整，有利于发展混合所有制经济，有利于实现国有资本的保值增值，也有利于激发市场主体活力，最终惠及国民。

（三）逐步建立出资多元、监管统一的国有资产管理体制

鉴于当前国有资本分别由国资委、财政部、行业机构分散管理存在诸多弊端，适应产融结合大趋势及国有资本流转重组的需要，未来可探索构建出资多元、监管统一的国有资产监管体系，逐步将金融类、资源类、行政事业类，以及文化、出版、烟草、铁路、邮政等系统的经营性国有资本纳入上述国资管理体系中，通过设立金融资本运营公司、资源性国有资本运营公司、行政事业类国有资本运营公司，对各类国有资本进行专业化运营。国监委履行各类国有资产的行政监管职能，统一监督各类国有资产，统一评价和考核国有资产经营业绩。除了上述监管经营性国有资产运营的相关事项外，还要负责制定非经营性国有资产的管理办法，对市政设施和行政、事业单位占用的非经营性资产进行实物形态和货币形态的监管，对非经营性资产转经营性资产的经济行为、资源性国有资产的开发和转化等活动进行监管。除了行政监督外，对国有资产的监督还包括审计监督和社会监督，国有资本投资运营公司的财务状况、经营收益、股权转让情况必须向全社会公开，接受社会监督，当然还包括更高层面的人大监督，如此形成了包括人大监督、行政监督、审计监督和社会监督在内全方位的、统一的监督体系。

以上国有资产管理体制除了可以实现国有资产的行政管理和出资人管理的有效分离外，还具有以下几个特点：一是实现了各类国有资产的统一、协调管理。不同类型的国有资产都由人大国资委统一行使决策职能，由财政部负责编制经营预算，都按照统一的政策和规定管理，有利于国有资产的形态转化和重新配置，有利于开展统一的国有资产预算工作，有利于降低国有资产的监管和协调成

本，有利于实现全民利益最大化。二是实现了不同类型的国有资产专业化监管。根据国有资产的形态和特征，国资投资运营主体分为四个业务范围不同的经营机构，既可以发挥国资出资人机构专业管理的优势，又可以在不同类型的出资人之间引入竞争机制。三是在组织机构建设上充分利用了专业人才和监管经验。在国监委积累监管非金融类经营性国有资本经验的基础上，逐步将文化、出版、烟草、铁路、邮政类国有资产划归经营性国有资产运营机构管理。金融类国有资产运营机构在现有汇金公司的基础上成立，行政事业性和资源性国资运营机构在有关部门的基础上组建。这种监管体制框架实现了机构、工作和人员的平稳过渡。

结合我国社会主义市场经济体制改革进程，构建出资多元、监管统一的国有资产管理体制可以分“三步走”。第一步是按照上述设想，构建由人大国资委—国有资本投资经营公司—国监委—投资企业组成的四层次国资体系，为管理非金融类经营性国有资本奠定制度基础，完成时间是 2015 年。考虑到金融类国有资产运营已经比较成熟、规范，第二步是适应产融结合的需要，2017 年即党的十九大召开前后，将国有金融资本统一纳入国监委的监管体系中，经营性和金融类国有资产投资运营公司的行政性监督由国监委负责，经营预算工作由财政部负责。第三步是 2020 年左右形成出资多元、监管统一的国有资产监管体制，具体包括：成立行政事业性和资源性国资运营机构；将烟草、铁路、邮政、军工类国有资产划归经营性国有资产投资运营公司管理，考虑到事业单位改革和烟草、邮政等垄断行业改革进展比较缓慢，最终建成统一管理的国有资产管理体制还需与我国全面深化改革的总体进程相一致，初步考虑在 2020 年左右完成。

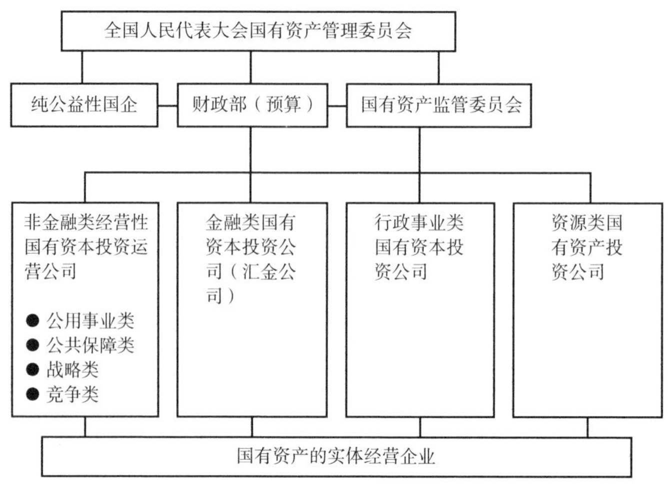

图1 出资多元、监管统一的国有资本管理体制示意

（执笔：郭春丽）

参考文献

[1] 臧跃茹：《国有资产管理体制的改革与实践》，《中国物价》2003 年第 2 期。

[2] 郭春丽：《进一步完善国有资产管理体制的思路和对策》，《现代经济探讨》2006 年第 11 期。

[3] 刘纪鹏、黄习文：《组建国有资本运营公司　构造新型国资管理体制》，《首都经济贸易大学学报》2014 年第 1 期。

[4] 刘玉廷：《关于深化国企改革的汇报》，财政部企业司 2014 年内部报告。

促进混合所有制经济发展研究

观点综述

促进混合所有制经济发展研究评述

内容提要：混合所有制经济是一个以改革为导向的政策性表述，所涉及的理论要点包括如何建立科学公平的资产定价或对价机制，如何实现资本混合后的有效公司治理。我国混合所有制经济经历了从探索发展到数量发展，再到现阶段深化发展的历史轨迹，制度错配与顶层设计不足是当前“混而不合”的根本原因，为此十八届三中全会更加强调“相互融合”的质量目标并针对存在的问题给出了制度回应。当前，混合所有制经济发展存在以下三个动向：国企和民资各有顾虑，资本混合的内在动力不足；中央层面的顶层设计仍处于研究阶段，强调细则设计；地方改革举措陆续出台，央企开始在非核心领域试点。建议下一步研究和政策上重点关注混合动力、范围、规程、资产定价机制以及治理等问题。

十八届三中全会以来，发展混合所有制经济在争议中再次掀起新的实践热潮，然而，混合所有制经济的研究却相对不足。本文将对现有的理论研究和实践进行梳理和评述，从而为下一步研究和政策实践提供参考。

一　概念界定与核心理论问题

混合所有制经济并非新事物，并且已经成为一个高度实践化的研究命题。但是，回顾历史可以看到，发展实践中存在的一些关键性问题都与基础问题研究不透、关键理论问题研究不够有关。为此，对概念进行清晰界定，并从理论层面阐明混合所有制经济发展的内在逻辑及核心问题仍然十分必要。

（一）界定概念

在媒体和学术刊物中，混合所有制、混合所有制经济、混合经济经常被混用，但三者既有联系，更有区别。梳理国内外相关文献可以发现，在西方学术传统下，混合经济有其特定的经济学内涵，而混合所有制和混合所有制经济是一个具有中国特色的政策概念，在国外学术文献中较少看到。

1. 混合经济：西方学术传统下特指市场机制和政府干预并存的经济

混合经济（Mixed Economy）概念起源于西方学术界关于社会主义和资本主义的大论战时期，用于描述一个介于放任自流市场经济和计划经济之间的经济。根据《牛津经济学辞典》和相关文献，[①] 混合经济中既存在国有企业，也存在私有企业；既有市场发

① Clarke H. , The End of Free Market Fundamentalism not of the Mixed Economy, *Journal of Applied Economics and Policy*, 2009; Farrant A. , E. McPhail. Hayek, "Samuelson, and the Logic of the Mixed Economy?", *Journal of Economic Behavior & Organization*, Vol. 69, Issue 1, pp. 5 - 16, 2009.

挥决定性作用的领域，也有政府干预的领域。从现实来看，市场化程度很高的美国经济，以及计划经济色彩浓重的古巴经济都可以视为混合经济。与混合所有制或混合所有制经济等概念缘起于所有制属性不同，西方学术传统下的混合经济更加强调经济运行机制，特指市场机制和政府干预并存的经济。

2. 混合所有制和混合所有制经济：改革导向的政策性表述

混合所有制（Mixed Ownership）和混合所有制经济概念主要见于国内，是一种具有强烈改革导向的政策性表述。对于混合所有制，国内学术界存在狭义和广义解读，狭义的混合所有制主要指的是微观企业层面，存在不同所有制资本之间的多元投资、交叉渗透、互相融合，广义的混合所有制主要指的是国家或地区层面同时存在国有、集体、个体、私营、外资、合资、合作等各类公有制经济和非公有制经济。从广义的解读来看，混合所有制经济与西方学术传统下的混合经济具有相似性。

近30年来，西方社会对基础设施等垄断领域进行了大规模的私有化或混合所有制改革。如新西兰，为了对国家能源公司和航空公司等进行改革，减少政府持股和引入民间资本，也引入了混合所有制模式，主要用于微观企业层面的改革①。根据新西兰政府的相关研究，② 引入混合所有制模式可以发挥以下作用：一是盘活政府拥有的存量资源，将有限的资源用于更需要政府有所作为的领域，比如基础教育和医疗；二是可以给市场更多的投资机会，借此投资

① 参见时任新西兰副首相英格里希的讲话以及该国为此订立的系列法案。English Bill，"A Mixed Ownership Model for State Assets"，The Official Website of the New Zealand Government，2012.

② English Bill，"A Mixed Ownership Model for State Assets"，The Official Website of the New Zealand Government，2012.

者也可以投资原来难以参股的能源、航天等巨型企业；三是可以提高国有企业的透明度，扩展资本金来源渠道，降低整个运营成本。

特别值得注意的是，与新西兰政府直接采用混合所有制概念略有不同，我国政府采用的是“混合所有制经济”的表述。按照基本的经济学概念分类，混合所有制和混合所有制经济分别属于制度和经济发展范畴。我国官方表述统一为“发展混合所有制经济”，意味着这是一项以改革为核心的发展任务，要求改革与发展并重。当然，从具体内涵来看，我国发展混合所有制经济与新西兰政府引入混合所有制动机是不同的，这种不同主要源于改革的路径依赖。西方市场经济国家引入混合所有制的改革对象是公用事业领域和为数不多的几个产业领域，如能源、航空等，主要目的是提高政府财政运转的效率；我国发展混合所有制经济是从计划经济体制向市场经济体制转变进程中的一个重要阶段性任务，目标更多元化和复杂化，正如很多学者所指出的那样，[①] 发展混合所有制经济源于“我们党一直在努力寻找公有制和基本经济制度有效的实现形式”，发展混合所有制经济始终与国有企业改革紧密相连。

我国发展混合所有制经济存在上述体制转型背景，因此也产生过诸多理论争议。早期，相关讨论主要围绕意识形态展开，[②] 争议包括混合所有制是一种新的所有制还是所有制实现形式、混合所有制经济是否属于公有制经济、发展混合所有制经济是否等于私有

① 张卓元：《混合所有制经济是基本经济制度的重要实现形式》，《经济日报》2013 年 11 月 22 日。

② 晓亮：《论混合所有制》，《学术月刊》1998 年第 6 期；龙绍双：《“混合所有制”质疑》，《理论学刊》1999 年第 5 期；张作云：《关于混合所有制经济的内涵和性质问题——兼论混合所有制经济的研究方法》，《海派经济学》2008 年第 3 期；伯娜：《关于混合所有制经济性质问题的观点述评》，《学术界》2010 年第 5 期。

化。这期间产生过一些重要观点，如厉以宁教授提出混合所有制是新公有制的观点。[①] 但整体来看，过于意识形态化的讨论无益于推动混合所有制经济发展。从学术讨论的路径来看，在党的十五大、十六大等重要会议和相关政策文件多次重申要发展混合所有制经济之后，学术界关注的重点才从意识形态转向实践设计。当前，发展混合所有制经济已经被视为一个高度实践化的研究命题。

表 1　不同学者对混合所有制和混合所有制经济的相关表述与界定

学者	界定
朱东平（《经济研究》,1994）	大量非公有企业的出现，以及国有企业的股份化，使我国原来单一的公有制结构转变成多种经济成分并存的“混合所有制结构”
晓亮（《理论学刊》,1998；中共长春市委党校,2004）	混合所有制是相对于原生的或基本的所有制而言的，它由原生的或基本的所有制组合而成。原生的基本的所有制如国家所有制、集体所有制、个体所有制、资本主义所有制等，就像化学中的元素一样（1998） 混合所有制是打破单一所有制而出现的一种所有制类型（2004）
龙绍双（《理论学刊》,1999）	混合经济，是指不同所有制成分同生共长、混合共存的经济。十五大报告提的“混合所有制经济”同样是这个意思。一个社会中可以包容各种所有制经济，因此可以称为混合经济。同样，一个企业中也可以包容不同所有制成分，因而可以称之为混合企业。这种混合企业虽然能让各种所有制成分和平共处，形成多种所有制的混合体，但丝毫也不能改变它们各自原生的“姓”，也就根本谈不上因此形成了什么新型的“混合所有制”
张高丽（《求是》,2001）	中兴通讯的“混合经济模式”把国有经济结构调整、国有企业的体制创新同动员社会资本、积极发展多种经济成分有机地结合起来，是一种具有崭新意义的企业形式
范恒山（《人民日报》,2003）	大力发展国有资本、集体资本和非公有资本等参股的混合所有制经济，是基于我国现阶段生产资料所有制结构的特点，搞活国有经济，巩固和发展公有制经济，促进生产力发展的需要。混合所有制经济从本质上说是一种股份制经济或以股份制为基础的经济。只不过，这是一种特殊形态的股份制经济——表现为不同性质的资本间的参股或联合，而股份制还包括同一性质资本的联合或融合的形式，例如在以私有制为基础的资本主义社会，股份制主要表现为私人资本间的联合或融合

① 厉以宁：《论新公有制企业》，《经济学动态》2004 年第 1 期。

续表

学者	界定
常修泽(《21 世纪经济报道》,2003)	所谓“混合所有制经济”,是指在同一经济组织中,不同的产权主体多元投资、互相渗透、互相贯通、互相融合而形成的新的产权配置结构和经济形式。它是针对传统所有制结构的弊端和转轨中存在的问题、适应建立完善的社会主义市场经济体制而提出来的
郑新立(《党建研究》,2003)	把混合所有的股份制作为公有制的主要实现形式,要求我们的绝大多数企业都要实现投资主体多元化,成为股份制企业。在同一企业里,既有国有股、集体股,又有个人股、外资股、法人股等,各类所有制的资本具有平等的地位,按照股权的多少,享有不同的权益
邵明朝(《经济研究参考》,2004)	混合所有制经济是股份制经济的一种特殊形态;混合所有制是股份制的一种特殊形式,是混合所有制经济的产权基础;混合所有制经济是多种所有制并存和产权流动的必然结果
朱光华(《南开学报》,2004)	混合所有制经济的界定,可以从宏观和微观两个层面考察。从宏观层面看,是指社会所有制结构的多种所有制并存,可称为社会的混合所有制,我国以公有制为主体、多种所有制共同发展的格局,就是一种社会的混合所有制。从微观层面来看,是指不同所有制成分联合形成的企业所有制形态,可称为企业的混合所有制
郭克力(《企业改革与管理》,2005)	混合所有制是指一定的社会经济空间中,存在财产的不同所有者,他们共同竞争,博弈互补,同时又衍生出新的财产所有形式
赵羽翔(《甘肃理论学刊》,2005)	混合所有制经济作为一种所有制的实现形式,既是我国经济重要的存在形态,也必然成为我国市场经济重要的微观基础
张作云(《江汉论坛》,2009)	混合所有制经济不是一种控股经济,不是非公非私的独立经济形式,不是与各种不同所有制形式并列的一种独立的新型所有制形式,更不是一种新生的公有制形式
戴文标(《浙江学刊》,2011)	传统的将所有制仅仅分为公有与私有两种形式是不完整的,不能涵盖所有制关系的全部内容;从公有制和私有制的内在质的规定性与外在式看,将生产资料与劳动力在一定程度上相分离的小农经济、个体手工业经济、股份制经济划入公有与私有制范畴是不确切的,它们应该被认为是一种混合所有制形式。而混合所有制形式应是一种独立的所有制形式,它有独立的阶级归宿与产权归宿,与私有制同时产生于原始公有制向私有制过渡的过程中
张卓元(《经济日报》,2013)	大力发展混合所有制经济,是我国发展社会主义市场经济中所特有的。西方市场经济国家,有很多合伙制企业和股份制企业,但一般都是建立在私有制基础上的私人合伙和私人入股而不是不同所有制资本的结合。我国出现和发展混合所有制经济,主要源于国有企业改革,源于寻找国有制同市场经济相结合的形式和途径,源于现阶段实行的适合中国国情的公有制为主体、多种所有制经济共同发展的基本经济制度
黄群慧(《行政管理改革》,2013)	混合所有制经济(diverse ownership economy)是指财产权分属于不同性质所有者的经济形式
谢鲁江(《学习时报》,2014)	混合所有制经济,是不同所有制性质的投资主体共同出资组建的企业,是社会主义市场经济条件下出现的一种新型的微观经济主体

资料来源：笔者整理。

（二）核心理论问题

客观来说，国内对发展混合所有制经济的理论研究落后于实践，特别是先前多数研究者陷于意识形态争议的窠臼，导致了学术界对发展混合所有制经济的内在理论逻辑和要点讨论不充分。目前，国内仍然缺乏对发展混合所有制经济的系统性理论研究。为此，此处只能根据笔者的逻辑体系对那些散见于大众媒体和学术刊物的观点进行归纳总结，期望从中梳理出一些重要观点。笔者的评述始于两个问题，即不管是理论研究还是实践设计，发展混合所有制经济都必须回答两个问题：如何“混”、如何“合”。其中，如何“混”指的是如何实现不同资本的交叉混合，如何“合”指的是资本混合后如何实现效率最大化的融合发展。这两个问题直接引出了发展混合所有制经济的关键理论要点：如何建立科学公平的资产定价或对价机制，如何实现资本混合后的有效公司治理。

1. 如何建立科学公平的资产定价或对价机制

资本混合的关键是找到科学公正的资产定价或对价机制，对于任何一项资产或股权，只有先确定价格才能交易。当然，从实际操作来看，需要先对企业的整体资产进行股份化，之后再确定单位股份的价格。因此，股份化和股份制是资产定价也是发展混合所有制经济的基础。

在经济学尤其是金融学中，针对资产定价的理论研究很多，典型的有资本资产定价模型（CAPM）、套利定价理论（APT）等，[①] 这些模型和理论都存在很多复杂的技术细节。从我国发展混合所有

① 博迪等：《金融学》（第2版），中国人民大学出版社，2010。

制经济的角度来看，技术性问题固然重要，但是更为关键的是建立资产定价或对价的机制。理论上，通过产权（资产）交易市场的公开交易是实现公平定价或对价的重要途径，全国性的股票市场，以及各种区域性或虚拟的产权交易市场都可以成为资本混合的平台。特别是成熟的证券市场，被学术界视为最重要且最有效率的资产价格发现场所，基于此，有学者认为上市是国有企业发展混合所有制经济的最好途径，[①] 并建议利用好以交易所为代表的市场平台，发挥资本市场对各类企业股权的价格发现功能，为在更大范围内推进混合所有制服务。

当然，产权交易市场的价格发现功能取决于市场的有效性，根据有效市场理论、市场讨价还价等相关理论，[②] 有效市场必须具备足够多的交易者、充分的信息供给和透明度、设计科学的竞价方式等。基于这点，深化资本市场改革和发展也被视为发展混合所有制经济的重要环节。2014 年我国出台的《关于进一步促进资本市场健康发展的若干意见》（简称“新国九条”），就被学界认为是在为发展混合所有制经济保驾护航。[③]

2. 如何实现资本混合后的有效公司治理

不同资本混合后要想实现“相互融合”，就必须建立起现代企业制度和有效的公司治理机制，对此学术界已达成共识。[④] 根据企

---

① 周其仁：《混合所有制改革，怎样混合？》，《中国经济导报》2014 年 5 月 24 日；罗峰：《混合所有制需防浑水摸鱼　最佳监管路径是上市》，《证券时报》2014 年 2 月 22 日。

② 博迪等：《金融学》（第 2 版），中国人民大学出版社，2010；Osborne M.，A. Rubinstein，*Bargaining and Markets*，Academic Press Inc，1990。

③ 宋清辉：《新国九条护航混合所有制》，财经网，2014 年 5 月 15 日。

④ 厉以宁：《在调查混合所有制中发现的几个误解》，《当代社科视野》2014 年第 4 期；张文魁：《中国混合所有制企业的兴起及其公司治理研究》，经济科学出版社，2010；石予友：《混合所有制企业公司治理》，经济管理出版社，2010。

业理论，股权分散的加剧和管理的专业化导致了企业所有权和经营权的“两权分离”，有效的治理机制将促使企业所有者和经营者的关系从利益冲突转向利益共容。由于“两权分离”后经营者在企业实际运营中拥有信息优势，并且具有人力资本方面的专业优势，现代公司治理的关键是建立起所有者对经营者的监督与制衡机制，保证所有者利益最大化。从各国实践来看，公司治理主要围绕股东大会、董事会、监事会及经理层的权责进行规范，存在外部监控、内部监控等多种模式。[①]

然而，对于我国的混合所有制企业来说，建立有效的公司治理机制远比西方国家的公众公司复杂。由于混合所有制企业大多脱胎于国有企业改革，所涉及的公司治理不仅是所有者和运营者之间的利益制衡，而且时刻存在政府和私人投资者之间的利益协调。在我国的混合所有制企业中，政府往往是大股东，占据绝对或相对控股地位，在现行的国有资产管理体系下，政府对企业决策和人事任命起决定性作用，企业运营也带有很强的行政色彩。在这种背景下，国有股东和企业运营者（他们往往被视为政府任命的“官员”，是政府的利益代言人）的利益更具一致性，利益冲突则存在于私人投资者和政府及其利益代言人之间，这种利益结构和关系是混合所有制公司治理的特殊性所在。因此，有学者认为，[②] 只有把发展混合所有制经济与国有资产管理体制改革统筹考虑，才有可能建立起有效率的治理机制。

① 何自力：《公司治理模式：比较与借鉴》，《南开学报》（哲学社会科学版）1999 年第 6 期。

② 张卓元：《混合所有制经济是基本经济制度的重要实现形式》，《经济日报》2013 年 11 月 22 日。

二　政策变迁与发展历程

我国混合所有制经济发展具有较长的历史，每一阶段在不同的政策导向下，发展的具体内容和重点都不尽相同。

（一）政策变迁

我国对发展混合所有制经济的认识和政策导向是逐步深化的[①]。1979 年以后，在改革开放的大旗帜下，我国各地自发地发展起来一定规模的混合所有制经济，在此背景下，1993 年，十四届三中全会在党的重要文件中首次确认了混合所有经济单位的存在，这次会议指出，“随着产权的流动和重组，财产混合所有经济单位越来越多，将会形成新的财产所有结构”，并明确了未来将会进一步发展的趋势。以此为开端，党的十五大、十六大相关重要会议逐步明确了发展混合所有制经济的政策导向，包括进一步明确公有制与混合所有制的关系（十五大）、发展混合所有制经济的领域和途径（十五届四中全会、十六大）等。十六届三中全会更是明确地提出，“要大力发展国有资本、集体资本和非公有资本等参股的混合所有制经济”，“使股份制成为公有制的主要实现形式”。可以看到，混合所有制经济的政策是在实践和发展中不断明确和细化的，

① 部分学者认为，新中国最早关于混合所有制经济发展的政策是建国后提出的公私合营政策，但是这个时候的政策背景与改革开放后完全不同。建国初的公私合营政策是在私有制经济占主导地位的背景下提出的，为的是全面实现社会主义改造，改革开放后发展混合所有制的政策是在公有制经济占主导地位的背景下提出的，为的是给经济发展释放制度红利。宋宁：《我国混合所有制经济发展的现状、问题和建议》，《经济评论》1994 年第 7 期。

一方面发展实践要求政策给予支持和认可，另一方面政策也要对发展实践加以规范。在十六届三中全会十年之后，十八届三中全会再次强调要发展混合所有制经济，而且把它提到了“基本经济制度的重要实现形式”这个前所未有的高度。

表 2　改革开放以来我国对发展混合所有制经济的重要政策导向

时间	重要会议	政策表述
1993	党的十四届三中全会	“随着产权的流动和重组，财产混合所有的经济单位越来越多，将会形成新的财产所有结构”
1997	党的十五大	“公有制实现形式可以而且应当多样化”；“要努力寻找能够极大促进生产力发展的公有制实现形式。股份制是现代企业的一种资本组织形式，有利于所有权和经营权的分离，有利于提高企业和资本的运作效率，资本主义可以用，社会主义也可以用”
1999	党的十五届四中全会	“国有大中型企业尤其是优势企业，宜于实行股份制的，要通过规范上市、中外合资和企业相互参股等形式，改为股份制企业，发展混合所有制经济”
2002	党的十六大	“除极少数必须由国家独资经营的企业外，积极推行股份制，发展混合所有制经济”
2003	党的十六届三中全会	“要适应经济市场化不断发展的趋势，进一步增强公有制经济的活力，大力发展国有资本、集体资本和非公有资本等参股的混合所有制经济，实现投资主体多元化，使股份制成为公有制的主要实现形式”
2013	党的十八届三中全会	“积极发展混合所有制经济。国有资本、集体资本、非公有资本等交叉持股、相互融合的混合所有制经济，是基本经济制度的重要实现形式，有利于国有资本放大功能、保值增值、提高竞争力，有利于各种所有制资本取长补短、相互促进、共同发展。允许更多国有经济和其他所有制经济发展成为混合所有制经济。国有资本投资项目允许非国有资本参股。允许混合所有制经济实行企业员工持股，形成资本所有者和劳动者利益共同体”

资料来源：笔者整理。

（二）发展历程与教训

在实践和政策的相互推动下，我国混合所有制经济发展经历了三个阶段，每个阶段的发展重心均有所不同。特别是十八届三中全会之前的两个阶段，更是留下了很多经验教训。

1. 发展历程：从探索发展到数量发展，再到深化发展

改革开放以后，我国混合所有制经济发展的基本路径可以概括为：从十五大之前的探索和争议发展，到之后的数量发展，再到十八届三中全会以来的深化发展。

其中，探索和争议发展阶段以农村合作经济和外商合资合作经营企业为主，社会上相关争议较多，此时大规模的股份制改革还没有进入实施阶段，真正意义上的股份有限公司还没有出现，混合所有制经济在整个国民经济中所占比重较小。1997 年，党的十五大明确了股份制“资本主义可以用，社会主义也可以用”，并于 1999 年十五届四中全会提出了“发展混合所有制经济”，自此我国国有企业股份制改革开始进入快车道。不过，这个阶段的混合所有制经济以数量发展为主，名义上混合所有制经济在国民经济中所占比重大幅提升，占到了国民经济的 1/3，但同时也遗留了很多内在问题亟待解决，其中最为关键的是“混而不合”和“貌合神离”。基于我国混合所有制经济表现出来的“数量不少、质量不高”，2013 年党的十八届三中全会提出要实现“相互融合”的发展目标，这标志着此轮混合所有制经济不再刻意追求混合的数量，而是从实质融合和提高质量的角度走向深化发展。

2. 历史教训：制度错配与顶层设计不足

面对混合所有制经济“数量不少、质量不高”，尤其是“混而不合”的问题，学术界进行了诸多反思，笔者将主要原因归纳为制度错配和顶层设计不足。具体来说，虽然我国采取的是渐进式改革，但是由于存在特殊的中央和地方关系，在中央顶层设计不足和地方政绩锦标赛的共同作用下，发展混合所有制经济往往表现出潮涌特征，沦为运动式改革。这突出表现在数量上国有企业改制面达到90%以上。[①] 但这种改革大多流于形式，在制度错配，尤其是国有企业产权开放的新制度安排与国有资产管理体制错配的情况下，混合所有制企业的治理问题成为诸多问题的直接原因。根据国内学术界的研究以及相关媒体讨论，[②] 笔者总结了发展历史中的重要问题与教训。

一是顶层设计不足导致发展目标不明确，发展路径偏离最优路径。在建立和完善社会主义市场经济体制过程中，发展混合所有制经济存在若干目标，比如保持国有经济的影响力和控制力、提高国有企业的效率、鼓励和引导民间投资等，但是这些目标存在一定的冲突，顶层设计的一个重要任务就是给出具体的发展目标并划定底线，将这些有冲突的目标统一在顶层方案中，但是，在过去的发展过程中，这种顶层方案是缺失的。与此同时，由于顶层设计的不足，在地方政府运动式改革的冲动下，混合所有制经济也偏离了最优发展路径，在追求数量发展的过程中偏废了质量发展。

二是定价机制不完善与监管缺位导致一定规模的国有资产流失。混合所有制经济发展过程中最受关注的问题是国有资产流失，比如，资产重组在个别案例中变成国有资产贱卖、员工持股成为管理层侵吞国有资产的工具。习近平总书记在2014年全国两会上特意指出，不能在一片改革声浪中把国有资产变成牟取暴利的机

① 陈永杰：《混合所有制经济占比分析》，《中国金融》2014年第4期。

② 厉以宁：《在调查混合所有制中发现的几个误解》，《当代社科视野》2014年第4期；白天亮：《混合产权监管莫缺位》，《人民日报》2014年3月17日；刘震：《避免混合所有制改革成运动》，《当代社科视野》2014年第4期；李成刚：《混合所有制：民间资本为何担心》，《中国经济时报》2014年3月12日。

会。在发展混合所有制经济的过程中必然涉及资产评估和处置等问题，国有资产流失的一个重要原因是定价机制不完善，这里面有先天的技术性因素，也有社会心理因素，比如，定价高了吸引不到社会资本，容易被指责缺少改革诚意，而一旦顺利引入非国有股东，又容易被怀疑是不是定价低了，有国资贱卖之嫌。但是，国有资产流失最为关键的还是监管机制的缺失，实践中，资本混合过程中经常出现半卖半送、明卖实送的现象，把国有企业的改制当作肆意侵吞国有资产的饕餮大餐，国有企业最终变成某几个人的资产。

三是制度错配导致国有企业难去行政化，民间资本权益没有得到应有的保障。在错配的国有资产管理体制下，国有企业的“市场化”没有实质性突破，企业运营仍然受到极大的行政束缚。比如，国企通过上市虽然成为名义上的公众公司，但是企业运行架构仍然沿袭旧的行政化模式，国企上市一度被斥为“圈钱”。与此同时，混合之后民间资本的合理权益难以得到保障的问题也非常突出，民间资本不能真正参与到混合所有制企业的经营管理中，从实践来看，且不说民间资本在混合后能否获得企业的控制权，即使是民间资本自身安全有时也存在风险。实践中存在的这些问题是当前发展混合所有制经济的沉重包袱，使得国有企业管理层和民间资本均心有顾虑、动力不足。

三　新的发展内涵与动向

基于历史教训，如何走出一条更有效率且更加公正的深化发展道路是当前发展混合所有制经济面临的最大课题。十八届三中全会对此给出了原则性的回应，学术界也有多种解读。在实践方面，不同利益相关方各有顾虑，新的顶层设计仍在酝酿中。

（一）新的发展内涵

很多学者将十八届三中全会的官方表述总结为“三个允许”，即允许更多国有经济和其他所有制经济发展成为混合所有制经济，国有资本投资项目允许非国有资本参股，允许混合所有制经济实行企业员工持股，形成资本所有者和劳动者利益共同体，这是极不全面的。事实上，三中全会的官方表述既明确了发展目标，也给出了发展的重点领域，以及“相互融合”的制度保障。

1. 官方表述：突出质量目标，实现深化发展

发展混合所有制经济的官方表述有三段话：第一段的要点是提出“相互融合”的发展目标，以及被广泛引用的“三个允许”；第二段的要点是强调国有资产管理的思路要转向“管资本”，目的是解决国有资产管理体制与产权开放的制度错配问题；第三段的要点是完善国有资本经营预算制度和提高国有资本收益上缴公共财政比例，是对国有资本提出限制和要求。当前大部分学者的关注重点是“三个允许”，却忽视了后面的表述，没有从政策体系的角度全面理解官方意图。

具体来说，在目标方面，下一阶段的发展将以“相互融合”的质量目标为重点。正如前文所言，当前不同资本“交叉持股”的数量规模已经不小，但现实中资本混合后难以做到融合发展，因此，质量目标被提升到了更加重要的高度。在混合范围和形式上，“三个允许”既意味着国有及国有控股企业、基础设施等公共项目将成为重点改革领域，同时也指出了产权开放和产业开放两种形

式。而在制度保障方面，国有资产管理从现在的“管企业”转向“管资本”，将在制度层面有效保障混合所有制企业按照现代企业制度运营，尤其是通过国有资本运营公司、国有资本投资公司等载体对国有资本进行运营投资，将推动政府从直接行政干预退出，转向更为市场化的资本运作。可以说，这是针对“混而不合”问题作出的关键制度性回应，也是实现质量目标的关键所在。在国有资本自身层面，官方对未来的运营目标、资本投向、发展收益进行了限制并提出了要求，表达了中央在发展混合所有制经济过程中要“发挥国有经济主导作用，不断增强国有经济活力、控制力、影响力”的诉求，以及实现该诉求的政策导向。

2. 学界解读：更高层次的体制意义与具体的实践意义

针对三中全会的表述，学术界有很多的解读，但均没有超越官方解读[①]，只有少数几篇文献例外。其中比较重要的是，一些学者将发展混合所有制经济的新内涵置于改革全局的框架中展开讨论，这有助于我们认识现阶段发展混合所有制经济的地位与性质。比如，常修泽教授认为可以从“包容性体制”这一更高的层面、更宏观的视野来发掘混合所有制经济的价值。他从经济体制改革、社会体制改革和政治体制改革三方面指出混合所有制经济呼应的是“包容性体制”。[②] 谢鲁江认为，[③] 可以把发展混合所有制经济看做是解决当前发展矛盾的体制性通道，混合所有制经济是三重意义上

① 官方解读见张卓元：《混合所有制经济是基本经济制度的重要实现形式》，《经济日报》2013年11月22日；《中共中央关于全面深化改革若干重大问题的决定（辅导读本）》，人民出版社，2013。

② 常修泽：《现代治理体系中的包容性改革——混合所有制价值再发现与实现途径》，《人民论坛·学术前沿》2014年第3期。

③ 谢鲁江：《混合所有制经济：三重意义上的体制平台》，《人民论坛·学术前沿》2014年第3期。

的体制平台，即多种经济成分共同发展的微观体制平台，真正发挥市场配置资源决定性作用的体制平台，推进资本化经营、整合资本资源、释放资本能量的体制平台。

与此同时，有不少学者也从更具体的实践层面进行解读。比如，谷峰、沈闻涧等认为发展混合所有制经济只是国有企业改革的手段之一，绝不是目的。[①] 张维迎教授则认为，[②] 混合所有制只能作为一种短期的、过渡性措施，不可以作为一个长期稳定制度；并且，如果混合所有制变成长期稳定制度，一定是严重的腐败。当然，对此也存在一定争议，笔者所在研究团队就有观点认为广义的混合所有制就是股份制，混合所有制既是途径也是最终目的。

（二）新的发展动向

当前，混合所有制经济发展存在三个动向：一是国企和民资各有顾虑，资本混合内在动力不足；二是中央层面的顶层设计仍处于研究阶段，强调细则设计；三是地方改革举措陆续出台，央企开始在非核心领域试点。

1. 国企和民资各有顾虑，资本混合的内在动力不足

发展混合所有制经济是一个双向选择的过程，有鉴于过去三十多年的历史教训，当前，不管是国有企业管理层还是民间资本，对发展混合所有制经济均有各自的想法，也有各自的顾虑，内在动力明显不足。下面，根据媒体报道和调研情况进行了梳理总结。

---

① 谷峰：《混合所有制：国资国企改革手段而非目的》，《第一财经日报》2014 年 3 月 20 日；沈闻涧：《混合所有制是道路而不是目的》，《中国企业报》2014 年 2 月 18 日。

② 张维迎：《国企混合所有制长期一定严重腐败》，财经网，2014 年 4 月 8 日。

对于国有企业来说，主要想法和顾虑包括：一是发展混合所有制经济会触动当前的利益格局。目前，很多国有资本所在的行业领域具有较高的利润回报，如电信、能源等领域，并且这些领域的国有企业不存在资本短缺的约束，一旦引入民间资本将导致利益被分流，改变原有的利益格局，所以这些领域的国有企业缺乏与民间资本混合的内在动力。二是不愿意承担股权混合可能带来的风险。正如前文所言，国有资产流失始终是发展混合所有制经济过程中最受社会关注的问题，当前，国有企业管理层普遍担心背负贱卖国有资产的骂名，在资产定价机制不完善、缺少规范操作流程的情况下，不管定价高低都可能遭遇社会质疑。三是担心资本混合将削弱国有资本对企业的控制权。

对于民间资本来说，发展混合所有制经济无疑带来了新的发展机遇，走混合所有制道路，是民营企业进入垄断行业的有效途径。然而，在机遇面前，民营企业也存在诸多担忧，主要包括：一是资本混合之后能否取得对企业的控制权。事实上，不管是国有资本还是民间资本，都极其看重企业控制权的归属，历史上，在混合所有制企业中，民间资本极少能够取得企业的控制权，为此，很多民营企业家直言控制权是决定是否混合的最主要因素。二是民间资本的地位平等能否得到保障。很多民营企业家认为，在国家绝对或相对控股、党管干部的管理体制下，即便国有企业变成混合所有制企业，民间资本的平等地位和合法权益（如话语权）也不能得到有效保障，最终导致民营企业“高高兴兴来，垂头丧气走”。三是质疑国有企业发展混合所有制经济的真实动机。一些民营企业家认为国有企业没有动力也不会拿出优质资产与民间资本混合，混合所有制只是国有企业甩掉包袱的渠道。

专栏1 民营企业对发展混合所有制经济的忧虑

在3月1日举行的“混合所有制的力量”财经智库沙龙上，一批民营企业代表表达了自己的顾虑。其中，浙江省政协委员朱仁华的观点引起很多企业家的共鸣，他代表民营企业指出当前存在的三大忧虑问题。

一是被控制的问题。“发展混合所有制，国有经济会不会越来越强，控制力会不会越来越大？比如杭州的房地产行业，原来本地的企业很多，现在很多本地企业都不行了，因为国有企业进来后，凭借其资本等方面的优势，挤占市场，现在的杭州房地产市场，主要是国有企业拿地，民营企业基本上拿不到地了。民营企业担心，国有企业一旦控股，就被国有企业控制了”。

二是谁混合的问题。民营企业通常实力比较弱，没有话语权。“以前民营企业和国企合作很多，比如杭州湾大桥，开始很多民营企业进去，但早早就退出了，因为股份很少，也没有话语权，这种混合没有什么价值”。

三是怎么混合的问题。民营企业要看国有企业拿出的是什么东西，如果拿一些骨头，没有肉，那么民营企业也没有兴趣。“目前发电行业利润率不高，诱惑力不大，最近我们在调研时也设计了一个课题，如让民营企业去发电，电网这块能不能放开？我们也没有把握，下一步我们会提出一些方案，可不可以组织一些地方的电力公司，由民营企业来参股或控股”。

会上，全国政协经济委员会副主任石军认为，我国的混合所有制企业的现状，可以用两句话来形容，“数量不少，质量不高”，在混合所有制发展的问题上，有些障碍还没有扫清，特别是市场准入制度的制约。他指出，有些国家允许非公企业进入的领域，不少的非公企业并不想进入，也不愿意和国企混合，而有些非公企业想进入也愿意和国有企业混合的领域，却没有真正地放开准入限制，即仍然存在诸多“弹簧门”、“玻璃门”、“旋转门”和“天花板”。

资料来源：《对混合所有制民企存三大担忧》，《上海证券报》2014 年 3 月 3 日。

2. 中央顶层设计仍在研究，强调细则设计

中央关于发展混合所有制经济的基本政策已经明确，现阶段的关键是细则设计。习近平总书记在 2014 年全国两会期间明确指出，发展混合所有制经济的关键是细则，成败也在细则。中央的细则设计既要紧扣全面深化改革的大局，又要促进混合所有制经济深化发展，同时也要防止在一片改革声浪中把国有资产变成牟取暴利的机会。当前，国务院国有资产管理委员会推进央企混合所有制改革已经有了基本思路，并确定了四种混合路径，但是具体操作中的很多关键问题和细则仍然有待研究确定。

国资委提出的基本思路、混合路径与国有资本分类监管相适应。① 基本思路是加快推进国有企业特别是母公司层面的公司制、股份制改革，优化国企股权结构，部分国企将成为公众公司，部分国企的国有股将全部退出。在分类监管框架下，四种混合路径如下。一是涉及国家安全的少数国有企业和国有资本投资公司、国有资本运营公司，可以采用国有独资形式，不进行混合所有制经济改革。二是涉及国民经济命脉的重要行业和关键领域的国有企业，可保持国有绝对控股。三是涉及支柱产业和高新技术产业等行业的重要国有企业，可保持国有相对控股。四是国有资本不需要控制并可

① 黄淑和：《国企 4 种路径实现混合所有制》，《人民日报》2013 年 12 月 20 日。

以由社会资本控股的国有企业，可采取国有参股形式或者可以全部退出。国资委鼓励具有资金、技术、管理优势的战略投资者以及社保基金、保险基金和股权投资基金等机构投资者参与国有企业改制重组。

除此之外，国资委还考虑制定其他配合措施来加以推动。一是将在区分企业不同业务性质（政策性业务和经营性业务）的基础上，对中央企业进行分类考核。二是结合企业的功能定位、经营管理特点和企业负责人选任的方式，探索相匹配的差异化薪酬分配制度，同时进一步加强对国有企业负责人在职务待遇、职务消费、业务消费等方面的规范管理。三是组建国有资本投资运营公司，以管资本为主加强国资监管、完善国资监管体制。国有资本投资公司以产业资本投资为主，着力培育产业竞争力，国有资本运营公司将主要开展股权运营，改善国有资本的分布结构和质量效益，实现国有资本的保值增值。国有资本投资运营公司与所出资企业是以资本为纽带的投资与被投资的关系，更加突出市场化的改革措施和管理手段。在投资管理、公司治理、职业经理人管理、管控模式、考核分配等方面，将更加市场化。国资委认为，将来有可能的做法是，有些中央企业集团所属的子企业股权多元化改革完成之后，具备条件的这些中央企业集团可以改建为国有资本的投资运营公司。国资委同时将根据国有经济发展的情况和企业的发展情况，新设一些国有资本投资运营公司，类似于已经成立的“国新公司”。

从实践来看，国资委的上述发展思路在部分省市的国有企业改革方案中有所体现，但一些关键问题和细则仍然需要研究确定，结合相关媒体报道，归纳如下。一是在资本混合过程中，是否要设立一个合适的国有股权比例区间，上限解除民营企业忧虑，下限用于保障国家的控制力；如果需要设立，该如何设立，采用什么样的标准，是否采取新的思路实现“金股”等制度。二是在哪个层面推动国企发展混合所有制经济，央企母公司要不要实行混合所有制，对于大量的国有企业，特别是不同地区和规模庞大的中央企业，是采用统一政策，还是实行“一企一策”和“一地一策”。三是如何对资本混合过程中的国有资产进行科学评估，这是最为关键的一个技术性问题，同时也涉及资本混合模式等相关问题，要重点研究如何解决上市、合资和资产重组这三种历史模式中的定价科学性问题。四是如何建立混合所有制改革的监督和责任追究机制，在大力推动改革之前，必须先填补这个空白。与此同时，在资本混合之后，如何有效监管混合产权中的国有资产也急需相应细则。五是如何构建规范化、法制化的公司治理结构，使混合所有制不流于形式，包括如何修改和完善现行的相关法律体系和组织管理体系。

3. 地方改革举措陆续出台，央企开始在非核心领域试点

十八届三中全会以来，地方层面关于混合所有制经济的改革举措陆续出台，其主要的特点有：一是国有资产管理部门主导混合所有制经济改革。主要思路与国务院国资委基本一致，都是在国有资产分类监管框架下制定措施。当前，上海、天津、湖南、贵州、四川等地的混合所有制经济改革举措都是在国资国企改革方案中予以体现。二是大多强调改革的数量目标。比如，广东计划到 2015 年全面完成国有企业公司制改造，2017 年混合所有制企业户数比重超过 60%，到 2020 年混合所有制企业户数比重超过 80%；重庆计划未来 3 ~ 5 年，将 2/3 左右的国有企业发展为混合所有制企业。三是部分省份明确提出分级混合目标，比如，广东、四川均明确提出省属二、三级企业全部都要改成混合所有制。四是上市成为最重要的混合途径。比如，上海提出以企业整体上市的方式推进混合所有制经济发展，重庆提出适宜上市的企业和资产要争取全部上市。五是部分地区同时强调公司治理问题。比如，广东、上海等发达地区的政策重心已经向混合所有制企业的治理问题转移。

表 3　地方发展混合所有制经济的新动向（截至 2014 年 5 月已对外公开）

省份	政策要点
广东	• 除承担国家政策性职能、特许专营等极少数国有企业外，其他国有企业均可实施资本混合。国有资本持股比例不设下限，计划到 2015 年全面完成国有企业公司制改造，2017 年混合所有制企业户数比重超过 60%，到 2020 年混合所有制企业户数比重超过 80%，二级及以下竞争性国有企业基本成为混合所有制企业 • 三年内，省属二、三级企业全部都要改成混合所有制，可以有多种方式，包括与其他省份国企的互相参股、国企与民企参股、国企与外资参股等 • 省属一级企业特别是竞争性比较充分的集团，要对重组、引入战略投资者等混合所有制改革方或进行积极探索，推动国企由管企业、管资产向管资本、管产权转变 • 强调国有企业去行政化、单一化，对各类企业一视同仁，公平配置各类公共资源，推动众多产业领域对非公有制经济放开准入，为国有企业改革、民营企业进入公有制经济领域穿针引线，搭桥铺路 • 建立现代公司治理以及管理层持股制度，保障这些民资股东的同等权益，包括进入董事会以及决定高管人员的任命等
上海	• "多管国资，少管国企，不管经营"方针 • 以企业整体上市的方式推进混合所有制经济发展：加快企业股份制改革，利用国内外多层次资本市场，推动企业整体上市、核心业务资产上市或引进战略投资者，成为公众公司，实现投资主体多元化、经营机制市场化。借鉴上市公司管理模式和运作规则，建立企业真实、准确、完整、及时披露相关信息的制度体系 • 畅通国有资本合理流动渠道，形成企业融资发展、机制创新、管理提升、价值创造、回报社会的良性发展机制 • 形成 2 ~ 3 家符合国际规则、有效运营的资本管理公司 • 建立各方联动的推进机制：市级层面，成立由分管副市长兼任组长、市国资委和市委组织部负责人兼任副组长的国资国企改革工作推进领导小组。企业集团层面全部成立由主要负责人任组长的改革领导小组，规定动作与自选动作相结合，自主制定改革方案

续表

省份	政策要点
天津	• 分类分层推进股份制改革。除少数承担政策性职能和特殊目的公司外，国有企业积极吸引各类社会资本，进行产权多元化改革。推动二级核心骨干企业股份制改革，通过股权划转、合并、转让等方式，清理整合三级以下企业。到 2017 年底，核心骨干企业 80% 以上实现股权多元化，其中混合所有制占到较大比重 • 优化国有股权结构。进一步明确资本布局规划，确定核心骨干企业和管控方式。根据不同国有企业的功能定位，逐步加大产权开放力度，保持合适的国有股权比例，下放产权管理权限。对提供重要公共产品、重要民生等领域的核心骨干企业，国有资本保持控股。对优势支柱产业和金融业中的核心骨干企业，国有资本可以相对控股。除此之外的其他企业国有股权全部放开，按照市场规则有序进退、合理流动 • 引进各类社会资本积极发展混合所有制企业。加快国有资产资本化步伐，重点引进外资、民营、机构投资者等社会资本，在资金、技术、市场、管理等方面加强战略合作，通过资本对资本，实现国有资本与非公资本交叉持股、相互融合，打造一批体制新、机制活、市场竞争优势明显的混合所有制企业。鼓励民间投资主体通过出资入股、收购股权、认购可转债等多种形式，参与国有企业改制重组。不同投资主体可以共同设立股权投资基金，参与国有企业改制重组，共同投资优势支柱产业、战略性新兴产业，开展对外投资。积极探索混合所有制经济实行企业技术和管理骨干持股，形成资本所有者和劳动者利益共同体 • 利用境内外多层次资本市场推进企业上市，到 2017 年底，重点集团至少拥有 1 家上市公司，经营性国有资产证券化率达到 40% • 加强上市公司股权运作，要利用上市公司平台，加强资本运营。在保持国有控股股东对上市公司合理控股比例的前提下，积极探索运用增减持股份、增发配股、可转债等多种手段，加强国有控股上市公司股权运作
重庆	• 未来 3 ~ 5 年，重庆 2/3 左右的国有企业将发展为混合所有制企业，适宜上市的企业和资产力争全部上市，80% 以上的竞争类国有企业国有资本实现证券化。具体操作上，通过引入增量或转让减持促进股权多元化，推进国有企业集团整体上市，改组和组建 3 ~ 5 家具有全国竞争力和影响力的国有资本投资公司、运营公司，设立混合所有股权投资基金，引导资本进入可市场化运作的基础设施、公共服务等领域，推动混合所有制企业的职工以货币、物权、知识产权等出资参与本企业改制，探索多种方式持股 • 建立国有资本按市场规则有序进退、合理流动的机制，规范国有企业改制重组审批手续，优化资产评估、清产核资、财务审计、底价确定、交易管理等程序，防止国有资产流失，产权挂牌交易统一进入重庆联合产权交易所 • 实现政企、政资分开。除国资监管机构外，党政机关和群团组织原则上不再出资组建国有企业，不再直接管理国有企业；国有股权比例低于 50% 的企业不再简单套用国有及国有资本控股企业的监管制度，实行更加市场化的监管机制 • 2014 年混合所有制改革重点：面向社会资本，推出一批“混合”项目；试点推动集团层面的股权多元化改革；推进川仪、重庆建工、重庆燃气等企业力争实现年内上市；引入一批股权投资基金等民间投资主体，参与国企改革上市、重组整合、对外并购

续表

省份	政策要点
湖南	• 到2020年竞争类省属国企资产证券化率从目前的50%提升至80%左右,使上市公司成为国企的重要组织形态 •“上市为主、三个引进、三个允许”:“上市为主”,即加快推进国有企业整体上市或核心业务资产上市,使上市公司成为国有企业的重要组织形态。“三个引进”,即重点引进中央企业、引进大型民企、引进国内外其他优势企业,推动国有企业开放性市场化重组整合。“三个允许”,即允许国有资本准备退出企业,允许改制为混合所有制且国有资本处于相对控股或参股地位的企业,允许创新型、研发类、基金类国有企业实行经营者员工持股,构建资本所有者和劳动者利益共同体 • 一企一策,不搞“一刀切”,探索混合所有制的多种形式、多种模式 • 推进国企领导人员专业化、去行政化改革。还原董事会在公司治理中的法定功能;建立国有资本职业产权代表制度,对国有控股、参股企业派出职业化、专业化产权代表;建立职业经理人制度,合理增加市场化选聘比例 • 实现经营性国有资产监管集中统一全覆盖,组建国有资本运营主体和国有资本投资主体。对现有省属监管企业,可以通过加强重组整合,抓好企业存量资产盘活、增量资产集中、同类资产合并,打造一批国有资本运营平台和国有资本投资控股集团
四川	• 根据国有企业功能分类,确定合适的引进非国有资本的股权比例,二、三级国有企业原则上都实行股权多元化。加快推进国有企业上市,积极引入非国有资本参与国有企业改制上市和国有控股上市公司增发股票。选定两户省属企业集团层面试点,二级及以下各层级企业全面推进混合所有制经济发展 • 建立国有企业发展混合所有制项目库,实行分类动态管理;不定期举办国有企业发展混合所有制经济项目推介会,向社会广泛发布信息 • 支持国有资本与非国有资本共同设立股权投资基金,参与国有企业改制重组,共同投资省重点支持发展的产业 • 建立市场化、制度化、常态化的引入非国有资本,促进国有企业发展混合所有制经济的机制,主要措施:一是建立以产权转让、增资扩股、合作等方式引进各类投资者的进场交易制度,形成依法规范、公开透明引进混合所有制的机制;二是推动西南联交所的规范发展,使之成为全国唯一的区域性产权交易市场;三是将西南联交所作为四川省发展混合所有制经济项目的信息发布平台,充分发挥产权交易市场信息集聚、传导功能 • 以管资本为主,加强国有资产监管,通过划拨股权、注入资源、资金等方式组建若干国有资本运营公司或改组若干国有资本投资公司 • 落实董事会用人权,上级党组织、履行出资人职责的机构重点管理集团公司董事会及成员、党委及成员转变,经理层逐步由规范运作的企业董事会负责管理

续表

省份	政策要点
贵州	• 分类监管，明确不同的改革目标：功能性企业打造为投资运营公司；公共服务性企业加大国有资本投入，积极引导各类社会资本参与；竞争性企业积极引进战略投资者，加快推进产权多元化，大力发展混合所有制。2014～2016年，进一步优化国有资本布局，形成3户功能性投资运营企业、2户公共服务性企业，大多数竞争性企业实现产权多元化，发展为混合所有制企业，具备条件的打造为投资控股公司，不具备竞争优势的实现国有资本有序退出 • 引进战略投资者，无论是企业集团层面还是子公司层面，对引入资本的属性、地域、持股比例都没有限制 • 各类社会资本可以通过参股、控股或并购等形式和途径参与国有企业产权制度改革。实现形式是多种多样的，可以通过整体收购、出资入股、收购股权、认购可转债、融资租赁、与国有企业联合重组成立公司或股权投资基金等多种方式受让国有产权、参与国有企业改制重组或国有控股上市公司增发股票，也可收购关闭破产国有企业处置资产。可以用货币出资，也可以用实物、知识产权、土地使用权等法律法规允许的方式出资 • 在改制上市、并购重组、增资扩股中积极引入民间投资；加快向社会资本推出一批符合产业导向及有利于转型升级的合资合作项目，把项目作为发展混合所有制经济的一个重要平台，研究探索混合所有制经济企业员工持股和期权激励的有效办法，创新有利于混合所有制经济发展的组织制度和资本组合形式，推动混合所有制经济健康发展

资料来源：作者自己整理。

中央企业的混合所有制经济改革仍然处于试点阶段，中海油、中冶、中石油、宝钢集团、中航科工集团、中国海运集团、大唐集团、鞍钢集团、武钢集团、宝钢集团、航天科工集团等央企都相继成立了深化改革领导小组，并在发展混合所有制经济方面有所考虑，但真正开始实施的不多，也极少对外公布相关改革思路。根据目前可得到的少量公开资料分析，中央企业混合所有制改革存在一个共同点，即试点主要是在下属企业以及新发展领域展开，并没有触及央企的核心部门和领域。比如，中国中冶提出试点的关键是下属子公司、三级公司，中国电信透露将以新兴业务为重点来发展混合所有制经济。

表 4 央企发展混合所有制经济的新动向（截至 2014 年 5 月已对外公开）

企业	改革思路或改革行动
中石化（实施中）	▲2014 年 2 月通过《启动中国石化销售业务重组、引入社会和民营资本实现混合所有制经营的议案》，拟对销售业务板块在现有资产、负债进行审计、评估的基础上进行重组，同时引入社会和民营资本参股，实现混合所有制经营
中石油（实施中）	▲2014 年 5 月发布公告，董事会临时会议以书面传签的方式通过了成立东部管道公司及转让相关股权的议案，公司拟以西气东输管道分公司管理的与西气东输一、二线相关的资产及负债，以及管道建设项目经理部核算的与西气东输二线相关的资产及负债出资设立东部管道公司。在东部管道公司成立之后，中石油拟通过产权交易所公开转让所持东部管道公司 100% 的股权 ▲2014 年 5 月，在中央企业暨援疆省市国有企业产业援疆座谈会上，中石油提出将扩大援疆项目的参与主体，在新疆积极发展混合所有制经济，依法合规吸纳地方国有资本、民营资本参股中石油业务，实现企地互利共赢、共同发展。中石油将考虑从所属矿权中划出 2 个区块与自治区指定国有企业合作，加强南疆天然气利民工程项目与地方企业和民营企业合作，并划出部分区块与国内外石油公司和其他国有企业合作
中国电信（思路）	以混合所有制经济为导向，把“变革创新、开放合作、提质增效”作为战略路标，改变纯粹依靠自我积累的单一发展模式，在需要引入能力、资本、创新活力的重点领域，尝试通过多种资本运作方式打造具有竞争力的新兴业务运营格局，具体思路和措施包括： ▲扩大基础业务领域对民间资本的开放力度。中国电信目前已经广泛地在业务、产品、渠道和资本层面进行了合作，如在有线宽带建设上积极引入区域性的民营资本、接入网和移动基站向社会开放等，未来将在重点领域实施相对隔离的运营机制 ▲以新兴业务领域为重点发展混合所有制经济。在新兴业务领域，推进公司化改制，通过控股、参股、兼并合作等形式同其他创新企业进行合作，并引入外部战略投资者、财务投资者、员工持股等更加市场化的手段 ▲成立资本运营部，负责资本项目的运作管理，加大资本运作力度，尽快适应混合经济体经营需要 ▲探索天翼创投“专业孵化 + 创业导师 + 天使投资”的孵化模式，打通天翼创投与社会资本的对接通道，为混合所有制打下基础
中国中冶（思路）	▲子公司试点：重点在下属子公司、三级公司推进试点。未来引入的股东可以按照股权享有管理权，公司在下属公司进行混合所有制示范时也会由此考虑，但公司的核心仍会由中国中冶主导
交通银行（董事长署名文章）	▲原则：坚持国有控股地位，保持股权结构均衡；深化公司治理机制，更好地发挥董事会作用；坚持党管干部原则，发挥党委的政治核心和统领全局作用；深化内部体制机制改革，推进总行事业部制和分行经营模式的转型；让市场在银行资源配置中发挥决定作用，更好地发挥政府作用 ▲完善股东大会、董事会、监事会、高管层的公司治理结构，形成董事会与管理层相对独立运作、相互制衡的治理机制。落实董事会选人用人、考核奖惩和薪酬分配权，让董事会在战略管理、高管人员管理、薪酬管理和业务风险管理中发挥主导作用 ▲深化子公司治理机制的改革。可设立合资经营的信用卡公司和私人银行公司 ▲制订高管长期持股计划，制订员工持股计划

续表

企业	改革思路或改革行动
中信集团（已实施）	▲中信泰富反向收购中信股份100%资产，开启中信集团混合所有制的大改革
国家开发投资公司（已实施）	▲全资企业国投信托有限公司以增资扩股方式引入泰康人寿保险股份有限公司和江苏悦达集团有限公司作为战略投资者，两家公司合计持股45%，募集资金超过22亿元。增资完成后国投信托将更名为国投泰康信托有限公司，公司净资产突破40亿元，可支持信托资产规模达到3500亿元

资料来源：笔者整理。

四　研究和政策要点建议

在以“相互融合”的质量目标为重点的深化发展阶段，必须更加重视历史教训，在顶层设计和制定具体政策时统筹考虑，针对存在的关键性问题设计合理的机制和制度，并依据新的发展条件对实践层面落实十八届三中全会精神的具体政策进行细化。结合前面部分对问题及新动向的梳理，建议将以下几方面作为政策要点加以研究。

一是资本混合的动力机制。在历史教训面前，不管是国有企业还是民营企业，均有各自的顾虑，在政策上必须设计合理的机制和制度对此加以消除，从法律修订、配套改革等多方面重点优化出资方（资本所有者）、资本方代表（董事会）以及运营者（企业管理层）的激励机制，促成激励相容，从而使得公有资本和非公有资本同时具有混合的动力。

二是资本混合的领域与具体规程。基于不同领域的国有企业功能定位、运营模式存在差异，要在十八届三中全会提出的分类监管和指导性领域的基础上，对可以混合的领域，以及不同领域允许混合的层级和程度加以明确。针对国有资产流失等疑虑，要制定透明、规范的混合流程细则，建立督查监管机制。

三是提高资产定价的科学性。要加强资本市场的制度建设和发展，发展产权交易公共平台，导向上要求以更加市场化、透明化的方式实现资本混合，重点研究在企业上市、合资和资产重组过程中如何提高资产定价的科学性和公正性。

四是资本混合后的融合发展。要同时对存量和增量混合所有制企业的融合发展进行研究，以建立和完善现代企业制度为目标，重点研究“管资本”的技术细则，明确国有资产管理部门的角色和职能调整，以及混合后企业运营管理和人事任免的具体细则，要给出有说服力的资本权益保障措施。同时加强对混合所有制企业的文化建设、人力资源管理、企业组织与文化建设等的研究。

五是基础设施领域的混合办法。涉及基础设施等公共项目的混合所有制经济发展空间很大，但是经验相对有限，当前财政部门感兴趣的 PPP 模式是否适合中国、需要配套哪些政策等都需要深入研究，尤其是市场准入、项目回报机制、风险控制和非公资本保护机制等问题，政策上要给出明确的指引和方案。

（执笔：黄卫挺）

参考文献

[1] 白天亮：《混合产权监管莫缺位》，《人民日报》2014 年 3 月 17 日。

[2] 伯娜：《关于混合所有制经济性质问题的观点述评》，《学术界》2010 年第

5 期。
[3] 博迪等：《金融学》（第 2 版），中国人民大学出版社，2010。
[4] 常修泽：《现代治理体系中的包容性改革——混合所有制价值再发现与实现途径》，《人民论坛·学术前沿》2014 年第 3 期。
[5] 陈永杰：《混合所有制经济占比分析》，《中国金融》2014 年第 4 期。
[6] 谷峰：《混合所有制：国资国企改革手段而非目的》，《第一财经日报》2014 年 3 月 20 日。
[7] 何自力：《公司治理模式：比较与借鉴》，《南开学报》（哲学社会科学版）1999 年第 6 期。
[8] 黄淑和：《国企 4 种路径实现混合所有制》，《人民日报》2013 年 12 月 20 日。
[9] 李成刚：《混合所有制：民间资本为何担心》，《中国经济时报》2014 年 3 月 12 日。
[10] 厉以宁：《论新公有制企业》，《经济学动态》2004 年第 1 期。
[11] 厉以宁：《在调查混合所有制中发现的几个误解》，《当代社科视野》2014 年第 4 期。
[12] 刘震：《避免混合所有制改革成运动》，《当代社科视野》2014 年第 4 期。
[13] 龙绍双：《“混合所有制”质疑》，《理论学刊》1999 年第 5 期。
[14] 罗峰：《混合所有制需防浑水摸鱼　最佳监管路径是上市》，《证券时报》2014 年 2 月 22 日。
[15] 沈闻涧：《混合所有制是道路而不是目的》，《中国企业报》2014 年 2 月 18 日。
[16] 石予友：《混合所有制企业公司治理》，经济管理出版社，2010。
[17] 宋宁：《我国混合所有制经济发展的现状、问题和建议》，《经济评论》1994 年第 7 期。
[18] 宋清辉：《新国九条护航混合所有制》，财经网，2014 年 5 月 15 日。
[19] 晓亮：《论混合所有制》，《学术月刊》1998 年第 6 期。
[20] 谢鲁江：《混合所有制经济：三重意义上的体制平台》，《人民论坛·学术前沿》2014 年第 3 期。
[21] 张维迎：《国企混合所有制长期一定严重腐败》，财经网，2014 年 4 月 8 日。
[22] 张文魁：《中国混合所有制企业的兴起及其公司治理研究》，经济科学出版社，2010。
[23] 张卓元：《混合所有制经济是基本经济制度的重要实现形式》，《经济日报》2013 年 11 月 22 日。
[24] 张作云：《关于混合所有制经济的内涵和性质问题——兼论混合所有制经

济的研究方法》，《海派经济学》2008 年第 3 期。

[25] 周其仁：《混合所有制改革，怎样混合?》，《中国经济导报》2014 年 5 月 24 日。

[26] Clarke H. , The End of Free Market Fundamentalism not of the Mixed Economy, *Journal of Applied Economics and Policy*, 2009.

[27] English Bill, "A Mixed Ownership Model for State Assets", The Official Website of the New Zealand Government, 2012.

[28] Farrant A. , E. McPhail. Hayek, "Samuelson, and the Logic of the Mixed Economy?", *Journal of Economic Behavior & Organization*, Vol. 69, Issue 1, pp. 5 - 16, 2009.

[29] Osborne M. , A. Rubinstein, *Bargaining and Markets*, Academic Press Inc. , 1990 .

“深化国企国资改革的方向、重点与举措”观点综述

2014年9月27日，中国经济50人论坛第53次内部研讨会在钓鱼台国宾馆召开，论坛成员、论坛企业理事、特邀专家等参加了会议，吴敬琏、杨伟民、樊纲、盛洪、许善达等知名专家就深化国企国资改革的相关问题展开了激烈的讨论。

一　对国有企业现存问题及功能作用的认识

专家认为，当前由于国有企业存在以下问题，对经济社会发展产生了不良影响。一是经营效率低下，部分国有企业亏损严重，给国家造成了损失。二是无偿占有国有土地，享受低利率贷款，少交或不交资源租，在获取经济资源和财政补贴方面，与其他市场主体处于不公平竞争地位，扰乱了市场竞争秩序。三是一些行业的国有企业利用垄断优势，损害消费者福利，典型的如石油行业，通过控制原油进口，获取垄断利润，并在一定程度上扭曲了宏观经济政策。有极少数专家甚至认为，国有企业在某种程度上已经妨碍到经济社会发展，国有企业做大做强不是一件好事。

专家认为，国有企业出现上述问题，主要与以下几方面有关。一是由于企业领导人是中组部任命和国资委委派的，可以与行政部门官员互换身份。他们在很大程度上对政府部门负责，而不对企业负责，部分企业领导人还从企业向外输送利益。二是部门立法在很大程度上保护甚至固化了一些行业国有企业享有的特殊利益。一些行业的大型垄断企业具有制定部门法规或参与制定法规的权力，可以通过起草立法和修改草案、制定法律实施细则、设立行政法规和条例、制定政策或发布各种指导意见等形式，将部门利益用所谓的假法或虚法包裹和保护起来。当前我国一些垄断行业的垄断权是通过部门行政性文件形成的，而不是通过立法形式授予的，缺乏法律依据，而西方发达国家企业的垄断权是政府立法授予的。三是土地、资金、资源等要素市场化改革滞后，给国有企业获取垄断利润带来了空间。

部分专家认为，尽管国有企业存在这样那样的问题，但在解决市场失灵方面具有重要的作用。国有企业需要在投资周期长、市场风险大、民营企业不愿进入的领域（典型的如大飞机制造）进行投资，宏观调控中国有企业还要肩负稳定就业、稳定价格等重任。但也有专家认为，很多市场失灵问题可以通过其他手段解决，不一定要通过国有企业来解决。比如，公益性产品的提供，政府可以通过从民营企业购买、补助民营企业生产、PPP（公私合作模式）等形式解决，不需要通过举办国有企业来生产；又如，保障就业可以通过就业补助、改善社会保障等方式解决，也不需要通过国有企业容纳冗员（经济效益好时不裁员）的方式解决；再如，宏观调控中部分国有企业发挥的稳定价格功能，也可以通过价格补贴等形式解决。简而言之，解决市场失灵的手段很多，通过举办国有企业来解决，不一定是最好的手段，甚至可能是最不好的手段。

二　关于国企和国资改革难以深入推进的原因

专家认为，改革开放以来，我国国有企业和国有资产管理体制改革取得了一系列进展，但当前还存在以下问题：企业管理水平不高，造成国有资本经营效率低下；国有资本布局仍然过宽，而在创新等领域又投资不足；国资监管过度和有效监管缺失并存，国资委在一些方面对国有企业管得过多过细，而在有些领域监管不到位，造成国有资产流失；行政化倾向比较严重，国有股“一股独大”、垄断经营问题比较突出；国有企业参与国际竞争和创新能力不足，在 TPP 等新的投资规则下，很难“走出去”进行国际化经营；国有资本收益分配使用尚不合理，上缴国家和补充社保比例过低等。

专家认为，应解决国企和国资管理中存在的问题，加快推进改革，首先需要深入剖析 2003 年以来国企国资改革进展缓慢甚至倒退的原因。谈国企和国资改革，绕不开党的十五大和十五届四中全会。党的十五大明确提出调整和完善所有制结构，建立以公有制为主体、多种所有制经济共同发展的基本经济制度（即混合所有制），努力寻找能够极大促进生产力发展的公有制实现形式。十五届四中全会提出对国有经济进行“有进有退、有所为有所不为”的战略性调整，国有经济进一步向关系国民经济命脉的重要行业和关键领域集中，并指出国有经济需要控制的行业和领域包括涉及国家安全的行业、自然垄断的行业、提供重要公共产品和服务的行业，以及支柱产业和高新技术产业中的重要骨干企业。通过贯彻落实上述改革精神，世纪之交国企和国资改革取得了重大进展。但 2003 年以来改革步伐开始慢下来，尤其是 2006 年 12 月国务院办公厅正式转发国资委《关于推进国有资本调整和国有企业重组指导意见》，提出在电网电力、石油石化、煤炭等七大行业保持“绝对控制力”，在装备制造、汽车、电子信息、建筑等九大行业保持“较强控制力”之后，国有经济对整个国民经济的控制开始加强，国有企业改革出现停滞。

专家认为，当前国有企业改革难以深入推进，主要与以下因素有关。一是意识形态上对公有制经济和非公有制经济的认识不同。改革开放以来，我国对民营经济的认识在意识形态上实现了一系列突破，尽管党的十八届三中全会明确提出公有制经济和非公有制经济都是社会主义市场经济的重要组成部分，都是经济社会发展的重要基础，但受传统观念和思维惯性的影响，现实中往往将国有经济与国家安全强大、党的执政基础等同起来，对民营经济仍然存在认识上的误区。二是平等使用生产要素、公开公平公正参与市场竞争、同等受到法律保护的市场竞争环境尚未完全建立起来。一些部门在市场准入方面对国有企业和民营企业掌握的尺度不完全相同，国有企业在土地、资金、能源资源等重要生产要素的获取方面享有特权，民营企业在法律诉讼中明显处于劣势地位，在这种环境中，国有企业难以成为真正的市场竞争主体。三是政企分开和党政分开问题没有有效解决。部分企业中的党组织过多干涉企业经营，企业中的党委发挥董事会的功能，影响国有企业改革和发展。四是一些企业解决历史遗留问题任务繁重。涉及厂办大集体人员安置、医疗保险制度的接续等，而相关制度（如社保制度）不配套。部分专家还认为，国资委成立后，出现了巩固国有企业的机构，国资委围绕国有资产保值增值，发展壮大国有企业，出台了一系列巩固国有企业的政策，在一定程度上造成国有企业越来越大、越改越难。

三　关于国企和国资改革的总体思路与路径

有专家系统、全面地阐述了国企和国资改革的理念、总体思路和路径，提出推进国企和国资改革，要贯彻落实党的十八届三中全会精神，围绕国有企业更好地适应市场经济的需要、国有资本配置更有效率更加公平更可持续而进行，基本理念和原则是各类市场主体地位平等、公平竞争、由管企业向管资本转变、调整国有经济布局、打破垄断、促进国家发展更可持续等，基本思路如下。

一是对国有企业实行分类改革。将国有企业分为以下两类。一类是国家仍有必要直接掌控的企业，如垄断性行业企业、具有一定公益性的企业、有民族品牌效益的企业等，原则上实行国有独资或者控股，改革后仍然以国有企业形态存在，领导班子成员由国家直接任命，属于准公务员，薪酬和待遇执行国家相关规定，条件成熟时企业总经理可以从市场上公开选聘。另一类是除了上述企业之外的所有企业，将其划归国有资本投资和运营公司管理，不再保留国有企业的身份，企业领导人在市场上选聘，薪酬和待遇按照市场水平确定。

二是完善国有资本监管制度。第一类企业即国有企业，由国资监管部门行使出资人和监管人职责。第二类企业即国有出资企业，由国有资本投资和运营公司行使出资人职责，国资监管部门负责监管国有资本投资和运营公司的资本运营，从而实现由管企业到管资本的转变。

三是改革国有资本授权经营体制。国务院授权投资运营公司行使国有资产所有权的职责，以股东身份参与出资企业的经营管理，按照出资比例获得资本收益，资本收益要上缴公共财政。国有投资公司在改造现有条件成熟的中央企业母公司的基础上形成，国有资本运营公司可以通过新设方式成立。国有资本投资和运营公司成立后，中央和国务院部委办局管辖的企业划入其管理，这类企业要逐步变现为社保基金。国有资本投资和运营公司可以设立风险投资，专门用于支持创新型小微企业发展。

四是积极发展混合所有制经济。绝大部分竞争性国有企业可以通过上市、引进战略投资者、管理层收购、员工持股等方式发展为混合所有制企业，改革后这类企业中的国有资本由国有资本投资和运营公司行使所有权。

五是要建立有效约束的法人治理结构。与第一类国有企业一样，国有资本投资和运营公司的党委书记、董事长、监事长等主要领导人由中央任命，组织部门和国资委负责考察提名，薪酬略高于同级公务员。国有资本参股企业的董事长和法人治理结构按照公司法由市场决定。国有控股企业的董事长由国有资本投资和运营公司通过市场化方式选聘，董事会成员由国有资本投资和运营公司推荐，但最终决定权在董事会。以上两类公司的经理层都通过市场化选聘，薪酬和激励机制由董事会制定。

对于上述国企和国资改革思路，一些专家认为将民族品牌作为国家控股的企业，容易引起争议，民族品牌是必须保留的，但国家有全国性品牌，省里有省里的品牌，县里还有县里的品牌，如果以此为标准确定企业是否由国有资本控股，最终容易造成国有企业改革难以深入推进。有专家认为，国有企业应该分布在哪些领域、一个行业到底应该采取什么样的所有制形式，应该由市场决定，政府尽可能少干预。

其他专家从不同角度谈了国企和国资改革的思路与路径。有专家认为，深化国企和国资改革，必须加强顶层设计，加快制定国有资本布局和结构调整规划，明确国有资本的投资领域、投资方向、投资方式，划分中央和地方管理国有资本的范围，构建国有资本合理流动、进退有序的机制，并按照以下思路逐步建立统一和分类相结合的国有资本管理体系：对于具有资源垄断性质的行业和领域，单独组建企业，并进行严格管理；对于产业链条长（同时经营垄断性业务和经营性业务）的自然垄断型企业和市场份额大的市场垄断型企业，按照业务环节进行拆分；对于同质性较高、较分散的国有企业，要以资本为纽带进行整合。

国资改革的关键是从管企业转向管资本，专家认为实现这一转变有三种方式。一是逐步过渡，在现有制度框架下国资委做些改革，逐步从管企业、管人、管事、管资产转变为管资本；二是在国家层面上建立国有资产管理委员会，由国有资产管理委员会负责设立类似于淡马锡的投资经营公司来运营国有资本；三是拨付国有资本充实社保基金，社保基金委员会可以建立几个社保基金理事会或成立若干家养老基金管理公司来运营国有资本。国有资本投资和运营公司是完善我国国有资本管理体制的关键，关乎新一轮国有资本管理体制改革的成败，有专家提出，要避免走向两个极端：一个是谨防投资运营公司变成国资委的“二传手”，另一个是避免投资运营公司空设、虚设和职能虚化。

四 关于国企和国资改革的相关建议

多数专家认为，打破当前国有企业改革停滞不前的僵局，突破重围，首先要进一步解放思想，淡化国有和私有的观念，在重大理念和原则问题上达成共识。要充分认识到公有制企业和非公有制企业都是在现有资源条件下最大限度地为社会创造财富的经济组织，不应该赋予企业很多的政治色彩，更不能将国有企业改革与国家安全强大、共产党执政挂起钩来。非公有制经济在创造产值、税收、就业等方面做出了重要贡献，同样是党执政兴国和经济社会发展的基础。非公有制经济最大的优点是能够调动绝大部分社会成员创业创新的积极性，尽管可能存在扩大贫富差距、不诚信经营等问题，但可以用法律和法制来调整。另外，国有企业改革不能追求一个无所不包、全面完美的方案，要尊重市场选择，尊重基层创新，允许地方探索，对于失败的做法，不打棍子，不扣帽子。在部分地区和企业先行先试的基础上，形成可复制、可推广、可操作的思路、方案和政策，从而积小胜为大胜、渐进推进改革。

鉴于当前关于国企改革的争论很激烈，有专家认为，应该寻找大家容易达成共识的地方，作为改革突破口，形成改革最大公约数。降低国有控股比例，可能是能达成共识的改革内容。当前我国很多企业国有控股比例高达70%，甚至80%，如果将控股比重降到51%，将高出这个比例的国有资产置换出来，用于补充社保，则既可降低社保个人缴费率，也能减小财政压力，还能减轻企业负担。在变现过程中，为了防止因大规模出售国有资产而造成股票价格大幅下跌，给股票市场带来震荡，建议采用可转债的方式，将企业高于51%的国有资产划拨给专门公司或社保基金，用于抵押，发行可转债，并允许购买者在一定条件下按照一定折扣来购买股票。也有专家认为，51%的控股比例仍然偏高，可以采用金股的形式保留国家对一些企业在关键时的否决权和最终控制权。

有的专家还提出了加快国企和国资改革的“一揽子”建议，包括：在国家层面上成立国有资产所有权代表机构，负责制定国有资源配置和长远发展规划；加快完善国有资本收益分配制度，确定国有资本收益上缴公共财政比例，部分专家提出国有资本收益应全部上缴财政，企业投资和扩大再生产需要提出申请，经所有权代表机构批准后，由财政拨付；完善资源环境管理体制，消除国有企业无偿占有国家资源的制度基础，国有企业使用资源，必须按市场价值付费；规范国有企业收入分配制度，国企职工工资、奖金标准要参照社会平均水平调整，相关部门要加以限制、加强监管；加快党政分开，党在企业中负责监管偷税漏税、环境污染、虐待员工等，不直接参与企业日常经营决策；探索党管企业的途径，党今后不直接向企业派出领导人，要加快培养有理想、有信念、有技术的又红又专的党员，推荐优秀党员到企业参加竞聘，被董事会选聘后，到企业任职，从而实现党通过管好党员的方式，最终控制企业。部分专家认为，国企改革应以国有资本改革为前提，发达国家政府对国资管理干预很少，如负责运营新加坡国有资产的淡马锡公司、负责管理国有资产的英国铁路资产管理公司和英国电信运营公司等，日常经营中都很少见到政府的影子，我国的国资管理体制改革思想应该再放开一点，市场化程度应该更高一些。

垄断行业改革是当前我国国有企业和国有资产管理体制改革的重点和难点。专家认为，当前发改委主要是反经济垄断，如何反行政性垄断，应成为改革重点。有专家比较系统地提出了垄断行业改革的思路：对石油、天然气、铁路、电网、电信等自然垄断性行业，政府应进行特许经营，实行业务分割、主辅分离，其中网络部分仍然保留在国有企业当中，加快放开竞争性业务，价格和服务标准由政府确定；对于军工、粮食仓储以及其他虽然不是自然垄断性行业，但仍然需要保留国有企业的，今后也实行特许经营；地铁、供排水、燃气、绿化、道路等市政公用事业由地方政府实行特许经营，也可以采取公私合营和BOT的方式，还可以实行混合所有制，政府负责监管服务和价格。不少专家提出，加快垄断行业改革，必须清理审查行政部门文件，废止部分行业的非法垄断权，加快消除行政垄断。

由于国企和国资改革涉及面宽，专家认为，必须同步推进以下领域的改革，包括：转变政府职能，加快推进政企分开、政资分开，切实减少政府对企业的干预；加快完善社会保障和失业救助制度，解决好国有企业改革人员安置、养老医疗保险制度接续等问题，为国有企业改革创造良好的社会环境；加快垄断行业的价格改革，创建规则明确、信号清晰、竞争有序的市场环境；加快投融资体制改革，放宽市场准入，实行负面清单管理模式，各类市场主体可依法自由进入清单之外的领域；加强土地、资本、社会信用等市场体系建设，各类市场主体能够平等获得土地、资金等要素；完善产权交易市场，各类市场主体能够通过市场化方式公平退出市场；取消国有企业领导人的行政级别，建立职业经理人制度，完善经理人市场。

五　关于发展混合所有制经济

混合所有制尽管不是新概念，但十八届三中全会再次强调混合所有制经济，并将发展混合所有制经济作为国有企业改革的主要方式和手段，有其新背景和重大意义。专家认为，发展混合所有制经济是漫长的过程，应按照渐进方式推进，而不应该急于求成、运动式推进；政府也不应该“拉郎配”，要由政府推动转变为企业自主决定。也有专家提出，中央企业应在二级、三级企业层面上加快推进混合所有制经济发展，加快降低国有股比例，在竞争性领域和环节，争取多一些民营资本控股的混合所有制企业，少一些国有资本控股的混合所有制企业；地方层面上，要充分发挥基层的积极性和创造性，鼓励地方政府通过发展混合所有制经济来清理地方债务。

专家认为，发展混合所有制经济应先试点后推广，鼓励个别企业、个别地区先行先试，通过设立试点底线和试点时间，让试点企业探索出可复制、可推广的经验。有的专家认为，中石化拿出油品销售业务 30% 的股权搞混合所有制没有可复制性、可推广性，因为拿出的是利润高的环节，而且小股东没有决策权，进去只是为了获取垄断权和垄断利润，对公司治理没有多大改进作用。专家特别提醒，对垄断行业实行混合所有制，一定要慎重，在规则没有建立的情况下，一混了之，后果难以设想。

关于发展混合所有制经济的方式，有专家认为，当前发展混合所有制经济主要是鼓励民营资本到国有企业投资，也可以鼓励国有资本到民营企业投资。通过后一种方式发展混合所有制经济，既可以解决民营企业资金短缺问题，也可以使国有资本搭民营企业管理水平高的“便车”，从而实现资产保值增值。应鼓励国有资本到民营企业进行财务性投资，不参与管理，不干预企业运营。通过这种方式发展混合所有制经济，市场定价很关键，否则容易出现利益输送问题。也有专家提出，要特别关注社会资本在发展混合所有制经济中的作用，鼓励社保基金、企业年金、各种投资基金等机构广泛吸纳社会资金，以社会资本的形式到企业投资，让社会资本做真正的股东，通过社会聘任专家，参与或监督所投资企业的经营。

专家认为，在发展混合所有制经济过程中，无论是国有资本到民营企业投资，还是国有资本转让，都要走正当程序，通过市场评估和定价。国有资本如果通过在三板、四板、场外市场转让，获取公开透明的市场定价，就不存在国有资产流失问题。国有资本经过市场公平透明交易后，相关部门和企业就不能以国有资产流失为理由而违约，要切实保护民营企业的投资权益。

（执笔：郭春丽）

促进混合所有制经济发展研究

调研报告

破除混合所有制经济发展的误区、盲区和禁区

——对福建省发展混合所有制经济的调研

内容提要：发展混合所有制经济是实现基本经济制度、优化国有经济布局和推动国资国企改革的重大战略抉择。立足民营经济发达和对台合作前沿的独特优势，福建省通过推动国企上市、鼓励资本融合、试点员工持股等方式形成了较高比重的混合所有制经济，但也反映出在主体动机、混合领域、持股比例、管理方式和退出机制等方面存在误区、盲区和禁区，而国资管理体制僵化、企业治理结构不完善等制度因素和混合所有制的顶层设计缺失分别是其最根本和最直接的原因。为此，本文提出了加强顶层设计、加快行业开放、优化公司治理、完善进退机制、拓宽混合渠道、依法保护产权等建议。

一　调研背景

十五大以来，以产权多元化为特征的混合所有制经济快速发展。十八大进一步将其定位为“基本经济制度的重要实现形式”。

同时，它还与优化国有经济布局、推动国资国企改革等相联系，成为全面深化改革的重要内容。尽管混合所有制经济发展已经取得一定成效，但“一股独大”和“内部人控制”等治理问题并未真正解决，垄断领域竞争性业务的开放迟迟难以推进，混合所有制经济发展亟须在新阶段实现新突破。

福建省发展混合所有制经济起步较早，并已形成较高比重的混合所有制经济，所遇到的问题和已有的经验教训具有一定代表性。另外，福建民营经济发达，2013 年民营经济对全省 GDP、就业和税收的贡献分别达到 67%、85% 和 60%；地处对台合作前沿，招商引资增长动力强劲，外资经营总体景气。这为福建进一步发展混合所有制经济提供了有利条件。

二　调研总体情况

（一）调研范围、形式与内容

为了了解混合所有制经济发展中出现的新情况、新问题，以及地方政府和企业的想法与做法，课题组一行于 2014 年 9 月17～23日前往福建省福州、厦门和泉州三地开展实地调研。

调研以座谈和走访两种形式为主。根据安排，调研组在福州先后召开三次座谈会，分别与省政府相关部门、省属重点国有企业与部分民营企业就发展混合所有制经济进行专题座谈；在厦门与市政府相关部门进行座谈，并赴厦门唯科模塑科技有限公司和联合胜利光电科技（厦门）有限公司实地走访；在泉州与市政府相关部门进行座谈，并赴回头客食品（福建）有限公司、福建永悦科技有限公司、泉州沥阳手袋有限公司、福建美明达鞋业有限公司和华宇铮蓥集团实地走访。

在与部门的座谈中，邀请了发改、经信、国资、统计、财政、人社、金融等职能部门和统战、工商联等党群部门参加，侧重了解相关部门对国家出台文件的理解、本地国有经济发展情况、发展混合所有制经济的具体举措与想法建议等；在与企业座谈和实地走访中，注意了所选企业在所有制、行业和经营状况等方面的代表性，侧重了解国有与民营企业对发展混合所有制经济的理解与认识、方式与动机、疑问与顾虑、问题与建议等。附表 1 和附表 2 分别列出了参与调研的所有国有企业和非国有企业的基本情况。

（二）福建省混合所有制经济发展情况

1. 全省已经形成较高比重的混合所有制经济，国有经济的比重较低

自 2004 年以来，福建积极推进以股份制改造为主的产权多元化。省属国有企业主要分布在船舶、钢铁、冶金、旅游、基建、轻纺等行业。至 2012 年底，省属国有企业改制面已达 95.8%，其中股份制公司占 63.5%。十八大以来，地市层面的混合所有制经济发展也在加快。截至 2014 年 6 月底，厦门全市登记的混合所有制企业户数占 60.24%，国资委出资企业产权登记的混合所有制户数占 65.16%，较 2013 年分别提高 1.07 个百分点和 0.42 个百分点。

2. 福建省发展混合所有制经济的相关配套文件即将出台

福建省现行的主要是 2004 年 4 月出台的《关于深化产权制度改革发展混合所有制经济的若干意见（试行）》。2014 年 7 月，福建省人民政府办公厅发出《关于进一步完善促进产业发展体制机

制工作实施方案的通知》（以下简称《通知》)。《通知》明确，由省国资委、省经信委、省财政厅牵头研究制定指导推进企业股权多元化、发展混合所有制的相关配套文件，重点推进省属国有企业改革重组；由省国资委、省发展改革委牵头研究制定通过不同方式引入各类资本参与国有企业改制重组的文件。两项工作均将于2014年底完成。

3. 落实三中全会精神，部分领域国资与民资合作的进展显著

十八大以来，福建省部分国有企业已经开始推进新一轮混合所有制改革。例如，福建省投资开发集团控股的厦门国际银行，在2013年改制引入民营资本，形成国有资本与非国有资本1∶1的股权结构；福建省交通运输集团拟于2014年推出多项试点。尽管民营企业对发展混合所有制是“馅饼”还是“陷阱”讨论激烈，但不少民营企业仍表示出浓厚兴趣。部分民营企业负责人明确表示，只要国有企业拿出的不是劣质资产，他们愿意在增量上与其合作。

4. 通过三类措施，混合所有制经济发展取得积极成效

福建省主要通过三类措施发展混合所有制经济。推动国企上市，省属31家国有企业调整重组为18家，国有企业的子公司中有三分之一通过股份制等方式完成产权多元化，有12家子公司上市；鼓励资本融合，以增资扩股、产权交易、引入基金等方式促进非上市国企与其他国有、民营和外商资本混合；试点员工持股，18家国有企业中有7家企业实行了员工持股。通过发展混合所有制经济，福建省形成了一批成长性好、发展潜力大的企业和项目，经济活力明显增强。例如，福建电子信息集团控股子公司星网锐捷通过中小板上市实现年均30%以上的增长，该企业的员工持股颇有成效；福建投资开发集团和福建船舶集团与民营企业在子公司层面实行混合，未来发展前景广阔。

三　发展混合所有制经济存在的误区、盲区和禁区

调研发现，福建省发展混合所有制经济存在两个层面的问题。认识层面有误区，混合动机的机会主义特征明显，导致市场主体对发展混合所有制经济存在顾虑，损害了参与主体的互信基础；执行层面有盲区和禁区，在持股比例、混合领域、管理方式、职工持股及退出机制等方面有的尚无顶层设计，有的还存在争议，贸然推进又可能埋下“国有资产流失”和“利益输送”等隐患，这些盲区和禁区削弱了参与主体的混合动力与绩效，阻碍了混合所有制经济的发展。

（一）混合动机的机会主义特征明显

当被问及参与混合所有制经济发展的目的时，多数国有企业均提到需要借用民营资本的活力来提升国有企业效率，但同时强调是要用民营资本的“水”来解国有资本的“渴”，如部分国企表示参与混合所有制经济的目的就是解困和处理劣势资产。有的国企甚至明确提出，效益最好的资产自己做就行，没必要拿出来与非国有资本混合。而民营企业则表示，希望借用国有企业市场准入、要素资源获取等方面的优势在进入某些垄断性行业、获得银行融资方面取得便利。由于认识和动机存在分歧，国有企业不愿承担利润受损和丧失控制权的风险，而民企也担心国企利用混合所有制改革侵吞民资或“甩包袱”。另外，民营企业还担心混合后仍与国有企业在待

遇上有差别，甚至担忧自己的资产被“合法侵占”。动机上的差异还导致双方对优先股的态度截然不同。福建省属国企的负责人明确表示，由于存在“并表”问题，如果仅获得优先股而无控股权，肯定不会参与混合所有制改革，而民企中则有一部分表示愿意接受优先股。

如果将上述情况称为“积极混合下的机会主义”，那么还存在另一种“消极混合下的机会主义”，而后者对发展混合所有制经济的阻碍更大。其本质是消极看待混合所有制，认为不混才能“保吉避凶”。比如少数国企负责人表示，在资产定价标准没有正式公布的前提下，会谨慎推进混合所有制改革。因为即使现阶段企业出现困难，国家也会兜底，如果贸然发展混合所有制企业，可能落下向民营企业输送利益的口实。同时，部分民营企业负责人表示，自己不愿参与混合所有制，如果某些环节稍有差池，可能面临侵吞国有资产的追诉，届时不仅自己的企业面临生存问题，连自己的安全也会面临威胁。

（二）发展混合所有制经济的限制性领域尚未达成共识

调研发现，由于国有资本与非国有资本混合是当前混合所有制经济发展的主要内容，国有资产布局、国企分类与混合领域的确定不能割裂也不应割裂。尽管国家对国有资产布局有大体性界定，但落实中仍不知哪些具体行业或领域能够发展混合所有制经济；国企分类仍是各部门“各有一套”，并未形成权威统一的标准和分类方法。混合领域无法明确，直接导致政府管理部门和企业在发展混合所有制经济中畏首畏尾，只能“摸着石头过河”。

通过座谈发现有关政府部门对这一问题的认识不尽一致。例如，福建省国资委认为除国家军事、信息安全领域外都应放开；厦门市国资委认为国有资本运营公司应国有独资，公共服务类和功能类国企可保持国有全资或国有控股，先进制造业和现代服务业中的重点骨干应国有控股，一般性竞争领域可以自由流动；泉州市国资委认为高度涉及民生的行业应由国家资本控制。另外，民营企业与国有企业在这一问题上也存在分歧。对于国有企业认为可以实施混合所有制改革的大多数竞争领域，民营企业的兴趣并不大，认为改革还过于保守；对于民营企业希望逐步开放的部分垄断领域，国有企业则坚持认为当前还不宜放开。

（三）持股比例成为混合主体争议的核心

调研过程中，关于国企与民企的持股比例之争十分激烈。国企方面认为，必须保持绝对控股或相对控股，否则国有资产可能会承担较大风险或出现国有资产流失。民企方面则认为，民企的钱都是自己的，交给国有企业经营肯定会亏损。在参与主体分歧巨大的情况下，国有企业的主管部门对此也心存疑虑，并未给出参考性的指导意见。相关部门表示，混合所有制经济的发展应该考虑让市场在资源配置中起决定性作用，因此不应对持股比例有过多的行政干预，但现实情况下，随意放宽国有股持股比例的下限可能蕴含着巨大的经济与政治风险。

对持股比例的争议相持不下，使混合所有制从一开始就存在难以弥合的分歧。因此，除了要求绝对控股和相对控股之外，调研中发现对于持股比例相对更具弹性的意见就更为重要。一是福建省委统战部提出“民营资本持股至少10%并进入董事会”，过低的比例既对民营企业没有吸引力也无法发挥非国有资本的优势；二是福建省能源集团等福建省属国企提出“国有资本持股至少三分之一”，因为公司重大事项的决策通常需要至少三分之二的支持，拥有三分之一以上的股权意味着可以在重大事项中左右企业决策并有参与管理权。另外，一旦比例确定后，不同性质资本的进退通道能否畅通也是民企十分关注的问题。部分民营企业对参与混合后能否通过资本市场有序自由进退仍存疑虑。

（四）国有参股企业是否参照国企管理分歧较大

国有参股企业的管理方式是混合所有制纵深发展后必须面临和解决的重大问题，现阶段已经出现的分歧需要引起高度重视。在混合所有制经济改革以前或者初期，国有股通常居于绝对或相对的主导地位，但随着国有资产布局调整和国企改革的进一步推进，国有股可能在某些领域会处于绝对的从属地位，国有参股可能会成为某些领域的常态。当前，福建省已经出现了国有参股企业。因此，存在分歧的关键节点是国有参股企业是否参照国有及国有控股企业的管理方式。

调研发现国企和民企在这一问题上分歧较大，也各有隐衷。国有企业普遍认为国有参股企业应该参照国企监管，比如福建电子信息集团认为只要有国资参股就应派人监管。座谈中企业负责人也坦承，是否参照国企管理并非他们能决定，但现实中如果参股的国有资本发生亏损或流失，主管部门一定会追究相关责任。民企则明确表示，国有参股企业不应参照国企管理。一是因为国企管理行政色彩浓厚，运营效率低下，而发展混合所有制的初衷就是引入民营的灵活机制；二是因为国企的管理体制使选人用人方面受到多重制约，严重影响企业发展。例如，星网锐捷的负责人反映如果参照国企管理，很多高级管理和技术人才的薪酬将会受限，企业将很难留住人才，而一旦人才流失将对高科技企业产生毁灭性的打击。另外，调研中还发现，由于对参股国企的管理并未明确规定，出现了部分国企在这一问题上拥有自由裁量权的情况。耐人寻味的是，对于经营绩效越好的国有参股企业，参股的国企越是愿意放手让企业脱离国有企业管理模式，对于经营绩效越差的国有参股企业，参股的国企越是倾向于将其纳入国有企业管理范围，形成了自我加强的“正反馈效应”。

（五）员工持股方式和退出机制是企业最大困惑

调研发现，让政府和企业最困惑的是员工持股，尤其是政策与法律存在诸多禁区，对混合所有制改革中强调的员工持股不知该如何推进。比如，员工持股的范围、是否溢价、是否进场交易、退出机制等问题没有权威的规范，一方面使得企业在推进员工持股中困难重重，另一方面使得各式各样带有企业特色的员工持股方案亟待规范。

法律及政策层面禁区多。法律上，《公司法》明确规定了股东不超过 200 人，而企业如果推行员工持股，股东人数通常远超这个规模；政策上，国资委在 2008 年和 2009 年先后两次对国有企业实行员工持股进行限制。在明确了一系列禁区后，地方政府和企业感到混合所有制企业中的职工持股很难实施。福建省投资开发集团的意见很具代表性，其认为全员持股显然违背《公司法》，由其他机构或基金代持可能与证监会的相关规定不符，而部分持股则衍生为让谁持股的问题，并可能带来企业内部的矛盾和对立。员工股的退出机制也是一大难点，一些企业在配股之初就并未明确相关规定，使得退休的管理层和员工都不愿退股，造成一系列历史遗留问题。

四　存在问题的原因分析

造成上述问题的原因是多方面的，但缺乏发展混合所有制经济的权威顶层设计是最直接的原因。而最根本的原因则是国资管理体制僵化、企业治理结构不完善等制度因素。

（一）发展混合所有制经济的顶层设计缺失是最直接原因

由于混合所有制改革牵一发动全身，加上国有资产的特殊性，在顶层设计缺失的情况下许多具体操作将无章可循。长期以来，侵吞国有资产、国有资产流失已经成为悬在官员、民企和国企头上的“达摩克利斯之剑”。如果国家不从顶层予以规划，则可能出现地方举步不前或过度冒进的情况。

具体而言，就持股比例、混合领域和管理体制并未形成较为权威的政策意见，成为发展混合所有制经济的盲区，地方政府因害怕承担潜在的政治和经济风险，对这些敏感问题避而不谈，这直接导致国有企业在与民营企业和外资企业进行的股权层面的合作中缺少依据；实施员工持股禁区过多，使得企业在具体操作中面临困境。在以往的经历中，国有产权利用显性或隐性优势在一定程度上挫伤了非国有产权主体的积极性，也使得在无明确顶层设计的情况下，非国有企业顾虑较多。因此，在执行层面破除这些盲区和禁区的关键是加强顶层设计。

（二）国资管理体制僵化、企业治理结构不完善是最根本原因

发展混合所有制经济中出现的诸多问题事实上并不存在于混合

所有制本身，而是国企、国资管理改革长期滞后形成的顽疾。这其中包括政企不分带来国有企业管理中的体制机制问题、“管人、管事、管资产”带来国有资产管理体制问题。长期以来，国有企业虽实行了公司制改革，普遍建立了董事会和监事会，但国有股“一股独大”和“内部人控制”等问题并未根本解决。作为国有资产管理的主管部门，国资委对国有企业的人事仍具有绝对的发言权。在这种情况下，国有企业负责人的激励机制发生扭曲，董事会、监事会和股东大会的制衡机制也无法发挥作用。因此，行政化管理的国有企业显然无法与市场化管理的民营企业在思想理念、管理方式等方面达成契合。由此造成了双方的互不信任，衍生出在混合动机方面的差异、在持股比例上的僵持以及在国有参股企业管理方式上的重大分歧。

总之，国企、国资管理改革长期滞后形成的顽疾不解决，国企无法仅通过股权多元化就能实现混合所有制的真正意图。关键是要按照《中共中央关于全面深化改革若干重大问题的决定》全面协调国企国资管理体制改革，以完善法人治理结构为核心推进国有企业改革，以“管人、管事、管资产”向“管资本”转变为核心推进国有资产管理体制改革。

五　促进混合所有制经济发展的建议

（一）加强顶层设计，明确混合范围和实施细则

明确参与混合的范围。首先明确产业开放的范围和程度，明确要放开哪些领域、哪些行业，放开到何种程度，让社会资本确定应该在哪些领域、行业发展混合所有制企业；其次明确

产权开放的程度，明确不同类型和层级的国有企业混合的政策，让社会资本确定能够参与混合的层级以及参股甚至控股的比例。

明确发展混合所有制经济的路线图。在基本方向和范围已经明确的基础上，关键是细化的方案和明确的实施细则。分行业制定让各类社会资本看得见、进得去、混得好的“线路图”，使社会资本能找到进入的结合点和切入点。

（二）加快行业开放步伐，拓宽社会资本投资的空间

允许社会资本进入法律法规未禁入的一切领域。一是过去认为是国有经济需要保持较强控制力的所谓基础性和支柱性产业领域，有些已出现产能过剩问题，有些已不具备控制地位，需要通过引入社会资本来提高效率和创新能力。二是一般性竞争性领域，包括餐饮、旅游、家电、建材装饰、纺织服装、食品加工、种植养殖、物业、商贸流通、房地产、轻工、冶金、化工等，引导民间资本逐步控股这些行业。三是垄断性行业领域，涉及石油天然气、电网电力、铁路、电信、航空航运以及金融等行业，通过横向或纵向分拆逐步向民资开放。在当前经济下行压力较大时，政府应当鼓励引导国有企业拿出优质资产或前景较好、回报稳定的项目，以显示国有企业发展混合所有制经济的诚意，避免给民营企业造成国有企业利用混合所有制改革“甩包袱”的印象。

（三）完善公司治理，促进混合所有制经济规范化发展

一是完善法人治理结构，强化董事会建设，发挥监事和股东

大会的作用。要吸收一定比例的专业化人士进入董事会，董事会下设立若干专业委员会并切实履行职责。加大引进独立董事和外部监事的力度，进一步完善董事会、监事会议事制度，发挥包括独立董事在内的董事、监事的作用。二是加强制度创新，建议引入“金股”、优先股或特殊管理股等创新手段，有选择地进行员工持股试点。对于关系国家安全和国民经济命脉的少数行业，建议实行具有否决权的“金股”制度；对国有并不控股的改制企业，可以将国资以优先股的形式予以留存；在重要的国有传媒企业转制、股份制改造过程中探索实行特殊管理股制度；在竞争性行业、国有企业辅业改制分离过程中或知识密集型国企中考虑员工持股试点。

（四）构建特许经营制度，畅通混合所有制经济的进退通道

畅通各类资本在混合所有制经济中的进退通道。一是加快构建特许经营制度，适时推出特许经营条例。制定社会资本进入特许经营领域的具体办法，明确特许经营权的授予规则和相关方的权责利边界，通过规范特许经营合同全面保障民间投资者合法权益。二是发展多层次交易市场，为混合所有制经济发展提供有效运转的平台。不同性质资本的融合互动、股权的优化配置需要有效的资本交易平台，目前迫切需要完善包括证券市场、产权交易市场及相关中介机构等在内的多层次、多功能的市场体系。三是建立明确的社会资本退出机制和渠道。制定社会资本退出的具体办法，在资产评估、产权置换、土地使用、职工安置及社会保障等方面作出明确规定，疏通社会资本退出的通道。

（五）促进非公资本多渠道发展混合所有制，鼓励发展非公资本控股的混合所有制企业

创新民间资本参与混合所有制改革的进入机制和途径。尝试允许风险资本、私募股权基金等金融资本参与混合所有制经济发展；允许非公企业通过并购、控股、参股等方式全面参与发展非公有资本控股的混合所有制企业。在具体途径上，非公企业可以从国有企业控股或参股的二、三级企业入手，通过参与改制重组或者合资合作的方式建立混合所有制企业并逐步实现控股，还可以利用组建产业投资基金公司，直接参与大型国有企业改制重组或参与国有资本投资项目。

实现不同属性资本管理权配的均衡化，保护非公有资本的话语权。探索允许非公资本以“股份捆绑”推举代言人的方式实现管理权，或在重大决策上，无论股权大小，一人一票予以表决，最大限度保护非公资本话语权。除此之外，鼓励民营企业加快产权制度创新，大力支持有条件的非公企业建立现代企业制度，同时注重资源融合、文化融合，并通过企业制度进行约束和保障，实现混合所有制企业的快速发展。

（六）打造公平的竞争环境，加大产权保护的力度

一是抓紧制定负面清单，实行统一的市场准入制度。改革市场监管体系，实行统一的市场监管，清理不利于民间投资的法律法规、行政审批事项，全面消除各种隐性壁垒，清除“铁丝网”，拆除“玻璃门”和“弹簧门”等，让民营经济与国有经济在投资核准、融资服务、财税政策、土地使用、参与政府投资项目、对外贸

易和经济技术合作等方面享受同等待遇。二是发挥市场机制作用，防止政府直接干预。坚决避免政府利用行政手段强制撮合、在混合比例和进度上设置“一刀切”式的定量目标、强制民营资本退出混合、对混合所有制企业实施过度延伸审查等错误做法。强化第三方评估、市场中介等市场配置机制在促进混合所有制经济发展中的作用。三是以法律为抓手，完善产权保护制度。要加快落实保护私人财产权的法律法规，切实保护民间投资及投资后产生的收益，建立针对民间投资的法律援助和司法救济制度，确保各类市场主体同等受到法律保护。

（执笔：张铭慎、刘方）

附　表

附表1　调研的国有企业名单

企业名称	涉及行业及业务范围
福建省投资开发集团	综合性投资集团,业务涉及三大产业
福建省能源集团	以煤炭、电力、港口物流、建材、民爆化工、建工房地产为主业,涉及金融、商贸、纺织、化纤、酒店、科研、设计、医院、制药等行业
福建省外贸集团	进出口贸易、国际仓储运输、纺织品及环保材料生产经营销售、健康产业、酒店、国内外商展、高新技术产业等
福建省交通运输集团	港口码头、海上运输、道路客运、现代物流、商贸和医药经营等
福建电子信息集团	通信设备、计算机及其他电子设备制造
福建建工集团总公司	建筑业,涵盖设计、科研、土建、安装、装修、房地产开发和物资供应一体化经营等
福建中旅集团	商贸服务业,涵盖旅游、商务会展、票务代理、代办签证等
星网锐捷	业务涵盖计算机服务和软件制造,包括企业级网络、通信、终端设备、视频应用产品及系统解决方案提供等
福建龙华药业有限公司	医药制造业
中铝瑞闽	有色金属冶炼及压延加工业

附表 2　调研的非国有企业名单

企业名称	涉及行业及业务范围
新鸿腾电子工程公司	电气机械及器材制造、电力运营综合服务
贵州愿景股权投资公司	金融业,股权投资
优空间家居设计公司	家具制造
厦门唯科模塑科技有限公司	化工、木材、非金属加工专用设备制造
联合胜利光电科技(厦门)有限公司	通信设备、计算机及其他电子设备制造业
回头客食品(福建)有限公司	食品加工制造
福建永悦科技有限公司	合成材料制造,合成树脂的研发、生产、销售与服务
泉州沥阳手袋有限公司	皮革、毛皮、羽毛(绒)及其制品业
福建美明达鞋业有限公司	纺织服装、鞋、帽制造业
华宇铮蓥集团	纺织业,纺织材料的研发、生产与销售

图书在版编目(CIP)数据

促进混合所有制经济发展研究／臧跃茹等著. --北京：社会科学文献出版社，2018.2
ISBN 978-7-5201-2093-7

Ⅰ.①促… Ⅱ.①臧… Ⅲ.①混合所有制-经济发展-研究-中国 Ⅳ.①F124.24

中国版本图书馆 CIP 数据核字（2017）第 327432 号

促进混合所有制经济发展研究

著　　者／臧跃茹　刘泉红　曾　铮 等

出 版 人／谢寿光
项目统筹／吴　敏
责任编辑／吴　敏

出　　版／社会科学文献出版社·皮书出版分社（010）59367127
地址：北京市北三环中路甲 29 号院华龙大厦　邮编：100029
网址：www.ssap.com.cn
发　　行／市场营销中心（010）59367081　59367018
印　　装／三河市尚艺印装有限公司

规　　格／开　本：787mm×1092mm　1/16
印　张：23.75　字　数：281 千字
版　　次／2018 年 2 月第 1 版　2018 年 2 月第 1 次印刷
书　　号／ISBN 978-7-5201-2093-7
定　　价／79.00 元

本书如有印装质量问题，请与读者服务中心（010-59367028）联系